New Economics
新经济 系列

LESSONS FOR THE YOUNG
第一本经济学
ECONOMIST

[美] 罗伯特·墨菲◎著　　程　晔◎译

海南出版社
·海口·

版权合同登记号：图字：30-2018-005 号

图书在版编目（CIP）数据

第一本经济学 /（美）罗伯特·墨菲
(Robert P. Murphy) 著；程晔译 . -- 海口：海南出版
社，2018.4（2024.2 重印）
书名原文：Lessons for the Young Economist
ISBN 978-7-5443-8092-8

Ⅰ.①第… Ⅱ.①罗… ②程… Ⅲ.①经济学－通俗
读物 Ⅳ.①F0-49

中国版本图书馆 CIP 数据核字 (2018) 第 048183 号

第一本经济学
DIYIBEN JINGJIXUE

作　　者：［美］罗伯特·墨菲
译　　者：程　晔
责任编辑：张　雪
执行编辑：于同同
责任印制：杨　程
印刷装订：北京兰星球彩色印刷有限公司
读者服务：唐雪飞
出版发行：海南出版社
总社地址：海口市金盘开发区建设三横路 2 号　　邮编：570216
北京地址：北京市朝阳区黄厂路 3 号院 7 号楼 101 室
电　　话：0898-66812392　010-87336670
电子邮箱：hnbook@263.net
经　　销：全国新华书店
出版日期：2018 年 4 月第 1 版　2024 年 2 月第 7 次印刷
开　　本：880 mm × 1 230 mm　1/32
印　　张：10.875
字　　数：251 千字
书　　号：ISBN 978-7-5443-8092-8
定　　价：52.00 元

目录

Contents

Section 1 基 础

学会像经济学家那样思考，这种能力对你来说十分重要。因为只有具备健全的经济学思维能力，你才能真正理解这个世界。大到政治理念，小到个人职业和家庭收支，在做出任何负责任的决定之前，你必须首先学习基础经济学。经济学已被证明是一门普世性的科学。一位知识全面的青年人不仅应该懂得代数、文学和光合作用，也应该能解释价格上涨的原因。

Section 2　市场经济

美好的生活是丰富多彩的，并不只有赚钱这一项，金钱并不是万能的。然而，市场经济中形成的货币价格，让人多长一个心眼，让人们在我行我素时能够意识到自己在多大程度上无视了别人的意愿。

Section 3 计划经济

……市场经济是为少数（拥有大量财产的）资本家的利益服务的，那么用指令经济来组织生产，按理说就应该为全体社会成员的利益服务。就像政治革命摧毁了为少数特权阶级服务的君主制和贵族制一样，社会主义改革也捍卫了经济民主，在其经济民主下，重要的经济决策将由（以政府官员为代表的）人民来决定，而不是那些拥有绝大多数私有财产的少数富人。

Section 4 干预主义：混合经济

干预主义者宣称纯粹的资本主义和纯粹的计划经济都是有缺陷的，而干预主义的经济政策旨在纠正这类缺陷。尽管干预主义政府不会放任纯粹市场经济的结果，却也不至于完全废除私有财产。干预政策的目标是，既要保留自由企业制度的显著优势，又要采用各种矫正措施来节制“过火”的纯粹资本主义。

译 序

Translator's Introduction

经济学原本是帮助人们洞察世事、学习人与人相处之道的有趣学问。可是，随便翻开一本经济学教科书，看着上面深奥的概念、复杂的数学公式、密密麻麻的图表，学渣小白们只想打瞌睡。不过，市面上热卖的《怪诞行为学》《魔鬼经济学》《牛奶可乐经济学》《小岛经济学》等都很有趣，普通人读起来毫无违和感。可看完以后总有点怀疑：书里讲的内容可靠吗？不会是“大话西游”经济学吧？如果能有人写一本既为专业人士认可、又人人爱看的入门教材该多好。

《第一本经济学》就是这样一本独特的经济学入门书。本书作者罗伯特·墨菲是纽约大学经济学博士。他既有深厚的经济学功底，又精通写作之道。本书系统、全面地讲述了基础经济学原理，文笔生动，内容严谨又实用，既结合了教材和读物的优点，又避免了两者的缺点。讲理论时，作者均以实例开始，循序渐进、由浅入深。以数学在经济学中的应用为例，作者承认效用函数可以解决人为设计的数理问题，但强调这种应用并不能加深我们对经济学的理解，并且提醒初学者使用数学效用函数的严重弊端。讲实践时，作者引用的材料翔实、推理严谨。全书穿插各种有趣的小例子，令人脑洞大开。“经济学家为什么总爱吵架”“轿车怎么变成谋杀武器”“非洲土著碰到天降可乐会怎么办”“正常人会觉得自己会被外星人绑架吗”“心口不一的经济学含义是什么”“挑拨离间、故意撮合可以增加友谊总量吗”“杀价未果——非均衡有害吗”“货币是谁发明的”“敲竹杠的克星是什么”“赌博和炒股有区别吗”“禁毒怎么产生‘巨虾’现象”“有没有无受害人犯罪”“海上封锁是在帮敌国走向繁荣吗”……你可能再也找不到比这本更有趣但又有着经典教材般严谨的经济学读物了。

本书的翻译工作也是一个愉快的历程，历时近一年的时间。我们充分利用了网络的力量，在豆瓣上成立了“第一本经济学”小组（读者可以自行搜索加入），小组发布了部分原稿、相关背景资料以及思考题答案。很多朋友热情参与了译校工作，我们也欢迎读者朋友积极参与进来，分享您的阅读心得和宝贵意见。

本书中文版初版于2011年上市。今日得以再版，首先要感谢海南出版社的编辑。然后是初版的编辑——上海财经大学出版社的宋澄宇先生。另外，感谢我太太吴晓的大力支持。参与本书翻译工作的还有周薇娜与陈舒扬。帮助校对的有陈之豪与刘纽。冯兴元老师也提出了很好的翻译建议。在此一并致谢！

希望您在阅读过程中，既能轻松愉快，又有醍醐灌顶之感。

程　晔

2018年3月于加拿大

致 谢

Acknowledgments

写这本书的想法来自米塞斯研究院，道格·法兰西（Doug French）、杰夫·塔克（Jeff Tucker）与我的一次会谈促成了这本书。其中的每一课写作都参考了撒迦利亚·克罗森（Zachariah Crossen）的意见，他作为一名中学历史老师，可以与学生们就书中内容进行商榷，从而使用语更加贴切。

布莱恩·雪莱（Brian Shelley）与布莱克·史蒂文森（Blake Stephenson）为本书的初稿提供了建议。蒂姆·特雷尔（Tim Terrell）审阅全书并提出了修改建议。最后，感谢萨姆·托罗德（Sam Torode）神速又完美地创作了插图（全因我的临时起意）。

Lessons for the Young Economist

Section 1
基　础
FOUNDATIONS

学会像经济学家那样思考，这种能力对你来说十分重要。因为只有具备健全的经济学思维能力，你才能真正理解这个世界。大到政治理念，小到个人职业和家庭收支，在做出任何负责任的决定之前，你必须首先学习基础经济学。经济学已被证明是一门普世性的科学。一位知识全面的青年人不仅应该懂得代数、文学和光合作用，也应该能解释价格上涨的原因。

第 1 课

像经济学家那样思考

本课要点

- 像经济学家那样思考意味着什么
- 经济学可以解释哪类问题
- 为什么掌握基础经济学对每个人都很重要

像经济学家那样思考

本书将引导你用新的眼光看世界。掌握本课程后，你认识现象、理解问题的方式将不同于未学过经济学的同龄人，你会注意到被他们忽视的规律。学会像经济学家那样思考，这种能力对你来说十分重要。因为只有具备健全的经济学思维能力，你才能真正理解这个世界。大到政治理念，小到个人职业和家庭收支，在做出任何负责任的决定之前，你必须首先学习基础经济学。

在历史长河中，富于创造力、思维缜密的思想家们发展出许多研究世界的学科（或科目），每一门学科都展现了各自独特的视角。为了接受完整的教育，学生必须熟练掌握各门学科里最重要的知识。经济学已被证明是一门普世性的科学。一位知识全面的青年人不仅应该懂得代数、文学和光合作用，也应该能解释价格上涨的原因。

你所学习的每一门复杂学科，既有学术价值，又有实用价值。比如，学习一些基础天文学知识不仅能帮助我们了解浩瀚的宇宙，而且当大海中迷航的鲁莽舵手需要指引方向时，天文学知识也能派上用场。再以数学为例，研究高等微积分能让人感受到纯粹的优雅（虽然有的学生可能认为比起艰辛的付出，这种回报有些得不偿失），但是每个人都必须掌握最基本的算术知识，否则便会影响正常的社会生活。

学习经济学也同样如此。简单来说，当你发现，无论是在古罗马、苏联还是在爱达荷州博伊西的集市上，任何经济的运转都有着潜在的原理或“定律”，那无疑是美妙无比的事情。除此之外，经济学也能为你的日常生活提供实用的指导。虽然经济学知识本身并不能让你变得富有，但如果忽视本书所讲的内容，你将很难摆脱贫穷。

经济学家能用独特的方法观察世界。想象一下这样的情景：在热闹的游乐场里，人们排着长长的队伍等待乘坐过山车。此时，生物学家也许会注意到，排着排着，人们开始流汗；物理学家可能会发现，过山车的第一个斜坡是最高的；社会学家大概会注意到，同一种族的游客们总爱聚在一起排队；经济学家则可能会观察到，等待首节车厢跟末节车厢的队伍远比其他队伍长，这很可能是因为，虽然没人喜欢排队，但大家都喜欢坐在列车的最前排或最后排。

经济学视角并不是在所有情况下都能派上用场。在足球场或舞会上，本书的课程并没有多大意义。但在生活中有很多重要的关键时刻，都需要健全的经济学知识来帮你做决定。不是人人都得成为经济学家，但重要的是，每个人都得学会像经济学家那样思考。

经济学是科学吗

我们认为，正如化学和生物学代表截然不同的科学研究领域一样，经济学也是独立的科学。随着课程的展开，我们将运用一套客观的“工具”进行科学分析，我们的分析并不依赖特定的伦理或文化假定。无论经济学家本人是共和党人还是共产主义者，也不管他生活在新西兰还是索马里，经济学的规律和定理对他们来说并无不同。

特别提醒：虽然我们认为经济学是科学，但这并不意味着经济学家能像核物理学家在粒子加速器中观察原子裂变那样进行经济学研究——我们并不通过实验操作来检验经济学规律。在以经济学为代表的社会科学和以物理学为代表的自然科学之间有着重要的差异。我们将在第 2 课中详细解释这种差异，但要先提醒大家，我们能够通过推理演绎来探索和领悟基本的经济学原理。在生活中“测试”经济学规律是毫无意义的，就像没人会握着尺子去实际“测量”那些课堂上学到的几何证明一样。任何结果都将证明，本书的课程能够经受住时间的考验——无须担心明天一项新的实验发现会将其推翻。专业经济学家们在实践中会做出各种各样的推测，尽管其中很多后来被证明是错误的，但经济学理论的核心部分是无须实验证明的，就像本书中所讲授的规律与概念一样，它们仅仅是一种解读世界的方式。

尽管经济科学与自然科学有所不同，但经济学确实有其客观规律，因此我们仍将其定义为科学。这一点非常重要。如果政客们无视经济学规律，他们的计划一定会迈向灾难——想象一下如果美国航天局（NASA）无视物理学规律，将造成什么样的混乱吧！

经济学的范畴

一种普遍的误解是："经济学不就是研究钱嘛。"的确，经济学的确有很多关于货币的内容，而且事实上，经济学的基本目的之一就是解释市场上用货币标示的物品与服务的价格为何千差万别。

不过，这种普遍的误解错了，经济学的范畴远不止于对货币的研究。广义上，经济学可以被定义成"关于交换的研究"，包括一切普通市场环境下的交换，也就是卖主交付实物或提供服务，而买主则回报以一定数量的货币。但经济学同样研究**以物易物**的情况，即买卖双方完全不使用货币，彼此直接交换物品或服务。

在极端情况下，经济学甚至会假设一个与世隔绝的人，研究他如何采取行动来改善处境。这通常被称之"鲁滨孙 · 克鲁索经济学"，它以文学人物——鲁滨孙 · 克鲁索命名。克鲁索因遭遇海难，被困在一座荒无人烟的小岛上。我们将在第 4 课学习鲁滨孙 · 克鲁索经济学，具体阐述即使是孤立的个人，也会表现出"经济上"的行为，因为他要利用大自然给予他的东西来改善现状，以获得更适宜的生活环境。

在所有关于交换的例子中，都贯穿着**稀缺**这一主题。我们可以简单地解释一下稀缺：资源是有限的，但欲望是无穷的。即使比尔·盖茨也会面临**取舍**问题，不能随心所欲。如果盖茨带着妻子去一家高档餐厅，他就减少了自己的选择，尽管影响微乎其微，但还是削弱了他未来购买其他东西的能力。我们可以这样说："因为资源是有限的，所以比尔·盖茨需要节约使用他的资源。"

稀缺是普遍存在的，因此导致了所谓"经济问题"：一个社会应当如何利用有限的可支配资源，去生产物品和提供服务？在第 5 课我们将学习私有财产权制度是如何解决这一问题的，但经济问题的根源在于资源稀缺。

特别提醒：经济学并不研究"经济人"——假定人只关心拥有物质财富或赚钱。这是对经济学的又一常见误解。令人遗憾的是，确实有很多经济学家将经济模型建立在一种陈词滥调之上：人都非常自私，除非迫不得已，否则他不会采取利他行动。但在本书中，你完全看不到这种论调。本书的课程不会假定人人都是吝啬鬼；我们将要推导的法则，无论是对于修女特蕾莎（Mother Teresa）还是对于地产大亨唐纳德·特朗普（Donald Trump），都同样适用。

本书讲授的经济科学不会告诫劳动者说，找工作的标准是钱给得越多越好，也不会建议企业主把财务状况看作经营管理的唯一目标。这些观点将在后面的课程中进一步阐述，但我们必须先强调一下，在接下来的篇幅中没有"经济人"这一假设，我们讨论的原理都旨在解释真实的人面对"稀缺"时所做出的选择。这些原理涵盖的事实是，有限的资源制约着人的欲望，但这些原则的范围足够广泛，足以涵盖拥有各种欲望的人。

真实人的经济学

经济学的研究对象是真实人的真实行动。它的定律既不假设存在理想的或完美的人，也不幻想荒唐无稽的“经济人”，更无关乎统计概念上的“平均人”。每个人都有他的弱点与局限性，以自己的方式生活和行动，这才是经济学的主题。

——路德维希 · 冯 · 米塞斯:《人的行动》，
路德维希 · 冯 · 米塞斯研究院 1998 年版，第 646 ~ 647 页

经济学研究并试图解释人们如何进行交换。遭遇海难的船员想用几根木棍和两块石头来“交换”噼啪燃烧的火焰；传教士想用闲暇时间“交换”一场辛劳不堪的旅途，给偏远丛林里的居民带去《圣经》。完整的交换理论也必须包括这类情况，而不仅仅是大家通常所熟悉的例子，如股票经纪人用 100 股股票交换 2 000 美元。[1]

为什么要学习经济学

为什么要学习经济学？一个简单的理由是，那很有趣。当你停下手头的工作来思考现代经济中每天发生的一切时，你定会为之惊叹。想想熙熙攘攘的大都会曼哈顿：数百万人在这个陆地面积不足

[1] 广义的“交换”包含物品状态的改变，而不仅是物品间的交换。例如，放弃木棍与打火石以换取火焰，也算交换。另外，交换的目的也不限于物质利益的最大化，传教士放弃闲暇时间去偏远地区传教，从而获得了精神上的满足，这也是有目的的经济行为。因此，从这些意义出发，米塞斯把经济学定义为交换学。——译者注

60 平方公里的小岛上工作。小岛上自产自销的食物显然不足以供养这些人。有的读者也许会问，曼哈顿不是拥有很多世界上最棒的餐厅吗？要知道，这些精致的餐厅都得依赖供货商提供原材料才能制作昂贵的菜肴。假设某天火星人入侵，用无法穿透的塑料泡沫墙将曼哈顿隔离起来，仅在墙上留出小孔以供通风，那么不出两个月，成千上万的人就得饿死。

然而，现实世界中并没有火星泡沫墙来阻断贸易。每天，各种农产品、精炼汽油以及其他物资被运送到曼哈顿，让居民们衣食无忧，也让城市得以繁荣兴旺。曼哈顿的劳动者将他们可以支配的原材料转换成世界上最具价值的产品和服务。想象一下曼哈顿“生产”的贵重珠宝、服装，提供的金融服务、律政工作以及百老汇演出等，这些过程的复杂程度难以尽述。不可思议的是，其日常运转却如此完美，以至于我们将这一切视为理所当然。你将透过本书的课程看到，市场经济是如何日复一日地创造着这样的奇迹的。

另一个学习经济学的理由是，它将帮助你在你的职业生涯中做出各种决定。当然，仅仅学习本书并不能让你致富，但这些知识提供了一个框架来帮你分析你的计划，让你更有可能实现目标。打个比方，你不能仅仅通过学习几何学就成为设计四车道大桥的专业工程师，但如果一个设计师对几何学一无所知，谁又敢在他设计的大桥上驾驶呢？

经济学不仅有内在的魅力和对于生活的实用性，而且还是现代生活中一个至关重要的主题，因为我们生活在一个被激进政府所困扰的社会中。为了保护我们的社会，必须将基本的经济学知识传授给足够多的人。这一点与其他自然学科不同，如果大街上的张三认为量子力学是唬人的把戏，那无关紧要，物理学家们不需要张三李四的认同，也照样能进行研究。但如果绝大多数人都相信最低工资法能帮助穷人，或者低利率能治愈萧条，那么，训练有素的经济学家们就无力阻止这些政策给社会带来的损害。

正因如此，青年们肩负着学习基础经济学的责任，本书将为你指引方向。

小　结

- 本书可以指导你像经济学家那样思考。不同的学科从不同的视角考察世界，它们有着各自的优势。经济学是一个独特的学科领域，它对社会运转的方式有着重要而深刻的见解。
- 经济学是研究交换的科学。在现代经济中，交换通常使用货币，但经济学的原理也同样适用于一切其他类型的交换。
- 为了防范政府因无视经济规律、推行破坏性政策而造成的危害，每个公民都应该掌握基础经济学。

术　语

以物易物：人们不通过货币中介，彼此直接交换物品和服务。

稀缺：人的欲望超过了能满足欲望的可用资源。稀缺是普遍存在的事实，因而要求人们进行交换。

取舍：由稀缺导致的不尽如人意的现实，即鱼和熊掌不可兼得。

思考题

1. 经济学能让人致富吗?

2. 经济学是科学吗? 请陈述理由。

3. 稀缺会影响每个人吗?

4. 在守卫森严的监狱里，经济学原理是否同样适用?

*5. 既然科研基金大部分来自政府资助，那么普通人学习粒子物理学不也同样重要吗? [1]

[1] 带 * 号的为难点，带 ** 号的为更具挑战性的问题。

第 2 课

如何发现经济学原理

本课要点

- 区分有目的的行动与无意识的行为
- 社会科学与自然科学的区别
- 为什么经济学的基础研究方法与物理学和化学不同

有目的的行动与无意识的行为

当我们观察并试图理解世界时，我们往往会自然而然地做出一个至关重要的区分——分辨有目的的行动与无意识的行为。当我们描述棒球的运动轨迹时，我们会提到质量、速度、空气摩擦力等。我们不说“棒球自己想按抛物线运动”，或者“球飞累了，于是自己决定降落”。对现代人来说，这些都是无稽之谈，是完全不科学的。但是，如果我们不说棒球，而是描述喷气式飞机的运动，那么我们就完全可以说飞行员“想要躲开湍流”，或者说“他发现燃料快耗尽了，于是决定降落”。

我们用不同的方式来描述这两种情况，这反映了我们在理解周围世界时所做的一个基本判断：我们要么把观察到的事件归因于自然法则，要么认为它与人——有意识的生物的目的有关。简而言之，我们要区分是否有人类意识参与其中。

在这里，我们接触到了一些非常深刻的哲学问题。显然，在这简短的一课里，我们不会给出最终结论。但为了更好地理解经济理论，为学习经济理论打下一个坚实的基础，我们必须区分**有目的的行动**与无意识的行为。经济学的法则只适用于前者——有目的的行动，而不适用于后者——无意识的行为。我们将在下面的第 3 课里看到，经济学总是会涉及一个人的意识，这也意味着经济学意义上的人具有明确的目的，并将采取手段来改变物质世界，以达到这些目的。

区分有目的的行动与无意识的行为并不仅仅是区分人类与无生命体那么简单。因为人类身体的多种运动也可以是无意识的行为。假如我对你说“只要你抬起右腿，我就奖励你 20 块钱”，那么，我就可以认为你接下来的反应是有目的的行动：你抬起腿是为了得到钱。但是，如果医生用小锤敲打你的右膝来测试膝跳反射，这样的运动就不再有目的。尽管该运动涉及神经系统与大脑，但我们不能认为它涉及你的意识。注意：大脑与意识有着显著的区别，在本课程里，这一区别至关重要。

本课程适用于有目的的行动，它由有目的的、意图明确的人所实施。有时，很难完全区分“意图明确的行动”与“反射性行为”，但这并不影响本书所阐述的原理。当棒球外场手把球扔向二垒时，他自己可能并没有完全意识到此行动背后的思维活动，但他一定是想超越跑垒员，因为他想让自己的球队赢得比赛，即使他因“估计错误”而扔过了垒，他原本的意图仍是赢得比赛。本书的全部课程仍适用于他有意识的行动，因为他意识清醒，并可以按照自己的想法，试图改进自己的状况。

本书中的经济学原理并不限于“完全理性的人”。我们研究的对象是真实的人，他们每天都在真实的世界里自主交易。

社会科学与自然科学

经济学是社会科学，这意味着它的研究对象是人与人类社会。其他社会科学包括心理学、社会学、人类学等。而自然科学研究的对象是自然界，包括物理学、化学、生物学、天文学和气象学等。

如上一节所述，因为研究的主题不同，社会科学关注的是有目的的行动，而自然科学关注的是无意识的行为。社会科学家们自己可能都没有意识到，在他们的解释与理论中都隐含了一个假设，即人的意识在行动中起作用，并影响事件的发展。除了生物学，自然科学领域的研究通常不涉及有意识的智慧，这与社会科学形成鲜明的对比。

人类可以相互感知，并且不同的人有着各自的动机，这些是社会科学的普遍共识。这一共识不仅体现在构建理论和解释事件上，而且体现在即便是社会科学的原始“事实”也是心智的产物，不是纯粹自然的或物质的。例如，某个社会学家提出一种理论，他认为离婚率的增加会导致犯罪率的上升。为了验证该理论，他要先搜集资料，这也就意味着他需要“进入别人的意识”，他需要先确认哪些事件是犯罪，以及什么是离婚。这些都不是纯粹的天然事实。

社会科学中，即便所谓的“事实”也与意识有关

工具、食品、药品、武器、词、句子、通信和生产活动……这些都是合适的例子，它们作为人类活动的对象在社会科学中反复出现。显而易见，这些概念……不是指这些事物的某些可观测的客观属性，而是指某人对这些事物的看法。甚至不能用物理术语来定义这些概念，因为同一概念的各客体之间没有共同的物理属性……只能通过阐明以下三项之间的关系来定义这些概念：（1）目的，（2）抱有此目的的人，（3）在此人心目中，能作为恰当的手段来满足此目的的客体。

——弗里德里希·哈耶克：《个人主义与经济秩序》，
芝加哥大学出版社 1948 年版，第 59 ~ 60 页

举个例子，假设莎莉开车撞死了乔。这一事件是不是谋杀案？如果莎莉在撞人前 5 秒钟突发心脏病，那么很可能这不是犯罪而是意外；相反，如果警察来到事发现场时，听到莎莉在大喊：“你再也没有机会骗我了！”那么，警察就该对莎莉实施羁押。注意，这两种情况的本质区别在于莎莉的意识。社会学家们需要猜测莎莉的意图，从而确认她是否涉及犯罪行为。仅仅描述物理情况是不能得出结论的，除非这种描述能够帮助我们解释撞倒乔的时候莎莉在想什

么。她的意识能把一辆普通的轿车变成谋杀工具。最后，再次强调，在这一过程中，轿车的零部件与组成部分没有发生任何物理变化。物理学家与化学家不可能发现组成车辆的分子有任何改变。相反，当我们说“莎莉把轿车变成谋杀武器”时，我们是在对无形的、不能被直接观察到的莎莉的意识做判断。在驾驶汽车时，莎莉的手与脚的物理运动无关紧要，但是她的意图决定了这是不是一起谋杀案。

正如在莎莉撞了乔这一例子中所阐明的，即使是社会科学中的“原始事实”也与我们对他人意识的理解密切相关。相反，在自然科学中，不管是原始事实，还是用以解释事实的理论都不依赖于对他人意识的理解。自然科学家们能够居高临下地观察物理世界，并发展出理论以解释自然世界里的“无意识”行为。

自然科学与社会科学成就的比较

比起物理学、化学、生物学等自然科学，社会科学（心理学、社会学和人类学等）有着显著的区别，人们把前者称为“硬”科学，而把后者称为“软”科学。“硬”科学家们尤其爱做这样的区分，他们普遍认为，所谓“硬”科学比“软”科学更严格，因而也更科学。一般来说，世界上最聪明、最著名的科学家们都从事“硬”科学领域的研究。除了最具代表性的爱因斯坦，理查德·费曼与斯蒂芬·霍金也吸引着公众的目光。相反，获得心理学方面奖项的社会学家们就没那么引人注目了，几乎没人能说出 20 世纪顶尖社会学家的名字。即使有人谴责那些制造原子弹的物理学家，但绝大多数人都是支持物理学的。不过有很多人怀疑甚至敌视某些社会科学，尤其是经济学与精神病学，这形成了另一个鲜明的对比。

为什么会这样？答案可能与我们的期望正好相反：大众崇拜的科学家应该研究人，而不是无意识的粒子。

可能的原因之一是，社会科学已经证明了一些相当可怕的事情是合理的，比如对被监禁者实施电击疗法，以及大萧条时期，政府弃饥肠辘辘的美国人于不顾，反而资助农民大量屠宰和掩埋数百万生猪。也许这样的事件使人们不信任精神病专家与经济学家。但是，人们为什么不因广岛核爆事件而谴责物理学家和发明火药的化学家呢？

我们认为这是因为制造重型武器的原理来自物理学和化学原理，而且大家都认为这些原理是正确的。物理学家告诉军队："如果你把这玩意儿从飞机上扔下去，它就会引起核裂变反应，并释放出无法想象的巨大热量。"物理学家说的当然是完全正确的。而当精神病专家告诉法官"请授权给我们监禁那些我们认定的精神病人，给他们注射药物并进行其他实验，这将治愈他们，并创造一个没有变态与反社会行为的和谐社会"，没有人会判断他说的是完全正确的。20 世纪和 21 世纪的时候，很多号称顶级经济学家的人也同样告诉政府："让我们操控印钞机，这样就能避免毁灭性的经济危机和无法抑制的通胀。"显而易见，这些精神病专家与著名经济学家的信用记录不佳，远不能与自然科学家相比。

由于种种原因，即使是社会科学领域里那些造诣不凡的天才们，也会钻牛角尖，将学问带进死胡同。越来越多的专家和大众开始怀疑，他们所谓的"领先技术"纯属浪费时间。很多人都会同意"精神病学本来挺好……后来被西格蒙德 · 弗洛伊德带坏了"，或者"自从约翰·梅纳德·凯恩斯登场之后，经济学走上了一条完全错误的道路”。不过，几乎没人会说“艾萨克·牛顿为物理学做出了巨大的贡献，可疯子爱因斯坦跑出来把这搞砸了。”

自然科学会社会科学的巨大差距表现在：一面是自然科学的成功与良好声誉，另一面却是社会科学的平庸与人们的敌意。产生如此巨大差距的一个重要原因是，自然科学的研究对象相当简单，物质运动只需遵循简单的规则。因此，人们通常可以通过可控实验来鉴定“硬”科学的理论。这就是为什么人们发现物理学不太可能走进死胡同，而弗洛伊德精神分析学与凯恩斯主义经济学却钻进了牛角尖。物理学理论预测的对象，是物质世界的客观物体。在像物理学这样的“硬”科学领域，一种表面新奇、实质拙劣的理论是无法流行于学术界的，因为重复实验会不断揭示出它的荒谬。众所周知，爱因斯坦公开反对一些量子论的哲学含义，但是，面对亚原子粒子实验的测量结果，包括爱因斯坦在内，没有任何物理学家能质疑这一理论的准确性。

既然亚原子粒子并没有意识，那么为了理解它们的运动规律——为了“解释”什么是亚原子粒子，物理学理论的唯一目标就是，越来越精准地预测这些粒子在不同环境下的运动。需要指出的是，在物理学的实践中，实际情况并非如此简单。在不同的实验中所得出的理论，有些也许预测得更精准，有些也许更简洁、更优美。某些物理学家也许会“信奉”那些更精致更完美的理论，并努力寻找证据去推翻与该理论不符的实验结果。尽管如此，长期看来，在“硬”科学领域里，如果理论能系统又明确地带来更准确的预测结果，它将最终取代其他理论。[1]

社会科学领域的多数专家们认为，同样的“科学方法”也应该适用于社会科学。可问题是，他们的研究对象拥有自主意识。事实证明，要发展出一套精准的法则来准确地预测人们在各种情况下的行为是极其困难的。在社会科学领域，尤其是经济学领域，事情要复杂得多，在多数情况下不可能进行真正的可控实验。

为了阐明自然科学与经济学之间的重要区别，让我们首先假设两组物理学家在争论粒子的电荷强度。在利用一项精巧的新技术进行实验后，澳大利亚研究小组宣称之前的实验评估需要被修正。可是，另一组物理学家却说澳大利亚研究小组的实验是有缺陷的，因为实验室的位置接近南极，地球磁场干扰了测量数据。为了解决争议，他们同意在几个不同的纬度进行相同的实验，来观察是否实验室越接近赤道，测量的结果越接近之前的评估。对于所有这些研究来说，最重要的前提条件是，粒子运动遵循的规律是一致的。实验者可以保持其他影响因素不变，并隔离来自地球两极的磁荷效应。我们刚刚讲述的这个例子解释了为什么物理学看上去“运作”良好。我们有充分的理由相信，未来物理学家发展出的理论能越来越准确地预测物理世界是如何运作的。

当两派经济学家针锋相对地辩论时，情况就不这么明朗了。例如，**凯恩斯主义者**相信大萧条是总需求的崩溃造成的，所以赫伯特·胡佛总统和后任总统富兰克林·罗斯福应该推动大规模财政**赤**

[1] 这里指的是爱因斯坦相对论与量子力学之争，量子力学的实验预测更准确，但相对论形式更优美。在今日的物理学中，量子力学已占据绝大多数领域。——译者注

字——借钱消费以对抗萧条。**奥地利学派**则完全不同意该观点，他们认为 1929 年的经济崩溃源自之前美联储（美国政府成立的中央银行）一手策划的“繁荣”。根据他们的观点，胡佛和罗斯福实施了错误的干预主义政策，人为地拖延了大萧条长达 10 年以上。奥地利学派反驳凯恩斯主义的赤字理论，指出胡佛和罗斯福当政时期创造了和平年代财政赤字的最高记录。与此同时，经济的复苏却是史上最缓慢、最痛苦的。凯恩斯主义者则反驳说，尽管赤字如此巨大，但失业率长期居高不下，这说明政府的借债与消费还不够。

在本书的开头，我们还没有掌握好概念来深入探讨关于上述问题的争议，在下面的课程里，你将学会一些必要的工具，以更好地理解争辩双方的观点。要知道的是，尽管 70 年来，专业经济学家们一直在争辩大萧条的真正原因，但争议仍然存在。经济学家们争论不休的原因是，20 世纪 20 年代晚期的世界经济状况是独一无二的。他们无法用实验来检验凯恩斯主义的理论，因为这个实验要求保持其他因素不变，然后把 1932 年的美国联邦赤字预算扩大 1 倍，以观察赤字对失业率的影响，这显然是不可能做到的。

1930～1939 年联邦赤字与失业率

	1930	1931	1932	1933	1934	1935	1936	1937	1938	1939
联邦赤字（占 GDP 比例）	-0.8%	0.6%	4.0%	4.5%	5.9%	4.0%	5.5%	2.5%	0.1%	3.2%
失业率比例	8.9%	15.9%	23.6%	24.9%	21.7%	20.1 %	17.0%	14.3%	19.0%	17.2%

资料来源：美国总统计划（http://www.presidency.ucsb.edu/data/budget.php）和美国劳工部。

经济学家们无法就正确的解决方案达成一致

政府在萧条时期的正确对策是削减预算，并严格地做到不干预经济。

——穆雷·罗斯巴德（奥地利学派经济学家）

正如我们通过储蓄进入萧条一样，我们必须通过挥霍来摆脱它。

——《商业周刊》经济学家维吉尔·乔丹（1932 年）

资料来源：罗伯特·墨菲，《政治误导：大萧条与新政》，莱格尼里出版社，2009 年版，第 52、57 页。

毫无疑问，从道德和政治立场来考虑，那些支持加大政府开支的经济学家们往往倾向于认同凯恩斯主义对大萧条起因的解释。而那些反对“大政府”的经济学家们会被相反的经济理论所吸引，并强调低税收和低财政赤字带来的好处。正是因为不能进行可控实验，才使得这两种截然相反的经济理论同时存在。双方阵营都坚信自己是正确的，而对方是虚伪或草率的。在“硬”的自然科学里罕有这样的感情用事，因为在这些学科里，事实“不证自明”的程度远远超过社会科学。

幸运的是，情况并非那么糟糕。尽管自然科学的研究方法在经济学里用处不大，但通过一些物理学家和化学家无法使用的方法，我们也可以发现经济学的原理与规律。随着对本课程的掌握，你将逐渐形成一个可以解释世界的全新框架，它可以帮助你理解以前那些看似没有关联的事件。正如你所看到的，本课程无须实验，更不依赖历史论据来证明其有效性。一旦你掌握了每课的要点，它将永远属于你。你可以自己把握哪些概念对自己更有用，但永远不必担心新出版的经济学研究报告会推翻它们。这是如何实现的呢？下一节我们将为你解释。

如何发现基本经济学原理

上一节我们说到，经济学的理论家们面临着两个严重的问题：一、他们的研究对象有自主意识；二、可操作性实验在化学这样的自然科学领域里司空见惯，但却极难在经济学领域里实施。这两个问题也在一定程度上解释了，为什么比起经济学这样的“软”科学，“硬”科学的客观性和成就更为人们津津乐道。

然而，比起自然科学家，经济学家确实有一个极大的优势：经济理论家们自己也是会思考的人，他们有着意图明确的目的。他们可以作为局内人观察经济行动，因此他们更容易理解经济体中其他成员的动机和所面临的约束。相反，粒子物理学家可想象不出“变成夸克是什么滋味”，于是，他们只能依靠熟悉的实验技术来了解夸克。

在本课的开头，我们集中讨论了有目的的行动与无意识的行为之间的区别，这一区别是发现经济学原理的关键。本书将要推导的经济学原理全都基于这一事实：“人拥有自主意识，并试图达到自己的目的”。换句话说，一旦社会科学家们决定承认其他人也具有独立自主的意识——正如你我亲身体验的心理意识样，那么他们就能根据此“理论”推导出其他知识。到了第 3 课，你将吃惊地发现，一个简单的观察——“张三的行动是有目的的”——竟然包含那么多的经济学知识。不过，在学习第 3 课之前，你必须先准确地理解这一研究方法，所以现在暂不详述这些推论。

如何发现经济学原理？参考物理学与化学没有用，还不如借助几何学的模式。在标准的欧几里得几何学里，我们从一些足够合理的基本定义和假设开始。例如，我们首先定义什么是点与线，然后解释两条线相交构成了角，等等。

一旦我们有了初始的定义和假设，就可以利用它们来构建“定理”。定理是一个神奇的词，它的意思是，从初始定义与假设出发，通过**逻辑推理**，推导出正确的结论。几何学教科书由最基本的定理出发，然后利用每一步的新结论去推导更复杂的定理。例如，最初一个简单的定理是这样的：如果我们用 4 条直线构成一个矩形，那么我们可以划出第 5 条直线，把这个矩形分割成两个完全相同的三角形”。一旦这个简单的定理被证明了，我们就可以把它放进我们的工具箱中。接下来，在证明更复杂的定理时，我们可以在某个步骤中直接引用它。

本书构建基本经济学原理的步骤和方法与几何学非常相似。只不过我们的基本前提是，社会事件的发生源于有目的的行动。接下来的课程中，我们将定义一些基本概念，例如利润与成本，然后展示它们与基本前提之间的关系。随着学习的深入，我们将不断引入新的情境，并使用之前的结论，持续构建新的定理，并获得新的见解。

关于几何学的例子，有两点值得注意。首先，要求数学家用实践去检验几何学教科书里的定理是没有意义的。勾股定理大概是最著名的几何学结论了：在任何一个直角三角形中，两条直角边长的平方之和一定等于斜边长的平方。

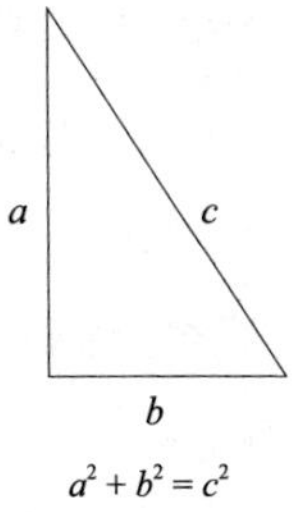

一旦你看过勾股定理的证明，就能理解它为何是永恒的真理。如果你有兴趣，不妨找把尺子和量角器，在纸上画个直角三角形去“验证”勾股定理。你会发现，在实际测量中，勾股定理并不完全正确。你有可能发现，等式的左边加起来是 25.9 厘米，而右边却是 25.8 厘米。虽然你的测量结果“证伪”了勾股定理，但如果你向数学家指出来，他会解释说，你测量的三角形并不是真正准确的 90 度，也许只有 89.9 度，而且你用来测量直线的尺子不是精确的工具，因为它的刻度有限，测量时，你是在“目测”每条直线的长度。重点在于，数学家知道勾股定理是正确的，因为他们可以从最初的假设出发，经过一步步无可置疑的逻辑推导，来证明它的正确性。

几何学的类比解释了如何推导经济学的原理和法则。我们认定人的意识在起作用，并从一些定义出发，开始按逻辑推导进一步的结论。一旦我证明了某个经济学原理与法则，就可以把它放进“背包”，在未来用它来证明更复杂的结论。如果有人问，数据是否“证明或推翻”了我们的经济学原理？我们可以回答说，这个问题毫无意义，对经济学法则显而易见的“证伪”，仅仅意味着初始的前提条件没有被满足。例如，我们将在第 11 课学习需求定律：“其他情况不变，价格的上升会降低对某商品或服务的需求量。”现在，假设我们要“检验”需求定律，我们一定能找到在某些历史时期，某种物品价格的上升伴随着人们更多的购买。但这一发现不能推翻需求定律，经济学家可以简单地断定：“看来，‘其他情况’一定改变了。”

现在，让我们关注从几何学推理中所认识的第二个要点：尽管经济学理论是由初始定义和假设（有时称之为**公理**）经过逻辑推导而来的，但推导出的命题依然包含关于真实世界的真实而有用的信息。之所以强调这一点，是因为很多人认为，在科学的、能够提供“真实世界信息的”研究领域里，命题必须至少在原理上能被实验和测量推翻。[1] 几何学显然不能满足这一要求，但几何学的实用性却是众所周知的。一位工程师计划修建一座桥梁，如果他曾在几何课上学过逻辑推理证明，就更有可能获得成功。尽管从某种意义上说，教科书上的全部定理“只不过”由那些早已包含在最初的假设中的信息的转化而已。

本书中的经济学原理与法则也与几何学一样，不必依靠实验来检验命题是否成立。因为任何显而易见的证伪仅仅意味着，你的检验缺少证明真伪需要的条件。尽管如此，你将发现，通过审慎的自省和逻辑推理获得的这种“不切实际的知识”，确实能让你理解真实世界的全部复杂性。一旦掌握了本书（无须检验）的逻辑推理课程，你的经济学之旅将获得最好的指引，并得到最好的结果。

小　结

- 有目的的行动是指人为了达到目的而实施的行动。无意识的行为是指在物理世界中，由“纯粹的自然”造成的运动，无意识的行为不涉及人的意图。
- 自然科学领域的研究对象是自然界，自然科学包括物理学、化

[1] 指实证主义哲学观。——译者注

学、气象学等，目的是推导“自然法则”。而社会科学则包含社会学、心理学、经济学等，它的研究对象是人类行为的不同方面，包括人在社会中的互动。

- 自然科学理论试图更精确地预测无意识对象的行为，它的研究对象遵循一套简单又恒定的规则，并且在多数情况下能进行实验操作，这些因素使得自然科学极其成功。而在像经济学这样的社会科学领域中，研究对象具有自主意识，因此极难进行实验操作。为了发现经济学原理，经济学家依靠自己体验到的有意识行动，并从体验中推导出逻辑关系。从这个方面看，经济学不像物理学，更像几何学。

术　语

有目的的行动：在意识理性的指引下进行的活动，具有目的的行为。

凯恩斯主义经济学派：一个受约翰·梅纳德·凯恩斯影响而形成的学术派别，它认为可以通过政府的预算赤字来摆脱经济萧条并恢复充分就业。

预算赤字：政府的开支超过税收与其他收入的那部分，它必须通过借钱来支付。

奥地利经济学派：一个受卡尔·门格尔和其他奥地利经济学家的影响而形成的学术派别，它认为萧条是政府干预经济造成的，并建议在萧条期间减税并减少政府开支来恢复经济。

逻辑推理：一种从一个或多个公理出发，逐步推导出结论的论证方法。

公理：一个演绎系统的初始命题或基础。例如，几何学教科书中，两点之间构造直线的方法是公理。公理是无须证明的，它被认定为真，以证明其他那些更加深奥的命题。

思考题

1. 人被辣椒呛得打喷嚏，这是有目的的行动吗？

2. “有目的的行动”是否包括犯错误？

3. 大脑与意识是可以互换的名词吗？

4. 能否通过控制实验来检验经济学理论？

**5. 你认为“智慧设计论”是自然科学还是社会科学？[1]

[1] “智慧设计论”认为，有一个智者创造了世界，这个智者可能是上帝，也可能是其他神明。它并不试图解答谁是这位智者的设计者以及这位设计者究竟是自然的，还是超自然的。——译者注

第 3 课

由行动推导出的经济学概念

本课要点

- 为什么只有个人才能做出选择，而集体不能
- 经济学家怎样用偏好来解释个人选择
- 应当怎样正确理解偏好

引　言

上一课我们强调了有目的的行动与无意识的行为之间的区别，并指出，经济学的研究对象是有目的的行动。归根结底，经济学的全部内容都与这一事实有关：我们作为外部分析者，把要描述的事件归结于人的**有意识的动机**。我们只有“进入人们的意识”，才能分析人们为什么会到处传递货币；否则，我们甚至无法将某种物体界

定为货币，更不要说解释货币的购买力了（人们也到处转播细菌，可我们不会认为细菌也是货币）。

经济学是系统地研究交换活动的科学。本书讨论的交换无疑是有目的的行动。为了理解交换的意义，本课我们将抽丝剥茧，探讨人们做决定背后的诸多逻辑内涵。再次强调一下上一课的要点：我们不会从我们的“理论”中来做一堆预测，然后用我们对世界观察结果来检验这些预测。

本课的全部用意就是将“有目的的行动”这一概念进行拆解来学习其中的知识。如果你相信我们能通过人的目的来解释人的行动，那么，你自然能理解本课所阐述的观点。另外，如果你试图将本课中的概念应用于纯机械的过程，比如岩石滚落悬崖，那就毫无意义，因为用有目的的行动来解释岩石的运动，恐怕得不出什么有用的结论。

只有个人才能行动

如果我们以经济学家的视角，将一起事件归结于有目的的行动，这虽然意味着存在实施这一行动的某个人。如果我们认为有一个意识影响着事件，那必定存在一个拥有这一意识的人。

要推断出某人是否采取了有目的的行动，我们无须确切知道这个人的具体身份。一位侦探在看到遍地是血的厨房后推断：“这个可怜的女人被谋杀了——不可能是什么离奇的意外让她自己插到那把切肉刀上去的。”正是因为侦探认定某个有意识的人决定杀掉被害者，他才能解释凶案现场的状况。这是完美的假设，尽管侦探暂时还不知道关于真凶的任何确切信息，但他知道凶手是故意为之——也许真相情有可原，但如果凶手狡辩说："是的，当时刀子的确在我手里，但相信我，这真的是意外。"没人会相信凶手所说的话。

为了确保你能真正理解这一概念，这里特地强调一下：在行动背后的"人"并不一定是人类。宣称自己遭到外星人绑架的大有人在，他们认为对于发生在自己身上的情况，最好的解释是，他们遭受外星人种种非人的感官试验折磨，导致行动不受自己控制。我们的原理同样能解释这种情况：这些人并不认为事件的发生是"自然"的结果；相反，他们认为某种有智慧的生物在操纵这件事。例如，在一个月黑风高的夜晚，比利正开着辆小皮卡回家。天知道为什么外星人突然对比利产生了兴趣，并在这一目的的驱使下，神不知鬼不觉地绑架了比利。另举一例，一位宗教徒认为，上帝的介入让自己的癌细胞突然消失了。在这个例子中，他同样将物理事件解释为有意识的"神"所进行的有目的的行动，可这个"神"甚至并不具有肉身。

当我们认定一起事件是有目的的行动时，就假定了存在一个有意识去实施行动的人。因为行动不可能没有实施者，所以行动与实施者之间的联系是符合逻辑的。这些结论正是由"有目的的行动"这一概念推导而来的。在实践中，要将某一特定的行动与实施者联系到一起，需要的不仅仅是简单的逻辑。例如，当侦探认定"这是一起谋杀"时，他的逻辑中隐藏着一种信息（至少）存在一个凶手。但他有可能因为错误的 DNA 检验结果而逮捕一个无辜者。我们当然明白，要将真正的凶手绳之以法，需要的不仅仅是逻辑推理。只不过，我们要强调的是，只要侦探断定厨房是凶案现场，那就意味着必定存在一个或一个以上的凶手。不过，从这一逻辑推理出发，到接下来确认到底谁是真凶，单纯依靠逻辑推理是不够的。

让我们用一个异想天开的例子来解释清楚逻辑推理与经验判断之间的微妙关系。假设一位精神病医生看见病人用左手抓起笔，在一张支票上挥洒墨水。这位医生会认定这是有目的的行动。因此，从逻辑上来看，他必定相信，实施这一行动的人的意识是清醒的。医生可能会想："这星期我为莎莉治疗人格分裂症，现在我可爱的病人要付钱了。"但实际上，此时莎莉正显现出另一重人格——"暴躁莉"，她根本不是在填写支付数字，而是在纸上写"你太爱管闲事了！！"并打算写完后递给医生。在这一例子中，我们依然要谨记逻辑推理的界限。一旦精神病医生认定，手和笔的运动不是纯粹的反射运动，而是有目的的行动，那么在逻辑上，他必定会得出这样的结论：一个有意识并怀有动机的人，为达到某种目的而拿笔写字。但是，如果这位医生立即断定此人的人格就是他所认识的"莎莉"，并且她拿着笔和支票打算付服务费，那就超出了逻辑推理的范畴，并且可能得出错误的结论。

正如以上这些例子所揭示的，在日常生活中，一旦我们决定用有目的的行动来理解各种事件，我们所要做的远远不止依赖逻辑推理。我们要运用各种经验证据，加深我们对所观和所感的事物的理解。但经济学理论关注的是，无须其他经验证据，仅仅从"有目的的行动"这一事实本身推导出知识。经验证据既有可能引导我们对事件做出更全面的解释，也有可能误导我们。

撇开诸如多重人格或催眠控制等特殊情况，一般而言，我们通常会将身体与特定的意识相关联（反之亦然）。所以，当我们看见比尔往喉咙里灌汽水时，我们会自然而然地这样表述：比尔口渴了，于是他决定喝点东西。虽然我们通常不会停下来仔细思考它的存在，但当我们这样表达的时候，我们指的是一种无形但清醒的意志叫作“比尔”，它试图通过影响那些构成“比尔身体”的小小细胞来达到某种目的。

我们再一次意外触及深刻的哲学问题，而这些问题已远远超出一本经济学教材的范畴。在本节中，我们只强调一点：因为有目的的行动关联着实施者（个人），所以当经济学家试图用有目的的行动来解释事件时，最终必须将行动分解成个人的动机和目的。这一主张看似显而易见，却意外地被人们，包括广受尊敬的社会科学家们视而不见。

例如，一位历史学家写下：“1941 年，日本袭击了美国。”严格地说，这句话毫无意义。“日本”并不是一个人，所以无法采取像轰炸珍珠港这样有目的的行动。事实是，作为个体的日本飞行员驾驶着飞机，对美国海军的船只实施了攻击行动。而“斯大林占领了东德”的说法至少是合理的，因为斯大林是一个人。尽管如此，如果按照字面意思去理解，仍然会产生误解。实际情况是，约瑟夫·斯大林向下属下达命令，下属再转达给下面的人，如此，直至许许多多的士兵们选择服从这些命令，并付诸果断的行动，最终导致了东德新的政治局面。

在多数情况下，随口而出的一句话无伤大雅。如一个球迷在办公室隔间里大吼：“芝加哥进球，现在是平局！”人们并不会觉得奇怪。大家都知道他在说什么，没人会因字面意思，就相信一个无生命的地理位置竟然能设法一直守住壮汉们，并把橄榄球送入球框。

只有个人才能行动

关于人类行动的第一个真理是，行动只能由个人实施者来完成。只有个人才有目的，并能付诸行动以达到目的。并不存在所谓“团体”“集体”或者“国家”的目的和行动，因其不能由人各自行动产生。“社会”与“团体”不能独立于成员的个人行动而存在。因此，“政府行动”的说法无非是一种隐喻，事实是，一些人与另一些人存在着某种关系，所有人都认可政府以“政府的”方式行动。

——穆雷·罗斯巴德：《人、经济与国家》，
米塞斯研究院2004年版，第2～3页

然而，在其他情况下，随口而说的话非常危险，会使人们错误地认识世界。比如，很多人都会赞同这种说法：“嘿！兄弟，我们的政府可真是够蠢的！一方面它资助农民种植烟草，另一方面它又资助广告公司去搞禁烟活动。能先拿定主意吗？！”

在现实中，并不存在拥有自主意识并能采取有目的行动的“政府”。然而，现实中的确存在政客、法官、官僚等属于政府的人，他们享受着特殊地位带来的特权，他们各怀鬼胎，组成不同的团体，他们意图明确，那就是操纵税款流向烟农或禁烟运动。简单地把这些政府行为统称为“政府”所采取的行动，不仅技术上不准确，而且实际上更具有危险的误导性。在读完本课程后，你将会发现政府官员们的行动背后有着非常现实的理由。他们的行动与为之正名的

官方说辞，通常会显得风马牛不相及，对此也有个简单的解释：撒谎是政府官员们的家常便饭（注意：撒谎本身也是有目的的行动）。

个人有偏好

不言而喻，行动一定需要人来实施。接下来，我们可以进一步推导，当我们说一个人采取有目的的行动时，我们的意思是在他的意识里有一个目的或者目标。记住，我们不会说“棒球想要落回到地面”，但我们却会说“飞行员让直升机降落下来，因为他想去洗手间”。

由此可见，当我们说起他人有目的的或意图明确的行动时，言外之意就是他们有自己的观点或愿望，认为，他们有自己的世界观。在经济学中，我们用**偏好**一词来描述这些感受，人们因为偏好世界所呈现的一种状态甚于另一种状态，所以才会按照自己的想法采取行动。比如，当我们说“比尔因为口渴而喝下汽水”时，我们的潜台词就是“比尔偏好不口渴”。说“比尔因为‘2+2=4’而喝下汽水”是毫无意义的，而之所以“比尔因为口渴喝下汽水”的说法合乎情理，是因为我们能根据他的行为推导出他的意图——比尔不满意自己口渴的状态。

或许你已经注意到，在描述比尔喝汽水的一句简单的话里，还包含着另一个不言而喻的事实。一旦我们认定他的行动是有目的的，也就同时做出了另一个判断：比尔相信喝汽水能够解渴。假如有一箱汽水从飞机上掉落到一个原始部落里，发现它的原始部落的人完全不知道，如果他们打开瓶盖，把那深色的液体倒进喉咙里就可以畅快解渴（当然，他们肯定也不知道那会腐蚀牙齿）。他们看见易拉罐从巨大的飞行物上掉下来，反而会认为那是什么神圣的东西。没准，部落的祭司干脆拿罐子去掺和别的什么有目的的行动去了——多半跟解渴扯不上关系。

一个人的信念可能是错的，但错误的信念仍然会激发有目的的行动，认识到这一点非常重要。举例来说，如果时光倒回到19世纪，我们看到医生把水蛭放在病人身上时会说“那样做也是有目的的，医生希望病人健康而不是生病，并且他们相信放血是一种有效的治疗方法”。另一方面，一位拥有先进医学知识的人反倒有可能用水蛭来对付敌人，因为他想让敌人变得虚弱，并且相信放血能达到这一目的。[1]

下一课我们将深入阐述这一观点，现在先简单地提一句，人们利用世界的一部分来达到自己的目的。哲学家将此描述为：人们使用手段来达到目的。经济学家的描述则是：人们利用**物品**和**服务**来满足偏好。

偏好是主观的

因为偏好与具体的个人密不可分，所以我们说偏好是**主观的**。笼统地说，主观陈述与客观陈述的区别，类似于观点与事实之间的区别。我们完全可以说“玛丽喜欢香草味冰激凌甚于巧克力味冰激凌，但约翰喜欢巧克力味甚于香草味”。这句话的前半句与后半句之

[1] 尽管在一些罕见的例子中，现代的医生也会推荐放血疗法。但一般来说，这种早期的实践显然对病人并无益处。

间丝毫没有矛盾，因为对冰激凌口味的偏好是主观的且因人而异的。

相反，如果我们说“对玛丽而言，这份冰激凌的热量是 300 卡路里，但对约翰而言只有 280 卡路里”，这是存在矛盾的。一份冰激凌中的热量高低是客观事实，不会因人而异。玛丽和约翰可能会对冰激凌的卡路里含量各执己见，果真如此，那他俩肯定至少有一人错了。然而，如果玛丽说“香草味比巧克力味更好吃”，而约翰与玛丽意见相左，但他俩都是“正确”的。再重述一遍，因为偏好是主观的，所以对于哪种冰激凌更加美味，玛丽和约翰可以意见相左，但谁都没错。对于冰激凌的味道，可不像测量卡路里那样有客观的方法来加以区分，哪种冰激凌更可口，并不存在“事实的真相”。

特别提醒：很多对经济学的批评——既来自激进的左翼，也来自虔诚的右翼——完全误解了经济学家的真实意思。这些批评认为，经济学家说偏好是主观的，这在某种程度上是公开鼓吹道德相对主义，认为没人能够评判其他人的所作所为。但这些指责毫无根据，因为经济学家完全没有这么说过！[1]

记住，一旦我们将观察到的行为界定为有目的的行动，我们仅仅是在描述这一判断的逻辑内涵。如果我们看见玛丽走到吧台前选了一份香草冰激凌，而约翰上去点了巧克力冰激凌，除非我们认识到玛丽和约翰在冰激凌的口味上各有所好，否则完全无法理解他们的行动。我们将在第 6 课中全面分析，为了解释市场价格，首先得

[1] 在哲学中，道德相对主义是一种与道德普遍主义相反的立场，它认为道德或伦理并不反映客观或普遍的道德真理，也不存在评价伦理道德的普遍标准，而主张道德价值只适用于特定文化边界内或个人选择的前后关系。极端的相对主义认为评议其他个人或团体的道德判断及行为没有任何意义。——译者注

承认偏好是主观的。这一立场绝不是对任何不道德偏好的宽容。

举例来说，如果要解释香烟的价格，经济学家首先必须承认，一些人更情愿把钱花在香烟上而不是其他商品上。不过，如果经济学家发现自己十几岁的儿子在车库里跟一帮狐朋狗友抽烟，他完全可以惩罚儿子：没人会因为经济学家对香烟价格的分析，而认为他言行不一。如果你仍未明白专业分析与个人观念之间的区别，那么暂且忘掉经济学，想象一下 FBI（美国联邦调查局）的犯罪侧写师。为了找出连环杀手，犯罪侧写师需要“像杀手一样思考”，并且试着去理解是什么样的欲望在驱使杀手行动。显然，犯罪侧写师的分析并不代表他对杀手的所作所为持中立态度，或者说他认可谋杀“是个人选择”。

总结：人们在欲望的驱使下采取有目的的行动，人与人的欲望并不相同。经济学家必须认识到偏好的主观性，才能对交换进行解释。

偏好是一种排序，不能量化

因为偏好与人的交换联系在一起，所以偏好揭示出的，只能是目标的排序。玛丽选择香草味的冰激凌而不是巧克力味的，这一有目的的行动仅仅表明她更偏爱香草味冰激凌。我们无从判断她对香草的喜爱比对巧克力“多多少”：在严格的经济学逻辑上，这种判断毫无意义。

在日常语言中，如果说“玛丽喜欢香草味冰激凌的程度比喜欢巧克力味的深多了，她姐姐珍妮喜欢香草味冰激凌的程度只比喜欢巧克力味深一点”，大家都知道这是什么意思。但当我们用偏好来进行经济学论证时，这类表达方式没有任何意义。认识到这一点非常重要。[1]

那么，纯粹从经济学的逻辑角度来看，玛丽偏好香草味甚于巧克力味—— 这究竟意味着什么呢？这仅意味着，在选择冰激凌时，玛丽会选香草味的。对于珍妮来说也一样，尽管珍妮的朋友会告诉我们，她对香草味的偏好只有“一点点”，但珍妮在做选择的时候，同样会挑香草味的而不是巧克力味的。因此，我们从有目的的行动出发，进行逻辑推理，得出的结论只能像经济学家所说的，这两个女生表现出的偏好都是喜爱香草味的冰激凌甚于巧克力味的冰激凌。

我们沿着这一思路进一步深化，以便更彻底地理解这一课。就算珍妮声称“我只是很勉强地选择了香草味”，也并不能让经济学家断定，她对香草味的偏好“没有玛丽那么强烈”。不，这仅仅能让经济学家推论出，珍妮想把那句话说出来，而不是说别的话或者干脆什么也不说。记住，我们用人的主观偏好概念来解释人采取的具体行动。如果某人的观点让经济学家正确了解了他的偏好，那也不过是因为开口说话本身是有目的的行动。[2]

为了帮你记住本课的观点，让我们用友谊来进行类比。假设萨

[1] 我们并没有说人们的日常语言很草率，我们只是指出，偏好这一术语在经济学中有着非常严谨的意义。类似的情况，比如物理学术语中的“功”，同样也有着非常严谨的科学上的意义，而人们日常生活中说到功的时候，并不一定都是指物理学上的意义。

[2] 在本书的这一阶段，你也许觉得这些例子比较枯燥乏味，但现在掌握好这一要点，对于后续课程中解释价格的形成是很重要的（“听其言而观其行”这句古话也有经济学上的意义。人的偏好是通过行动表现出来的，如果某人说出一句表达自己偏好的话，那么经济学的逻辑推理只能断定说话的行动是有目的的，但不能判断话的具体内容是真是伪。——译者注）。

莉有 3 个朋友，于是，我们说在她的意识里，这 3 个人都是她的好朋友。接下来，我们可以进一步要求萨莉给朋友们排个名次。她可能会说比尔是最好的朋友，玛丽排在第二，而乔排在第三。这样的说法是完全有意义的。

但要是我们接着询问萨莉“比尔这个朋友要比玛丽好多少”？这听起来就有些奇怪了。而如果我们问她“你对比尔的友谊至少比对乔的友谊多 30% 吗”？那么，这就已踏入荒谬的境地了。这个例子的寓意在于，尽管我们可以给友情排序，但却不存在客观的“友情砝码”能让我们衡量友谊的“重量”，并以此决定排序的结果。

普遍意义上的偏好尚且如此，更别说经济学意义上的了。我们将在后续课程中学到，为了理解和描述交换，我们需要假定人们会对目的或目标进行排序。人们采取行动来满足他们来说最重要的偏好，或者达到他们最大的目标。尽管在其他教科书中人们利用效用函数来测算其最大值，但我们无须理会。这种替代性的方法只有在讨论人为设计的数值化问题时，才能产生特定答案，对于交换的过程，它并不能带给我们更多的理解。事实上，在学习基础经济学原理时，使用数学效用函数有着严重的弊端，因为它会让学生忘掉偏好的概念到底从何而来。

另一种观点

即使职业经济学家也并不总是遵从偏好不能量化的原则。例如，经济学家们经常使用**效用**一词，来描述人们在某种情况下所得到的愉悦或者所达到的满足程度。他们也许会这样描述我们上面的场景："玛丽选择香草冰激凌是因为它带来的效用比巧克力冰激凌带来的更大。"

到此为止，一切尚好。但接下来，很多经济学教科书开始用数字来衡量效用。于是，他们说玛丽从香草味冰激凌中得到（比方说）"55 效用"，但从巧克力味冰激凌中只得到"34 效用"，因此，为了达到"效用最大化"，她显然会选择香草味的冰激凌。不过，在更高级的博士课程里，教科书会这样解释："效用"并不真正存在，它并不是像"千克"和"千米"一样的客观的度量衡单位；相反，数学上的效用函数不过是经济学家用来描述偏好排序的捷径。所以，当经济学家利用函数判断一碗香草味冰激凌"55 效用"，而巧克力味冰激凌"34 效用"时，全部的意义仅仅是为了说明玛丽会选择前者而不是后者。效用函数同样也可以把"18.7 效用"给香草味冰激凌，把"2.3 效用"给巧克力味冰激凌，这并没有任何区别。重点是，玛丽的行动看起来"像是"在将这一随意设定的数学函数最大化。

在本书中，我们不会使用令人困惑的"效用"这一术语，也不会像其他经济学教科书一样，进行"效用函数"的微积分演算。虽然这种做法很普遍，但是却很危险。因为它会误导你，让你认为人从行动中得到的心理满足可以被测量。

也许某一天，神经科学专家研究出某种客观方法，能够定量研究不同程度的幸福感。这样他们可以合乎逻辑地说，玛丽比比尔"幸福 3 倍"。但即使这成为现实，我们的观点仍然不会改变：在经济学领域里，这种说法毫无意义。在经济学中，我们使用"偏好"

这样的语词来表达或解释“人有目的的行动”。如果某人选择一样物品而不是其他物品，那么我们只能推断，此人偏爱他选择的物品甚于他放弃的物品。也许心理学家或者神经科学专家，甚至是生活常识都能对这一事件提供更多的启示，但经济学的逻辑推理只能止步于此。经济学家并没有声称自己拥有全部答案——远非如此！经济学家不过是在谦逊地承认，经济学的推理对于解释某一事件是有局限性的。你将在第 6 课中学习到，主观偏好的排序是如何相互影响，并产生出客观市场价格的。到那时，你将会更深刻地理解为什么我们要在这节课中强调这些要点。

不同人的偏好不能加总

如果偏好因人而异，并且根本无法测量或者进行定量研究，那么显然，试图将个人的偏好合并或汇总得出“社会”偏好，是毫无意义的。不幸的是，即使专业经济学家也时常对偏好进行加总。很多人声称，“1 美元对穷人比对富人更有价值”，以此为**累进所得税制**正名。他们的想法是：若从比尔·盖茨的财富里拿出 100 万美元，盖茨的效用并不会降低多少，然而若给 1 000 个流浪汉每人发 1 000 美元，将使每个人的效用大增。因此他们据此得出结论，通过重新分配比尔·盖茨的部分财产，可以增加总效用或“社会”效用。

我们将在第 18 课剖析累进所得税制的后果。现在，我们仅指出这种典型的理由是荒谬的，不能对形形色色的人的效用进行加总。

实际上，如果使用“偏好”一词，你能更清楚地看出，对不同人的偏好进行加总是件不可能完成的任务。我们可以问“居民的总体重是多少”或“居民的平均年龄是多少”，但诸如“居民的总偏好是多少”或“每个人的平均效用是多少”这样的问题纯属无稽之谈。

为了让你理解把不同人的偏好排序放在一起进行算术运算是件多么荒唐可笑的事，让我们用友谊举个例子。假设萨莉和拉瑞的“友情排名”如表 3.1 所示：

表 3.1　友情排名

萨莉	**拉瑞**
第一：比尔	第一：乔
第二：玛丽	第二：比尔
第三：乔	第三：（无）
第四：汤姆	第四：（无）
第五：亚德里安	第五：（无）

在开始分析之前，我们先分析一下这个表格：萨莉总共有 5 个朋友。第一要好的朋友是比尔，第二要好的是玛丽，依次接下去是其他几位。另一方面，拉瑞只有两个朋友。他最好的朋友是乔，而比尔排在第二。注意：即使对于萨莉与拉瑞共同的朋友，他们各自的排名顺序也不一样。萨莉认为比尔是比乔更好的朋友，而拉瑞却认为比尔比不上乔。这毫不奇怪，因为偏好是主观的。[1]

[1] 要解释友情排序的区别，无须假设乔和比尔各自与萨莉和拉瑞相处时表现不一。即使乔和比尔无论跟谁呆在一起时都是“同一个人”，但在不同人的心目中，他们会排在不同的位置，这是完全合乎情理的。你已经猜到了——因为偏好是主观的。也许乔爱用腋窝弄出不雅的声音，萨莉觉得很恶心，但拉瑞却觉得很搞笑。

现在假设一个好管闲事的学校教导员过来说："不像话！可怜的拉瑞，他的朋友没有讨人喜欢的萨莉那么多！我有个好主意能让这事儿更公平一点。我来模仿萨莉的笔迹写一张'你好臭！'的纸条，塞进亚德里安的午餐盒，一定能让亚德里安跟萨莉大吵一架，然后他们就不再是朋友了。接着安排亚德里安和拉瑞在校车上坐在一起，总有一天他们能变成朋友。虽然我无法预见亚德里安会成为拉瑞的第一、第二还是第三要好的朋友，但无论如何，他在拉瑞的朋友排名中都比之前在萨莉的排名中要高。在我的好心干预下，这些孩子之间的友谊总量将增加。"

显而易见，上面这个故事荒诞不经。我们用这个可笑的故事说明了，试图对个人的主观偏好进行加总有多么傻。希望你现在能够明白，劫富济贫能增加"社会效用"的观点是荒谬的。累进税制的支持者也许能用其他理由为其正名，但若诉之于经济学的偏好（或者效用）概念，显然是失败的。

小　结

- 一旦我们认定某件事是有目的的行动，便可以进一步对其进行逻辑推理。例如，每一个行动都必定有实施者——有意识的人。尽管人们能够与他人一起行动，但具体行动只能由个人实施。
- 我们用人的偏好来解释行动——人通过行动来达到目的。
- 经济学家认为偏好是主观的，意思是每个人的偏好都是独特的。这并不意味着我们要容忍或赞同那些偏好，而仅仅是认识到人们的喜好各自不同。

术　语

偏好： 个人的目标或欲望。经济学家把个人的行动解释成个人试图满足自己的偏好。

物品： 因为能帮助人满足偏好，而被人认为有价值的稀缺物体。

服务： 人所实施的一项能满足他人偏好的、有价值的任务。服务是人的劳动力创造的“物品”。

主观的： 因人而异，“情人眼里出西施”。

效用： 经济学教科书中普遍使用的术语，用来描述人从一件物品或者一项服务中获得的价值。

累进所得税制： 一种税率随着个人和企业收入等级的增加而上升的征税制度。

思考题

1. 为什么“德国攻击法国”的说法是有问题的？

2. 为什么描述某人的行动的话语里隐含着他的信念？

3. 有目的的行动能基于错误的信念吗？请举例。

4. 经济学家说偏好是主观的，他们的意思是什么？

*5. 经济学是否建议你不该捐钱做慈善？

第4课

鲁滨孙·克鲁索经济学

本课要点

- 为什么即使从一人经济出发，也能阐明经济学的概念与范畴
- 储蓄与投资的重要性
- 经济学家如何解释个人选择

引言

经过前3课的学习，你已经懂得，经济学的研究对象是交换行为。你也学到，一个看似简单的判断——认定人类行为是有目的的行动——足以引发很多深刻的见解，并能帮助我们解释现代市场经济是如何运作的。在本书的第二部分，我们将对市场经济展开全面

的分析。恐怕在多数人的心目中，使用货币交易的市场经济才是一本经济学教科书应该讨论的主题。不过别急，在我们展开深入讨论之前，在“基础”部分的最后一课中，先让我们概述一些基本的经济事实，这些事实甚至适用于在荒芜人烟的小岛上只有一个人独处的情况。即使在这种被严格限制的简单情况下，我们也能得出惊人的结论。

多年以来，许多批评家嘲笑“鲁滨孙·克鲁索”经济学，它是以丹尼尔·笛福的著名小说中一个遭遇海难的船员命名的。[1] 显然，我们的意思不是说，可以用一个孤立的个人来准确描述现代经济。其实，我们的意思是，在分析由亿万个人相互协作构成的经济体系之前，应该先从一个人的情况开始分析，并确保我们能够理解什么在影响他的行动。

我们在本课中阐述的普遍原理，是关于一个人面对稀缺时所做的有目的的行动。即使日后克鲁索被人救回文明世界，这些原理依然成立。为了避免贪多嚼不烂，我们从一个简单的例子出发：克鲁索独自一人生存，必须根据所处的环境来改善自己的状况。

克鲁索用思维力量创造物品

克鲁索独自一人漂泊到一座热带小岛上，他迅速意识到自己情况不佳：肚子开始咕咕叫，喉咙又干又痒；面对可怕的间歇性热带风暴，却找不到天然的掩蔽所。克鲁索不甘心听天由命，决定行动

[1] 当代的读者们不妨更多地参考汤姆·汉克斯在 2000 年的电影《荒岛余生》中扮演的角色。

起来，让事态的发展对自己更有利。

为了制订合理的行动计划，克鲁索必须先弄明白他有哪些资源可以利用。于是，他爬上山顶观察小岛。克鲁索注意到，岛上遍地都是椰子树，在远处有几股涓涓溪流，还有一些大大小小的石头，以及结实的藤条。克鲁索的脑子开始思考起来，他要决定首先做什么。

现在暂时打住，让我们用经济学的概念来描述一下现状。也许你已经意识到，克鲁索为什么要研究上一段中所列举的各项物体？它们一定与克鲁索的状况密切相关。设身处地地考虑一下，你也会注意到这些东西，并用同样的方式来思考。用经济学术语来说，克鲁索拥有一堆可支配物品。也就是说，他要亲自评估这堆稀缺的物品对自己的用处。

无论如何，克鲁索都可以坚信不疑地说："嗯，这座小岛受地心引力的控制，至少不用担心我会漂到外太空被冻死。这里氧气充足，我也不会窒息而死。大气层的存在能传递声波，这样我就能听到暴风雨的临近。"小岛的这些特性无疑对克鲁索极其有用，能帮助他达到目的。但当克鲁索制订计划时，他不会专注于这些特性，因为它们不具备稀缺性。克鲁索需要施展他的管理才能，**经济地使用**椰子、藤条等稀缺物，而无须在意一般状况。

稀缺性的最显著特征是它涉及取舍。除非克鲁索找到别的食物来源（比如制作一些工具去捕鱼），他要不能太快地吃光椰子，当然更不能为了寻开心而烧掉椰子树。如果他决定用一些石头来盖个掩蔽所，那么就不能再用这些石头来打火。既然藤条的数量看上去是无限的，那么他是否能砍一些下来编成渔网呢？克鲁索还得深思熟虑一番，因为割取大量藤条需要走进丛林深处，费时良多。

正如这些例子所显示的，一旦计划涉及石头、藤条、椰子等稀缺物，克鲁索必须全面彻底地考虑行动的后果。因为行动将削弱他在未来达到目的的能力，所以事后克鲁索可能会因不如意的结果而后悔。能帮助人达到目的，并且数量多多益善的物体，我们称之为经济学意义上的物品；相反，像地心引力与氧气等，（通常）不是经济学意义上的物品。因为克鲁索的行动不会减少它们对完成目标的帮助。克鲁索不用担心奔跑太快会"耗尽全部氧气"。当他不假思索地用长棍子敲落椰子时，起作用的地心引力也不涉及取舍。[1] 更进一步说，仅拥有"更多的氧气"或"更多的重力"，克鲁索什么目的也达不到。尽管氧气与地心引力对于维持生命至关重要，但克鲁索却不需要经济地使用它们，因此它们不被认为是经济物品。

我们一定要意识到，要让一样东西（object）成为物品（good），必须有人对它进行计划与使用。本质上，热带小岛上的椰子不会因为自身的物理特性而成为物品，而需要满足 3 个条件：

（1）它能填饱肚子；

（2）克鲁索希望填饱肚子；

（3）克鲁索知道条件（1）。

如果克鲁索不知道椰子可食用，那么他就不可能认为椰子是物品。另外，小岛上的某些植物很可能会有药用属性。但是，如果克鲁索对此一无所知，那么这些植物将不可能获得经济物品的地位。

---

[1] 如果克鲁索为了引火而烧掉长棍，那么他就不能再用它敲落椰子了。但无论他如何行动，地心引力依然无所不在。

消费品与生产品

既然我们已经了解了什么是物品，接下来，我们可以开始给物品分类。一方面，克鲁索认识到，有一些稀缺的物体可以直接帮助他达到目的。例如，小溪里的流水可以直接止渴，椰子可以直接果腹，经济学家称之为**消费品**。

另一方面，有些确实很有用的物体，对于克鲁索达到目的多多益善，所以它们是物品，但它们并不直接有用，而是间接有用的——它们能帮助克鲁索获得更多的消费品。例如，一个长棍子本身并没有用，如果它是岛上唯一的物体，克鲁索根本就不会认为它是物品。但是椰子高高挂在树上，其中一些是克鲁索够不到的。突然，这根棍子间接地有了价值。现在克鲁索认为棍子也是物品，尽管它不能吃，但却可以间接地帮助他达到目的。经济学家把类似棍子这样的物体称为**生产品**，或者**生产要素**、**生产资料**。

对于一般物品来说，消费品与生产品的区分在于行动者的意识。举例来说，如果绿巨人被冲上克鲁索的小岛，且正为后背肩胛骨中间的瘙痒而烦恼，也许他会觉得用棍子挠痒很棒。那么，同样的一根木棍对于绿巨人也可以成为消费品。

土地、劳动力与资本品

在生产品范畴里，我们可以进一步细分，由大自然赐予的生产品通常被称为**土地**与**自然资源**。其中包括某种程度上的永久性物体，如流动的小溪、一棵能够不断结出椰子的椰子树等。但也同样包括可耗尽资源，如一小堆锡矿——克鲁索可以用来做成锅和鱼钩。

独一无二的、最重要的、用途最多的生产品，是克鲁索自己的劳动力。这种持续的生产服务由克鲁索自己的身体来提供。如果只考虑经济学原理的逻辑，我们可以合情合理地把劳动力与其他（保养得当后）能持续不断提供服务的自然资源归为一类。不过，经济学家们向来赋予劳动力特殊的地位，因为劳动力是每个人都拥有的生产要素，同时也是每一个生产过程都必不可少的生产品。当克鲁索把体力劳动用于满足间接的目的时，他是在从事劳动生产。另一方面，如果他运用自己的双手、大脑等来获得直接的满足，经济学家称之为**休闲**。为了达到自己认为最重要的目标，克鲁索将在劳动与休闲之间分配自己的“身体力量”。一直以来，经济学家用**劳动的负效用**来强调这一事实，即休闲是人的直接享受。只有当通过劳动能间接地达到更重要的目的时，人们才愿意牺牲休闲来进行劳动。[1]

最后要谈的是资本品。**资本品**是由人创造的生产要素。[2] 任何一件资本品都是由至少一件自然资源与劳动力结合生产出的。多数资本品的生产也要借助于其他已有的资本品。[3] 在小岛上，克鲁索花费劳动力用藤条编织的渔网，用石头、树枝、泥土、树叶等建造的掩蔽所等，都是典型的资本品。

[1] 注意，休闲不一定指在海滩漫步，劳动（工作）也不一定都会耗尽体力。克鲁索也许爱在海里游泳，这种体力锻炼甚至会让他第二天肌肉酸痛。但他享受这样的运动前，必须从事无聊乏味却不得不做的工作——搜集晚上用来生火的小树枝。

[2] 此定义的两部分同等重要。如果克鲁索创造的物品不是生产要素，那么它就不是资本品而是消费品；如果克鲁索拥有的物品是生产要素，但却不是他创造的，那么它也同样不是资本品而是自然资源。

[3] 合乎逻辑地说，人类历史上生产的第一样资本品，一定是某人利用自己的劳动力把一些原始自然资源变成生产要素的东西。

收入、储蓄与投资

现在，我们知道克鲁索可以把他的小世界里的稀缺物体分类如下：自然资源、劳动力、资本品和消费品（包括休闲）。把它们联系在一起的是时间流，以及克鲁索理解他现在的行动将如何影响未来幸福。更具体地说，如果克鲁索选择在今天储蓄或投资，就能增加未来的收入。

收入是人在一定时期内获得的新增消费品与服务的产出。[1] 如果人的消费量少于其全部收入，便产生**储蓄**，所谓“量入为出”。当生产要素被用于生产未来的收入，而不用于生产当前消费时，即产生**投资**。我们将在第 10 课详细讨论在使用货币流通的当代市场经济中收入、储蓄、投资三者之间的关系。现在简单阐述一下，即使在简单的克鲁索经济里，也能找到与之对应的高级概念。

用数值举例是最容易理解的。在下面的例子中，简单的数字和具体的场景描述能让你清晰地思考克鲁索面临的各种取舍。假设赤手空拳的克鲁索能找到一棵合适的椰子树，他爬上树并摘下一个椰子需要 1 小时。他每天工作 10 小时，剩下的时间用于休闲（包括睡眠）。那就意味着，他的原始劳动力每天可以从岛上的自然资源中收获 10 个椰子。幸运的是，这些椰子足够克鲁索每天补充营养和维持健康。但是，每天工作 10 小时、周末无休可不是什么理想的生活方式。不仅日程紧张，而且处于无隔宿之粮的脆弱生存状态，克鲁索

[1] 从技术上来说，总收入是在某一时期的最大消费额。而净收入是指扣除了必要的投资后，有可能达到的最大消费。必要的投资是为了在下一个时期能维持同等的总收入水平。

一旦生病或者受伤，就很容易死去。

克鲁索机智、灵活并训练有素，他可以找到解决方案。他意识到，可以通过储蓄与投资来大幅提高生活水平。他仔细地评估了自己在岛上的状态，决定每天储蓄 20% 的收入。换句话说，克鲁索继续日复一日地每天工作 10 小时，获取（收入）10 个椰子，但只吃掉（消费）8 个椰子，这样他就可以从每天的收入里省出（储蓄）2 个椰子。

照这样降低标准生活 25 天后，克鲁索已积累了 50 个椰子。但他发现，一旦椰子从树上摘下来超过 5 天，味道就会变坏。因此，他停止继续储蓄椰子，恢复之前每天吃 10 个椰子的消费量。自此之后，克鲁索的日常生活走上正轨，他每天采摘 10 个椰子，放在椰子堆的一边，并吃掉另外一边最早摘下的 10 个椰子，这样轮流循环，克鲁索仍旧每天吃掉 10 个口味还不错的椰子。并且拥有另外 50 个椰子的储备，在紧急情况下他可以动用这些储备。一旦克鲁索染上疾病，不能工作，他可以把配额减半，半饥半饱地支撑 10 天。[1] 正因为克鲁索努力工作，并且愿意储蓄实在的劳动成果，他极大地改进了自己的物质生活状态。克鲁索不再挣扎于饥饿边缘，现在，他有了 10 天的缓冲期。

储蓄与积累消费品的这些简单行动无疑是非常有用的，但克鲁索认为自己能做得更好。他审视一下自己能支配的物质材料，开始准备投资自己的储蓄，以进行大范围的冒险。他期望这能永久地提升自己未来的每日收入。克鲁索决定依靠储蓄的 50 个椰子，暂停两天，不再爬树摘椰子增加库存。

[1] 我们假设椰子从树上摘下来 10 天后，尽管味道不佳但仍可食用。

不过，我们的英雄可没有度过那看似非常有必要的假期。相反，第一天，克鲁索花费 10 小时漫游全岛，收集长短适中、粗细均匀的树枝。这一工作进展缓慢，因为当克鲁索发现一根合适的树枝时，他必须用锋利的岩石去切割树干的连接处，以保证完整地折断树枝，不至于弄坏。[1] 当天，他吃掉了 10 个椰子，库存剩下 40 个椰子。尽管克鲁索工作了一整天，可并没有收获椰子；相反，他只搜集了一捆结实的长树枝，而这些树枝是从树上的原始状态加工而来的。

第二天，克鲁索又花费 5 小时进一步修整树枝，然后花费 2 小时切断一些藤条，并带回营地。在第二个工作日的最后 3 小时里，克鲁索把树枝铺在地上，头尾相接，并留出相当长的一段使它们互相重叠，然后用藤条把树枝紧紧地绑在一起。第二天结束时，克鲁索的库存减至 30 个椰子。但是除了储蓄的减少，克鲁索获得了新的资本品——一根又长又结实的杆子。

接下来的一天，克鲁索带着这件资本品外出。他心满意足地发现，自己的劳动力在新造的资本品的帮助下，可以在短短的 1 小时里敲下 5 个椰子。这极大地提高了他的**生产率**。现在，克鲁索认为自己的工作时间太长了。现在，他不用每天工作 10 小时搜集食物，只需花费 4 小时敲击椰子，就能获得 20 个椰子的收入，这比他用双手"赚"得的椰子数量要多两倍。为了补充消耗掉的库存，恢复能够保证新鲜食用的最大数量，克鲁索在接下来的几周里，继

[1] 注意，锋利的岩石属于自然资源，克鲁索可以用岩石和自己的劳动力一起生产资本品——割下来的树枝。

续储蓄部分新收入，直到库存增加到 100 个。[1] 这样他又可以满配额生存 5 天，不过现在的“满配额”意味着每天收获 20 个椰子。在新的**均衡**状态下，克鲁索每天花 4 个小时敲落 20 个椰子，并添加进库存，同一天，他吃掉库存里最早摘下的 20 个椰子。

显然，克鲁索的状况已得到大大改善。以前，他必须每天高强度辛勤工作 10 小时。一天到晚爬上爬下，结果每天也就享用 10 个椰子。但当他明智地投资并制作一件资本品后，克鲁索发现在杆子的帮助下，他每天只需工作 4 小时就能敲落 20 个椰子。这可比徒手爬树摘椰子轻松多了。而且，每天能享用的椰子数量也比之前多 1 倍。坦率地说，基本上这已是他愿意吃椰子的极限了。

另一个重要的细节是，如果克鲁索想永久地保持这种新的高标准生活，那么他不能完全享用每天 20 小时的休闲。克鲁索除了每天花费 4 小时劳动搜集新椰子以外，必须另外花时间维修他的杆子。假设杆子在使用一周后，会扭曲脱节，并且两端的树枝都磨损严重。那就意味着，克鲁索在使用新杆子 7 天后，必须花一些时间替换两头的树枝，同时用新的藤条从头到尾重新捆绑。

现在，如果克鲁索每天只最低限度地工作 4 小时搜集椰子，那么他只能这样得过且过、懒散地过上 7 天。在第 8 天早上，克鲁索将发现自己的杆子不能用了。然后，他必须花费（假设）7 小时搜集新藤条与 2 根新树枝，并且重新捆绑制作新杆子。那天，克鲁索不仅要额外工作很多小时，还不能收获新椰子，还必须消耗一些库存。

---

[1] 考虑到克鲁索有 30 个椰子的存货，如果从使用杆子的第一天开始他每天收入 20 个椰子，但他仅消费 15 个椰子，那么需要整整 2 个星期来积累 100 个椰子。之后，克鲁索从第 15 天起，可以每天消费 20 个椰子。

为了避免这种剧烈动荡的日程安排——前 7 天轻松工作并获取大量椰子，第 8 天紧张工作却不能收获椰子——克鲁索可以将生活安排得更平顺。在新的均衡状态里，每一天他依然花费 4 小时敲落 20 个椰子添加进库存，并吃掉 100 个库存里最早的 20 个，然后，他另外花费 1 小时来保养资本品。这样 7 天之后，克鲁索将总共花费 7 小时的劳动力，用于修复杆子使用一周后的磨损。[1]

现在，我们用经济学术语回顾一下克鲁索的成就。首先，通过减少每天的消费量——降低生活水平，储蓄椰子以建立一个贮藏室，从而提防未来突发的收入中断。不仅如此，克鲁索还投资了自己的资源，创造了一件资本品——杆子，并显著地提高了自己的劳动生产率。当杆子完工后，克鲁索每天只消费净收入，因为他投资了总收入的一部分，正好能够弥补资本品的**折旧**。

物品按单位估价

经济理论史上最重大的一个突破是，人们评估物品的价值不是按照物品的整个类别来进行的，而是按照物品的单位来进行的。用经济学术语来说就是，人们对物品的估价基于**边际效用**。

---

[1] 为了让故事经得起推敲，从技术上说，克鲁索必须用第 7 天的第 5 个小时和下周第 1 天的第 1 个小时，来替换两端磨损的树枝，并用藤条重新捆绑整根杆子。导致这一复杂性的原因如下：尽管克鲁索一共花费 7 小时维修杆子，但根据前面的描述，这些时间不能被平均的分配到每天的最后 1 小时。如果你是完美主义者，并想精确地划出一周内每天的时间安排，别忘了克鲁索可以保持平日消费量不变，再额外多花点时间敲椰子，这样库存就可以暂时超过 100 个。接下来的维修日，如修理杆子的时间必须超过 1 小时，他可以消耗额外库存。经过适当的规划后，全部的数字都是经得起推敲的——库存从不少于 100 个，并且克鲁索不会吃到 5 天以上的陈椰子。（实际情况是，因为维修是不间断作业，克鲁索可以把维修当天多占用的敲椰子时间，提前分配到其他日子里，替换每天计划好的 1 小时维护时间。——译者注）

“钻石与水的悖论”是对这种新的思维方式的最经典的阐述。乍看起来，水的价格低得难以置信——餐馆甚至免费提供；而钻石的价格却极高，不信你问服务员要一杯钻石试试。如果经济学家们认为，物品的价值最终涉及满足人的主观目的，那么钻石怎么可能比水更有价值呢？毕竟，如果你因缺水而渴死，那就什么目的都无法满足了。

19 世纪 70 年代，三位经济学家各自独立地解决了这个问题：是的，要想正确解释物品的价格，必须进入人的思想以了解人的目的。但是，当人在真实世界中实际选择时，取舍从不涉及“全部的水”与“全部的钻石”。如果非要在这两者中选择，那么理所当然，人应该选择水。不过，在日常生活中，水的供给极其丰富，以至于任一加仑水的价格低得无足轻重；相反，钻石的数量却极其有限，无法满足人们的全部需求。这就是为什么任何一颗钻石的价格都非常高。经济学家会说，钻石比水更稀缺。

在鲁滨孙 · 克鲁索的世界里，物品按单位估价这一原则也同样适用。举个例子，假设一天晚上克鲁索睡着了，因为粗心而没有熄灭篝火。风吹着火苗，烧着了克鲁索用藤条、树枝与树叶建成的简陋掩蔽所。当克鲁索惊醒时，整座小屋都在燃烧。他意识到自己必须在小屋坍塌之前逃出去。而此刻，时间仅够他拿一样东西。小屋里有一个新鲜的椰子和他遭遇海难时戴的一块手表，克鲁索应该带哪一样逃出去？

简单的想法是：“如果避免饥饿的目的比保留对于文明世界的回忆更重要，那么克鲁索应该带椰子出去。”

但这个答案是错的。克鲁索是饥饿还是饱食，与那一个椰子无关。实际上，在远离火堆的地方，克鲁索仍然存放了99个椰子。所以，最糟的情况是，某一天，也不一定非得第二天，克鲁索将不得不只吃19个椰子，仅比平常少吃一个。事实上，克鲁索只需某天加班12分钟，[1]敲下21个椰子，就能弥补在大火中损失的那一个。一般性的原理是，克鲁索对物品的估价基于单位比较。当他对比1个椰子和1块手表的价值时，他要考虑的是1个单位品对实现自己目的的影响。尽管100个椰子确实比100块手表重要，但与克鲁索无关，因为那不是他逃出着火的小屋时所面临的问题。此时，他要决定的是，1个椰子是否比1块手表重要。如前所述，损失1个椰子的影响微乎其微，仅仅意味着日后少吃一点，或多加一会儿班。经济学家会说，“在边际上，损失1个椰子是无足轻重的”。所以，克鲁索为了感情因素而选择手表是合情合理的。

总结：克鲁索一个人可以做些什么

最后，我们能够解释克鲁索实际上是如何行事的。

简单地说，克鲁索所做的决定是为了达到自己最重要的目的。用经济学的语言来说，克鲁索的行动是为了满足排序最靠前的偏好。有些经济学家会说，克鲁索是为了实现“个人效用最大化”。

特别强调一点：当克鲁索做出选择时，他不能仅仅考虑自己主观意识上的**收益**，也必须考虑**成本**。一个选择的成本，就是因这一选择

[1] 别忘了克鲁索在杆子的帮助下，每小时可以收获5个椰子，换算一下，相当于每个椰子花12分钟。

所放弃的其他目的中最为重要的那个目的的价值。经济学家为了解释清楚这一概念，通常使用一个更长的名词——**机会成本**，它被定义为主体为了某个选择，而不得不放弃的次优选择带给他的价值。

克鲁索的日常决策面临着取舍问题，迄今为止，我们已经解释了取舍的本质。唯有正确认识选择间的联系，我们才能理解克鲁索实际做的决定。例如，让我们重新考虑克鲁索逃出着火的小屋前的行动。我们说过，他面临着选择——拿椰子还是拿手表。但实际上，我们作弊了，我们直接向前快进到了真正做取舍的时刻。在现实里，克鲁索的选项可能有很多。除了拿椰子和拿表之外，他还可以用力猛打自己两个耳光，或者拿起椰子掷向燃烧的屋顶。实际上，我们只是理所当然地认为克鲁索会首选逃离小屋。当然，他也完全可以选择冷静地吃椰子，直到被烟熏晕。

当讨论克鲁索在愚蠢地让自己的小屋着火后所采取的行动时，我们不必费神去考虑上述那些荒谬的可能性。因为我们知道，克鲁索最重要的首要目标是逃出小屋以保命。我们假定他会视自我保全为最重要的结果，远远超过像“多睡几分钟”等其他目标。在此背景下，我们知道他随后面临的选择是逃跑前拿一样东西。我们不用自找麻烦地去比较选择手表的益处与不能打自己两耳光的成本，那显然不能准确描述行动的真正成本。因为推测可知，“打自己耳光的乐趣”在克鲁索的偏好中排序并不高。

与此相反，为了理解克鲁索真正面对的抉择，我们必须判断因决定拿手表而被迫牺牲掉的次优选择是什么。在我们的故事里，假定次优选择是拿椰子。[1]经济学家会这样解释克鲁索的行为：克鲁索认为拥有手表的收益多于损失1个椰子的成本。他们实际上是在用另一种方式说，拥有1块手表和99个椰子，比拥有100个椰子但没有手表，更能达到重要的目标。

克鲁索所做的其他决定可能更复杂，但基本原理是一样的——克鲁索的选择一定是收益超过成本的。例如，某天，克鲁索决定工作5小时去搜集更多的藤条，那一定是因为他认为收益超过成本。在这种情况下，最终收益是未来能消费更多椰子所带来的额外满足。记住，他要靠藤条来维持杆子的可用性，以便继续敲落椰子。成本是克鲁索因此所放弃的目的中最重要的那个目的的价值。假设克鲁索在出发去割藤条的路上，发现地上有一堆切割完好的藤条——古怪的老天爷放闪电击落的。果真如此的话，恐怕克鲁索就会决定享用那额外1小时的休闲了。这就说明，最初他决定花1小时割藤条的成本，是在那天享受19小时的休闲之外，再额外享受1小时所带来的价值。[2]

本课的最后一个要点是，克鲁索的一切行动都是由预期引导的。**预期**是指他对未来的预测。当克鲁索做任何一个决定时，他选择的是自己预期收益超过成本的结果。他很可能会犯错误。例如，为了建造木筏，克鲁索可能会花费几周的时间收集树枝和其他材料。他认为自己可以靠木筏逃到公海，并希望在那里被救走。这一丝逃生机会的收益对于克鲁索更为重要，所以他宁愿放弃休闲时间来建造

---

[1] 换句话说，如果手表已经在外面了，那么克鲁索一定会拿椰子。

[2] 记住，克鲁索每天工作4小时收集椰子，然后剩下20个小时。如果再额外工作1小时收集藤条，那么包括睡眠在内，只剩19小时休闲时间。

木筏。然而，经过多次尝试后，克鲁索懊悔地发现，光靠木筏是无法逃离小岛的。很不幸，岛上缺乏制作一面船帆所需要的材料。他极其后悔自己白费了工夫，完全是在浪费时间。准确地说，完全是在浪费休闲。

尽管克鲁索犯了错误，经济学家仍然可以这样解释他最初的选择：克鲁索认为逃到公海的收益大于多点休闲时间的成本。虽然这一取舍并不符合现实，但克鲁索认为结果可以实现。最终引导他行动的，是他自己的信念和偏好。

小　结

- 通过研究仅由 1 个人组成的假想“经济”，我们能学到许多基础经济学的概念和原理。我们在简化的场景里掌握学习方法后，可以应用到更复杂（更真实）的多人场景中。
- 人所做的最重要的一个决定，是把时间与其他资源投入到现在或未来。通过储蓄与投资，人们牺牲当前的满足，却能在未来获得更多满足。
- 经济学家说，只要主观收益超过成本，人将一而再，再而三地忙于一项行动。

术　语

经济地使用：因为资源稀缺并仅能满足数量有限的目的与偏好，所以须谨慎使用资源的行动。

消费品与服务：能直接满足人的偏好的稀缺物体与服务。

生产品、生产要素、生产资料：可用于生产消费品和服务，且能间接满足偏好的稀缺物体或服务。

土地、自然资源：大自然赐予的生产要素。

劳动力：人的身体对生产过程做出的贡献。

休闲：人不去从事劳动，而是用自己的身体和时间来直接满足偏好所产生的一种特殊类型的消费品。

劳动的负效用：经济学术语，用来描述人更愿意休闲而不是劳动的事实。人之所以会去劳动是为了获得间接的回报。

资本品：由人创造的，不能直接由大自然赐予的生产品。

收入：人在一定时期内获得的新增消费品与服务的产出。

储蓄：人的消费量少于其全部收入，“量入为出”。

投资：把资源转投到那些能提高未来预期收入的项目中。

生产率：一种生产要素在一段时期内的产量，通常特指劳动力。

均衡：当所有的动荡与变化都平息后而达到的稳定状态。

折旧：资本品在生产过程中的磨损或耗尽。

边际效用：经济学术语，指新增单位的物品或服务所带来的主观满足。

收益：由一项行动方案带来的主观满足。

（机会）成本：因为一项行动所舍弃的次优收益。

预期：人对未来的预测，其中包含着人对“世界运作方式”的理解，并以此来引导当前的行动。

思考题

1. 经济学是否假设人的行动是脱离社会的？

2. 我们说克鲁索用自己的“思维力量”来创造物品，这是什么意思？

3. 休闲是否可能比工作更辛苦？

4. 克鲁索为什么要担心资本品的折旧？

5. 预期如何影响人的决定？

Section 2

市场经济

THE MARKET ECONOMY

美好的生活是丰富多彩的，并不只有赚钱这一项，金钱并不是万能的。然而，市场经济中形成的货币价格，让人多长一个心眼，让人们在我行我素时能够意识到自己在多大程度上无视了别人的意愿。

第 5 课

私有财产权制度

本课要点

- 为什么社会需要制度来解决稀缺问题
- 本书的经济分析针对三种主要制度环境展开
- 资本主义制度的本质特征——市场经济

社会需要规则

到此为止，我们已经解释了经济学的研究对象是交换，基础经济学关注的是“有目的的行动”的逻辑内涵。在第 4 课，我们定义了经济学的一些基本概念，并应用这些概念，设想了一个人被困在热带小岛的情况。小到孤岛，大到繁华的大都市，我们从鲁滨孙 · 克鲁索身上推导出的原理和法则适用于所有人。但在更复杂的环境里，经济学模式是在克鲁索的简单情景里没有的。

一旦从与世隔绝的一人世界转到两个或更多人的世界，我们的分析将面临一个难题：如果两个人对同一物品的使用起了争执，那该怎么办？在克鲁索的情形中，在某种意义上，我们可以认为克鲁索在“与自然进行交换”。例如，克鲁索每天付出 5 个小时的休闲时间，大自然则回报 20 个椰子作为交换。鉴于岛上的物理现实，这算是提供给克鲁索的“雇佣待遇”。

理论上说，如果克鲁索被救回文明世界，情况也一样。他环顾四周，发掘各种可能的交换，做出那些相对于成本来说能带给他最高收益的选择。然而，经济学告诉我们，其他人也都在做同样的事。在孤岛上，克鲁索是唯一拥有智能的生物，因此，只有他能评价椰子、岩石、藤条等物品的单位价值。

在大城市里，一切能够满足人的目的的物体，都由数百万个不同的头脑来评价。如果有人看到椰子，问题不再是“是否值得努力去拿”这么简单。因为如果椰子是他人事先采摘下来贮存的，那么，两个人都无法称心如愿。

在社会中，稀缺这一经济问题往往会导致冲突。社会上没有足够数量的商品满足每个人的目的或偏好。除了大自然的制约，限制还来自他人。

在本书中，我们将集中讨论人类历史上出现的三种不同**制度**，看它们是如何解决因稀缺而导致的社会冲突的。在本书的第二部分，我们将经济学知识应用于**资本主义**，或者说市场经济领域。在第三部分，我们将简要探讨通过**计划经济**处理稀缺问题的尝试，在计划经济下，政府拥有全部物品或至少拥有全部生产资料。在第四部分，我们将运用经济学去分析**混合经济**，即政府积极干预下的市场经济。在混合经济制度下，市场经济被指责是有缺陷的，需要政府积极干预以弥补缺陷。

资本主义：这是私有财产

“资本主义”一词最初由卡尔·马克思提出。马克思把它用作贬义词，他想要传达的观点是，资本主义是一个服务于**资本家**阶级狭隘利益的体系。然而，正如我们将在后面的课程中看到的，资本主义制度可以惠及每一个社会成员。

资本主义制度的根基是**私有财产权**。在这种制度安排下，物品和服务由公民个人或公民组织拥有。在纯粹的资本主义制度下，不仅每栋房屋和每辆汽车，而且每辆拖拉机、每亩农田和每条生产流水线都由公民个人或团体拥有。物品的**所有者**依法拥有该物品的处置权。因此，在资本主义制度下，当某人发现一个椰子时，除非椰子已归自己所有或得到主人的许可，否则不能合法地拿来消费。[1]

---

[1] 至少在美国，“私有财产”常意味着“别碰”。如果你和朋友们在树林中游荡，遇见一道铁丝网，上面的牌子上写着“私有财产，禁止入内”，你不会想激怒竖牌子的人而是选择绕行。资本主义制度与社会主义的不同之处在于，在资本主义制度下，甚至像公共停车场这样的公共场所都是“私有财产”。商场所有者只是默许了一切潜在客户在逛商场时使用停车场而已。当然，如果你和一帮狐朋狗友在停车场惹是生非、骚扰停车的客户，那么商场业主有权依法把你们从他的领地里轰出去。

财产权是根基

财产权的存在并不依赖于法律，恰恰相反，是先有财产权，然后才有了法律。

——弗雷德里克·巴斯夏：《论财产权与法律》(1848)

http://bastiat.org/en/property_law.html

神的告诫

不可偷盗。

——《旧约·出埃及记》

纯粹的资本主义制度在现实世界中并不存在。目前，世界各主要经济体除了**私营部门**之外，均有**公共**（政府）**部门**。此外，时至今日，随着苏联的解体，已没有主要的经济体声称自己是纯粹的计划经济。取而代之的是一个既有私营成分也有政府部门的混合经济。

在纯粹的社会主义和纯粹的资本主义这两个极端之间，什么才是理想的平衡位置？政治理论家与经济学家们进行了广泛的争论。因为本书是基础经济学教材，而非政治哲学，所以我们只简单地描述一下这一谱系里的三种情况：两种极端情形和中间道路。

在本书的第二部分，我们将勾勒出一个纯粹的资本主义制度。其中，市场上所有商品和服务都由私人拥有并在市场上交换；假定市场参与者自觉遵守财产权的界限。其他书籍可为你提供进一步的经济分析，以帮助你形成自己的观点，去认识为了保护私有财产，政府在司法、警察、军事服务中的恰当角色。

市场经济与自由企业

经济学家经常提及“市场”，仿佛市场拥有独立存在的意识。例如，质疑行政干预的经济学家可能会说：“官僚们只顾忙自己的事情就行了，应该把决定权交给市场。”

然而，**市场**或**市场经济**仅仅指交换私有财产的整个网络。若经济学家说“随着学龄人口的增长，市场会引导更多的教师到城里任教”，那不过是在简略地表达如下意思：基于私有财产的社会激励机制，促使一个个教师选择搬迁到城里。在下面的课程中，你将学习市场经济的激励机制是如何运作的。现在，我们应该清楚地指出，“市场”不是一个人，也不是交易场所，而是指私有财产主人之间的互动合作关系。

人们常称资本主义具有**自由企业**制度——这意味着个人或团体可以选择任何行业自由进入。在中世纪时期，**行会**严格管制各种职业的准入许可。例如，某人不能仅仅宣称自己是更好的裁缝或木匠，便可以与镇里别的裁缝或木匠竞争。但在市场经济中，任何想要进入某一行业的人都可以这样做。当然，他必须尊重他人的私有财产权：如果他想开一家商店，就需要租用或购买场地。另外，如果他想成为一个成功的裁缝，就需要说服潜在客户自愿付钱来购买自己的产品和服务。自由企业的特征是，没有额外的障碍阻止一个人当裁缝。他需要做的一切，只是让其他人相信他的裁缝本领足以让上门的客户受益。

最后要指出，你最重要的财产是自己的身体。无论对于小岛上的克鲁索还是大城市的脑外科医生，经济体系中最有价值的部分都是由人提供的服务。在资本主义制度下，这些服务也无疑应由相应的个人获得。不过在**奴隶制**下，有人却能依法拥有别人的身体与他们提供的服务。不管从道德上还是从实践上看，奴隶制都不是资本主义的一部分。在市场经济中，工人拥有自我人身所有权，那么，自然而然的结论是，他们可以自由地选择受雇于他人或自主经商。

小　结

- 社会需要制度来制定规则和程序，以避免对稀缺资源的争执，让人们和平地交流互动。
- 本书将研究三种制度环境——市场经济、计划经济和混合经济。
- 资本主义制度也被称为市场经济，它的特点是资源的私有制。人们可以自由选择职业或开办任何生意。不过，他们一定要向财产所有者购买或租赁做生意所必需的资源。

术　语

制度：使人们能够互动交流的社会关系和惯例。制度给社会提供一个正常运转的稳固框架。

资本主义：一种依赖私有财产与自由企业的经济体系，没有任何个人或集体能控制整个系统。

计划经济：由政府官员来决定如何分配社会资源，生产哪些商品和提供哪些服务的经济制度。

混合经济：一种虽然允许公民个人合法拥有资源，但由政府官员制定统一的规则限制合法所有者处置财产的制度。

资本家：在资本主义社会中控制大量金融财富的人。富有的资本家对企业拥有很强的控制力。

私有财产权：由政府以外的人拥有资源的制度。

所有者：有权依法处置和使用资源的人。通常所有权可以转让给他人。

私营部门：经济体系中，由政府以外的人控制的成分。例如，杂货店即私营部门。

公共部门：经济体系中，由政府控制的成分。例如，地方警察局属于公共部门。

市场经济：资本主义的市场运行方式，也指在资本主义制度下自发交换行为的总和。

自由企业：人能自由选择职业，并按照自己的意愿创办企业的一种制度。进入一个行业不需要许可。

行会：在资本主义时代到来之前，存在于中世纪的一种行业组织。一个人要想成为铁匠或木匠，首先必须得到行会成员的许可。

奴隶制：把一些人看作另一些人的合法财产的一种制度。

思考题

1. 克鲁索是否需要私有财产权制度？

2. 为什么经济上的稀缺会导致潜在的社会冲突?

3. 本课中，我们着重研究的三种主要的制度环境是什么?

4. 纯粹的市场经济是美国的现实写照吗?

5. 当经济学家说“我们应该交由市场来决定”时，他们真正的意思是什么?

第 6 课

直接交换与易物价格

本课要点

- 为什么人们要互相交换
- 直接交换与易物交换的定义
- 易物交换的价格形成

为什么人们要互相交换

我们在第 4 课研究了鲁滨孙 · 克鲁索和大自然“交换”的情景，也学到了很多经济学知识。经济学的实质性研究建立在多人交换的情境之上。

要想理解市场经济，首先我们必须理解一个人与另一个人的交换，因为个体间的交换行为是构建整个市场经济的基石。

克鲁索与大自然的每一次“交换”都是为了满足自己的利益。克鲁索根据自己的判断，一定会选择收益大于成本的交换方案。

当一个人的交换对象不是大自然而是另一个人时，情况也同样如此。在本书第二部分，我们假设的情境是财产权受到保护的市场经济。我们知道，自愿交易的双方都期望交换的收益大于成本。换句话说，双方都期望在交换之后各自的境况会比交换前好。

这怎么可能呢？一些资本主义的批评者认为，一方在交换中获得的得益，一定来自另一方付出的代价，他们认为一方的收益转换成了另一方的损失，可这些批评是错误的。请记住，偏好是主观的。假设蒂娜带去学校的午餐盒里有一个橘子，山姆则带了一个苹果。那么，结果有可能是蒂娜想吃苹果，而山姆却想吃橘子。如果山姆和蒂娜知道对方的窘境，那他们完全可以互相交换，让两个人都满意。

很多时候，人们错误地估计了能让自己更加满意的东西。也许山姆胃酸过多，吃了橘子觉得胃里火辣辣的，所以他吃了几瓣就扔掉了。那么，山姆就会后悔先前与蒂娜的交换。即便如此，重要的是，在进行交换的时候，交换双方都期望从中受益。只要交换是自愿和正当的，换句话说，只要交换不是用强迫或者欺骗的手段进行的，那么人们互相交换财产就能更多地满足各自的目的。

直接交换和易物交换

我们的最终目的是解释用**货币**进行的交换。对大多数的读者来说，也就是解释由美元、欧元、日元等货币标示的商品和服务的价格。货币交换的原理要等到下一课再讲，本课中，我们只解释不涉及货币的交换原理。准确地说，我们将专门研究**直接交换**，或者说**易物交换**。

直接交换时，换来的物品对双方都有“直接的”用处。蒂娜和山姆的故事就是直接交换的例子，因为他们俩都想吃对方的水果。

直接交换（易物交换）不仅涉及消费品，也涵盖生产品。如果你忘了这两个概念的区别，请参考第 4 课。假设有两个农夫——布朗和琼斯，布朗想用一磅腊肉和琼斯交换一袋番茄种子。琼斯将腊肉看作消费品，打算早上煎一煎吃掉。但布朗可不想把换回来的番茄种子吃掉。对他来说，这些种子是生产品，他打算把它们种在土里，并施肥，以便将来能收获番茄。注意不要搞混了：即使布朗并不“直接”享受番茄种子，但他与琼斯的交换仍算作“直接交换”——易物交换，因为他们俩都想自己使用交换所得到的物品。

无论人们把换得的物品用于消费还是用于生产，只有当人们不打算自己使用交换所得到的物品时，才算脱离易物交换的范畴，踏入**间接交换**的领域。在间接交换中，人们换得物品是为了将来可以用它交换其他东西。这就是货币交换下发生的情景：当你放弃几个小时的休闲时间，帮邻居修剪草坪以换得 20 美元时，这样的交换就是间接交换；你没打算吃掉这 20 美元的钞票，也不打算加入些别的材料去建造什么东西；你之所以认为钞票有价值，是因为你期望未来能用这张钞票跟别人交换自己直接需要的东西。下一课我们将深入探讨间接交换的理论。现在，我们先解释直接交换（易物交换），在这种情况下，交易双方都打算将换得的物品用于消费或生产（而不是随后的再次交换）。

价　格

在一切市场交易中，物品或服务之间的交换都是按单位来进行的。**价格**就是这些单位间的比率。如果一张 DVD 碟的价格是 20 美元，那就意味着买方必须放弃 20 单位的美元，而卖方则必须放弃 1 单位的 DVD。

在易物交换中，因为不涉及货币，所以众所周知的买方与卖方的区别不复存在。例如，当布朗用 1 磅腊肉跟琼斯交换 100 粒番茄种子时，布朗既是种子的买方，同时也是腊肉的卖方。当然，琼斯则刚好相反，他是腊肉的买方和种子的卖方。我们也可以说，1 磅熏肉的价格是 100 粒番茄种子，而 1 粒番茄种子的价格是 1/100 磅熏肉。

我们将在下一课中看到，货币经济的部分魅力在于，我们不再依赖易物交换的价格，也就是说，我们无须罗列每一种物品（和服务）与其他所有物品（和服务）之间的交换率。举例来说，如果有 20 种不同的物品，所有种类的物品之间都可以互相交换，那么在纯粹的易物交换经济中，（原则上）交易者需要跟踪（20 × 19）/ 2 = 190 种不同的交换比率，或者叫易物交换价格。但如果货币扮演物品的角色，并出现在每一次交换中，那么交易者只要了解 20 种价格，即这 20 种物品各自与单位货币的交换率。货币交换是易物交换的一种特例，下一课我们将探讨货币交换下的价格。但在此之前，我们先要掌握更普遍的易物交换。

易物交换下的价格

接下来，我们将结合具体的数值示范，来说明在易物交换过程中，具体的价格是如何显现的。当然，我们所示范的数字并非特意挑选，只是想通过一个简单而具体的例子，让你能够形象地理解普遍的原理。[1]

我们的例子围绕着爱丽丝、比利和克里斯蒂三兄妹展开。在万圣节的晚上，他们带着"不给糖果就捣蛋"的战利品回到家中——每个人都讨到数量不等的士力架巧克力和星河巧克力。我们看到，因为每个人拥有的种类和数量不一，并且喜好和口味各异，孩子们将能获得**贸易收益**。也就是说，在他们的小型"市场"中，通过自愿交换，每个孩子都能得到更加满意的结果。最终，我们希望通过这一例子来说明，为什么士力架巧克力与星河巧克力之间能够显现出某一交换率。换句话说，我们想要理解孩子们最初拥有的糖果和偏好将怎样导致一个具体的星河巧克力的"士力架价格"，或者（相对应的）士力架巧克力的"星河价格"。

首先，我们需要采用一种便捷的信息表达方法，让示例易于理解。表 6.1 展示了爱丽丝对士力架巧克力和星河巧克力的各种不同组合的偏好，或者叫偏好排序。为了便于处理，我们假设每人最多只能拥有 4 块同样的糖果。这就意味着在该例子中，每个小孩能拥有 25 种可能的组合（第一种是 4 块士力架巧克力和 4 块星河巧克力；

[1] 本节中部分内容可能较难彻底理解。如果这样的话，不妨只管阅读并试着尽可能多地去吸收掌握。你需要掌握的重点，并不是经济学家如何准确地解释易物交换的实际价格，而是一旦他们知道了潜在交易者的偏好排序（并做一些假设），就能够进行这样的解释。

第二种是 3 块士力架巧克力和 0 块星河巧克力；第三种是 1 块士力架巧克力和 2 块星河巧克力；以此类推，总共有 25 种可能性）。

表 6.1　爱丽丝的偏好排序：士力架巧克力（S）与星河巧克力（M）的各种组合

	1	4S , 4M
	2	4S , 3M
	3	3S , 4M
	4	3S , 3M
	5	4S , 2M
	6	2S , 4M
	7	3S , 2M
	8	2S , 3M
	9	4S , 1M
	10	1S , 4M
	11	2S , 2M
	12	3S , 1M
优先组合↑	13	1S , 3M
	14	2S , 1M
	15	1S , 2M
	16	4S , 0M
	17	1S , 1M
	18	0S , 4M
	19	3S , 0M
	20	0S , 3M
	21	2S , 0M
	22	0S , 2M
	23	1S , 0M
	24	0S , 1M
	25	0S , 0M

在展开分析之前，你先得理解表 6.1 中的信息。我们挑选的数字，是为了明确合理地表述爱丽丝“喜欢士力架巧克力超过星河巧克力”。一开始，如果爱丽丝什么糖果都没有，而她只能选择一块，那么根据表 6.1 可知，她一定会选士力架。因为（0S，0M）这一组是最末的排序，而（1S，0M）则排在第 23 位，超过倒数第二位的（0S，1M）。

然而，请记住，人们对物品的估价是按单位（或“在边际上”）进行比较的。如果最初爱丽丝一块糖果都没有，那么她肯定更想要 1 块士力架巧克力而不是星河巧克力。不过，要是爱丽丝已经有了 1 块士力架，再问她愿意多要 1 块士力架还是星河巧克力，那么，她会选择后者。这是因为在爱丽丝的排序中，（1S，1M）这一组排在第 17 位，远远高于仅在第 21 位的（2S，0M）这一组。

我们已经系统地构造出爱丽丝的排序：基本上，她喜欢士力架巧克力多于星河巧克力，糖果越多她也越开心。但要注意的是，爱丽丝也喜欢多样化。例如，她宁愿拥有第 17 位排序的 1 块士力架巧克力加上 1 块星河巧克力，而不是 3 块士力架巧克力和 0 块星河巧克力（第 19 位）。乍看起来，这似乎违反了爱丽丝口味的两个“规则”——她选择的士力架巧克力数量变少，糖果总数也变少。但这不足为奇，排序 17 的组合让她平均拥有两种糖果，而 19 位的组合尽管在总数上多出一块，但却全是士力架巧克力。所以，爱丽丝宁愿每种糖果各选一块，这并不奇怪，也不是什么“非理性”。正如我们不能笼统地说水的价值大于钻石，我们也同样不能说爱丽丝认为士力架巧克力的价值大于星河巧克力（或者糖果的数量多多益善）。这完全取决于具体做决定时，爱丽丝手里每种糖果各有多少。

如果花点时间研究表 6.1 的排序，你会发现爱丽丝的偏好是有规律的。当然，在真实的世界中，人们的偏好不会机械地遵从一套预设的简单“规则”，但为了便于理解，我们选择上面这样一目了然的排序。

现在，我们理解了爱丽丝的偏好，可以将她的哥哥比利加进来。我们假设他的口味与爱丽丝完全相同，尽管如此，因为最初大家各自拥有的种类和数量不同，他们仍能从交换中获得收益。我们将用表 6.2 来概括交换的收益并提供更多信息。

表 6.2 爱丽丝与比利交换糖果的几种可能

偏好排序	爱丽丝	图例	比利
1	4S，4M		4S，4M
2	4S，3M		4S，3M
3	3S，4M		3S，4M
4	3S，3M		3S，3M
5	4S，2M		4S，2M
6	2S，4M		2S，4M
7	3S，2M		3S，2M
8	2S，3M		2S，3M
9	4S，1M		4S，1M
10	1S，4M	最初的组合	1S，4M
11	2S，2M	价格：1S 换 1M	2S，2M
12	3S，1M	价格：2S 换 1M	3S，1M
13	1S，3M	价格：1S 换 2M	1S，3M
14	2S，1M	价格：1S 换 3M	2S，1M
15	1S，2M		1S，2M
16	4S，0M		4S，0M

（续表）

偏好排序	爱丽丝	图例	比利
17	1S，1M		1S，1M
18	0S，4M		0S，4M
19	3S，0M		3S，0M
20	0S，3M		0S，3M
21	2S，0M		2S，0M
22	0S，2M		0S，2M
23	1S，0M		1S，0M
24	0S，1M		0S，1M
25	0S，0M		0S，0M

再次强调，我们特意安排比利的偏好排序与爱丽丝一致，是为了清楚地阐明，孩子们在各自拥有不同的糖果组合的基础上互相交换所带来的结果。当然，在真实的世界中，人们并不是从一个模子里刻出来的，人们的偏好千差万别，现实世界中的偏好是无数种物品和服务的组合，极其复杂，远非 25 种情况所能够描述的。

虽然孩子们对士力架巧克力和星河巧克力的各种组合有着相同的口味，但万圣节之夜他们带回家的战利品却各不相同。爱丽丝带着 4 块士力架巧克力和 0 块星河巧克力来到谈判桌前，而她的哥哥带来 0 块士力架巧克力和 4 块星河巧克力。观察一下两人的偏好排序，可以看出交换能使双方获益。换句话说，通过重新组合两人的财产，爱丽丝和比利都能得到更有利的士力架—星河巧克力组合。

然而，仅用经济学的逻辑，并不能得知爱丽丝和比利会达成怎样的交换。为简单起见，我们假设他们只能整块交换，不能把糖果掰开。那么，根据表 6.2 中的信息，我们可以得出什么结论呢？

首先，要记住的原理是，在自愿交换中，双方都会受益。尽管有可能与现实不符，但让我们假设兄妹俩不会偷对方的糖果。那么我们可以推断，无论何种交换一定会让爱丽丝和比利两人更加满意。这也意味着，我们可以从交换结果中排除爱丽丝从 17 到 25 位的组合。同时，也可以排除掉比利从 19 到 25 位的组合。大家也可以选择不交换，各吃各的糖果，所以，只要有交换就说明兄妹俩在交换后的满意度一定不会低于交换前。

这个例子很简单，我们尝试代入各种交换“价格”，快速清点一下可能的交易结果。假设爱丽丝与比利以 1:1 的比率交换士力架巧克力和星河巧克力，在这一价格下，是否存在对双方都有利的交换呢？

让我们先观察爱丽丝的偏好。她排在第 16 位组合是（4S，0M）。那么问题是：爱丽丝是否愿意拿出 1 块或几块士力架巧克力，换取同等数量的星河巧克力？答案显然是肯定的，如果拿出 1 块士力架巧克力交换 1 块星河巧克力，那么第 16 位组合将上升至第 12 位的（3S, 1M）。要是再拿出 1 块士力架巧克力来交换，她的情况会更好，每种糖果各拥有两块的话，她的偏好（满意度）将上升至排序更高的第 11 位。

比利的情况也一样，如果用 1 块星河巧克力换取 1 块士力架巧克力，他的偏好将从第 18 位的组合上升至第 13 位。要是再换 1 块，情况会变得更好，他的偏好将上升至第 11 位。

在本课中，我们不会深入探究爱丽丝和比利的具体交易步骤。可以想象爱丽斯先给比利 1 块士力架巧克力，换回 1 块星河巧克力，然后他俩停下来重新评估。或者也可以想象成这样：爱丽丝直接拿出 2 块士力架巧克力，来交换比利的 2 块星河巧克力。重点是，如果我们将价格设定为 1:1，那么在爱丽丝和比利重新分派糖果后，就会产生唯一稳定的停止点——唯一的**均衡位置**，这时两人每种糖果各有两块。爱丽丝不会再用第 3 块士力架巧克力去交换星河巧克力了，因为那将让她的偏好回落到第 13 位的组合（1S , 3M）。

注意：看起来好像我们"证明"了，最后爱丽丝和比利每种糖果将各有两块。但我们要指出的是，只有在 1:1 的交换比率（价格）下，这一结果才是逻辑上的停止点。在其他价格下，他们仍然可以进行互惠互利的交换。

假设爱丽丝对比利说："你给我 2 块星河巧克力，我就换给你 1 块士力架巧克力。不许谈条件，不乐意就拉倒。"这笔交易划算吗？对爱丽丝来说当然划算。这样，她将拥有 3 块士力架巧克力和 2 块星河巧克力，偏好位列排序表上第 7 位。[1]

比利也会从这一交易中受益。他将得到 1 块士力架巧克力和 2 块星河巧克力。比起不进行交换的最初状态，这样的排序结果要提高 3 排。但是，比利不会进行第二轮这样的交换，因为他将处于（2S，0M）的位置，跌回更低的偏好排序位置。

另一方面，比利也同样可以向爱丽丝放出狠话说，除非用 2 块士力架巧克力来换 1 块星河巧克力，否则他就带着万圣节的战利品离开。如果爱丽丝信以为真，那么接受这一交易条款也能改善自己

[1] 在这一价格下，爱丽丝很希望能继续进行交换，那样她将拥有 2 块士力架巧克力和 4 块星河巧克力，排序会上升到第 6 位。而从比利的角度来分析，我们知道这不现实。有些经济学家也许会说，由此可以看出，1S 换 2M 的价格比率不能产生真正的均衡，因为在这个价格下，爱丽丝只能部分地达成她所希望的交换（若将价格比率假设为 2S 换 1M，那么类似的推理也同样适用于比利）。你将在第 11 课学习供给与需求曲线，之后将更能理解这种复杂性。

的状况。表 6.2 中，用深灰色的单元格标示在 2:1 的价格下形成的最终组合。

然而还有第 4 种可能。假如爱丽丝铁石心肠，坚持要 3 块星河巧克力才能换 1 块士力架巧克力。由白色标识的单元格可以看出，这也是有可能的——如果比利真的相信这就是“时价”，他也能改进状况，他的偏好从最初的第 18 位升高到第 17 位。

我们检查一下，如果继续假设孩子们只能整块交换糖果，那么已经没有其他可供交换的价格。注意，即使 1:3 的价格比率行得通，但反过来却不行：爱丽丝宁愿维持原状，也不会放弃 3 块士力架巧克力，去仅仅交换 1 块星河巧克力，所以比利的要价永远无法实现。

总结一下，我们学到些什么。我们已经看到，根据潜在的偏好排序与最初的糖果组合，可以确定 4 个稳定休止点，也叫均衡位置。也可以说，我们确定了 4 种不同的结果，在这些结果下，交换不再带来贸易收益。我们同时指出，每 1 个位置代表 1 种不同的价格。仅仅依靠经济学的逻辑和这些数字，我们无从得知在交易结束后，爱丽丝和比利将各自带走多少糖果。我们无法确定交换比率会是 1:1、2:1、1:2，还是 1:3。影响实际结果的因素，远远不止简单的偏好排序和最初的糖果组合。

比如，如果爱丽丝真的很能“砍价”，而比利却比较温顺，那么爱丽丝很可能促成交换：用自己的 1 块士力架巧克力交换 2 块或 3 块比利的星河巧克力。另一方面，如果爱丽丝和比利都是谈判专家，那么他俩很可能会平分糖果。

在真实世界里，即使表 6.2 正确地描述了偏好和糖果数量，爱丽丝和比利也完全有可能什么交换都不进行。假设爱丽丝说：“你给我

2 块星河巧克力，我就给你 1 块士力架巧克力，不然我就走了。”但比利却认定她在虚张声势，于是说：“没门！我最多跟你 1 换 1。”当然，爱丽丝很可能索性气冲冲地走开，以挽回颜面。我们会说这不是一个“均衡”的结果，因为有能够获得却未实现的贸易收益：如果去跟他人交换，爱丽丝和比利都能获得更多满足。因此要小心，不要太看重均衡这一经济学概念——在真实世界中，**非均衡**无时无刻不在发生。

增加交易者将破坏价格范围

上面的例子有些复杂，但展示了一些基本的原理，让你理解在易物交换市场中，价格是如何形成的。我们将在最后一节展示，一位新交易者参与交换，将淘汰掉一些原先可能出现的价格。我们保留爱丽丝和比利原先的排序，但加入了第三个捣蛋鬼克里斯蒂的资料，制成表 6.3，以显示新的变化：

表 6.3　第三个小孩的加入会减少稳定结果的个数

偏好排序	爱丽丝	图例	比利	克里斯蒂
1	4S，4M		4S，4M	4S，4M
2	4S，3M		4S，3M	4S，3M
3	3S，4M		3S，4M	3S，4M
4	3S，3M		3S，3M	4S，2M
5	4S，2M		4S，2M	3S，3M
6	2S，4M		2S，4M	4S，1M
7	3S，2M		3S，2M	3S，2M
8	2S，3M		2S，3M	2S，4M
9	4S，1M		4S，1M	2S，3M

（续表）

偏好排序	爱丽丝	图例	比利	克里斯蒂
10	1S，4M	最初的组合	1S，4M	3S，1M
11	2S，2M	价格：1S 换 1M	2S，2M	2S，2M
12	3S，1M	价格：2S 换 1M	3S，1M	4S，0M
13	1S，3M	价格：1S 换 2M	1S，3M	1S，4M
14	2S，1M	价格：1S 换 3M	2S，1M	2S，1M
15	1S，2M		1S，2M	1S，3M
16	4S，0M		4S，0M	3S，0M
17	1S，1M		1S，1M	1S，2M
18	0S，4M		0S，4M	1S，1M
19	3S，0M		3S，0M	2S，0M
20	0S，3M		0S，3M	1S，0M
21	2S，0M		2S，0M	0S，4M
22	0S，2M		0S，2M	0S，3M
23	1S，0M		1S，0M	0S，2M
24	0S，1M		0S，1M	0S，1M
25	0S，0M		0S，0M	0S，0M

注意，克里斯蒂对糖果的偏好与爱丽丝、比利不同。克里斯蒂和他们一样的是，如果其他的条件不变，他也喜欢多多益善，她也喜欢多样化。然而，克里斯蒂“对士力架巧克力的喜爱程度远远超过了爱丽丝和比利”。看看克里斯蒂第 20 位和 21 位的偏好排序，她对 1 块士力架巧克力的喜好超过了 4 块星河巧克力。

通过经济学的思维，我们自然知道克里斯蒂在某些情况下愿意用士力架巧克力交换星河巧克力。比如，我们从克里斯蒂的第 11 和第 12 位偏好排名可以看出，如果最初她有 4 块士力架巧克力，那么她很愿意拿出 2 块来交换 2 块星河巧克力。但是比起爱丽丝和比利，我们很容易看出为什么人们会说“克里斯蒂比其他人更喜欢士力架巧克力”或者“克里斯蒂不像其他人那么喜欢星河巧克力”。

上一节我们看到爱丽丝与比利两人的易物交换价格，以及各种可能的结果。现在假设克里斯蒂也参加进来讨价还价，她带来 1 块士力架巧克力和 4 块星河巧克力，此时尚未敲定任何交易。那么情况将会如何发展呢？

在开始分析之前，我们需要为谈判程序设定一些基本的规则。为了尽可能简单，我们假设所有交易者都采用统一的交换价格，进而考察交换结果。换句话说，爱丽丝向克里斯蒂索取的星河巧克力不能比她跟比利要得多。我们也排除有人反对交易，并单独向一方开出更好的价格。这样一来，在克里斯蒂登场后，前文所讨论的一些可能的“均衡位置”开始瓦解。

我们假设爱丽丝和比利正打算以 1:1 的价格比率交换士力架巧克力和星河巧克力。如果没有克里斯蒂的出现，我们确定最后爱丽丝和比利会拥有每种糖果各 2 块。在 1:1 的价格下，克里斯蒂很乐意参与交换。在比利和爱丽丝互换 2 块星河巧克力和士力架巧克力之后，克里斯蒂可能会说：“太好了，我也想用星河巧克力来换士力架巧克力，我最多想换 3 块，谁愿意跟我交换？”这样交换 3 次后，克里斯蒂的偏好从原本第 13 位的组合上升至第 9 位、第 7 位和第 6 位。

爱丽丝和比利回答说，他们已经以 1:1 的比率完成了全部想要进行的交换。克里斯蒂伤心欲绝，她向爱丽丝解释说：“喂，你干嘛用这么低的价格换掉士力架巧克力？我本来很乐意按比利的双倍价格给你。”

为了继续进行分析，我们会说这种情况没能形成稳定的结果或均衡。如果爱丽丝和比利依旧按照 1:1 的价格比率，仅在两个人之间进行交换，那么可想而知，爱丽丝和克里斯蒂都会后悔这样的结果。我们可以这么说，克里斯蒂的登场“淘汰”了 1:1 的价格。[1]

以此类推，原本爱丽丝用 2 块士力架巧克力换 1 块星河巧克力的稳定结果，也被“淘汰”出局。除非是犯傻，爱丽丝才不会以这么不利的条件与比利交换，因为克里斯蒂的开价更高。

另两个价格比率在克里斯蒂面前“幸存”了下来。在 1:3 的价格下，克里斯蒂会束手旁观，看着爱丽丝向比利提出用 1 块士力架巧克力换 3 块星河巧克力。比利动心了，至少聊胜于无。但比利转头问克里斯蒂：“你能比爱丽丝多给点吗？”克里斯蒂拒绝了，她不愿意只为了 2 块星河巧克力放弃唯一的 1 块士力架巧克力［因为篇幅所限，我们没有将（0S, 6M）这一组合包含进来，但对于克里斯蒂来说，它的排位将远低于（1S, 4M）的一组］。爱丽丝在与比利交换之后，也许同样会对克里斯蒂说：“我想用 1 块士力架巧克力跟你换 3 块星河巧克力。”但克里斯蒂照样会拒绝这个条件。由此可见，1:3 仍然是稳定的或均衡的价格，但前提是克里斯蒂“不参与市场交换”，而是满足于吃自己万圣节之夜讨到的糖果。

真正有趣的场景出现在 1:2 的价格比率下。假设克里斯蒂登场，爱丽丝将用 1 块士力架巧克力交换比利的 2 块星河巧克力。于是她

---

[1] 前面我的课程中强调了，在真实世界中，非均衡时时刻刻都在发生，所以即使克里斯蒂来晚了，没赶上交易也很正常。但是为了进行多人交易的经济学分析，这里讨论的是多人共同参与下的可能结果。在第 11 课中会进一步阐述可能性的含义，解释经济学原理对趋势的描述。——译者注

说："也算我一个！"爱丽丝则很乐意答应。交易结束之后，爱丽丝的偏好会处在第 6 的位置，而比利的会在第 15 位，克里斯蒂的会在第 11 位。一旦以这种方式重新分派糖果，将不再有交易收益。

在最后一幕场景中，"均衡价格"是 1 块士力架巧克力换 2 块星河巧克力。在此价格下：（1）爱丽丝卖出 2 块士力架巧克力，买进 4 块星河巧克力；（2）比利卖出 2 块星河巧克力，买进 1 块士力架巧克力；（3）克里斯蒂卖出 2 块星河巧克力，买进 1 块士力架巧克力。注意：售出的士力架巧克力总数等于买进的总数，而星河巧克力的买卖总数也一样相等。还要注意，在均衡价格下，每个孩子都能够完成自己想要的交换。[1]

正如我们前面对 2 人交换的分析，在 3 个交易者参与的情况下，我们同样不能仅仅通过经济学的逻辑，得知结果将出现怎样的士力架巧克力：星河巧克力价格。我们可以说的是，结合具体的数字分析，克里斯蒂的出现破坏了可能的价格范围。直观地看，克里斯蒂的出现，大大增加了星河巧克力的供给，并带来了对士力架巧克力的强劲需求，进而排除了一些士力架巧克力很便宜的可能价格（即 1:1，尤其是 2:1）。

显然，万圣节的例子在许多方面是不现实的，我们忽略了许多真实世界的考虑因素。我们的重点在于阐明一些重要的原理。在后面的课程中，我们将引入货币，并重点介绍市场供求，那时这些原理的重要性将更明显。从上面的讨论来看，一般而言，在一个涵盖

---

［1］这一点上我们必须再次小心，因为在 1 块士力架巧克力换 3 块星河巧克力的价格下，爱丽丝只能部分地完成她想要的交换。由于篇幅限制我们未能展示出来，但爱丽丝也有可能喜欢（2S, 6M）这一组更甚于（3S, 3M），这意味着她会希望在灰色的均衡位置上进行另一轮交换。

众多买家和卖家的大型市场上，可能的稳定价格幅度极窄。为了简化认识，我们通常只讲，由全部交易者的偏好与最初的私有财产所确定的“那个”均衡价格。本课我们讨论了万圣节的故事，学习了一些基础知识。在此基础之上，更规范的表现形式是用货币价格标示的供给和需求曲线。

小 结

- 人们彼此交换，因为人们期望通过交换获得收益。
- 只要交换是自愿和诚实的，双方都预期从交换中获益。交换带来了双赢的结果。
- 如果经济学家知悉潜在交易者的偏好排序，就可以描述他们将怎样选定交易条款。

术 语

货币：经济体中的每个人都接受的一种特殊商品。货币作为交换对象的一方，在每一笔交易中都不可或缺。

直接交换、以物易物：当人们交换对自己直接有用的物品时所发生的交易。

间接交换：当至少有一个交易者换回的物品不是为了自己直接使用，而是打算日后换点别的东西时所发生的交易。

价格：交换的条款，意味着付出多少单位的某物品，以换回 1 单位的另一物品。

贸易收益：通过互相交换财产，双方都获得（主观）收益的一种情况。

均衡位置：交易不再带来贸易收益的稳定局面。

非均衡：一种不稳定的状况，其中至少仍有两个人能从继续交易中收益。

思考题

1. 一次交换怎么可能让双方都受益？

*2. 如果一件生产品只能提供间接收益，那么它可以通过直接交换来获得吗？

3. 假设经济体里只有 4 种物品：苹果、橘子、香蕉、葡萄。易物交换时，可能存在多少种独立的价格比率？例如，苹果 : 橘子和橘子 : 苹果的两种价格比率不是独立的，所以只算一个。

4. 如果爱丽丝喜欢士力架巧克力超过星河巧克力，这是否意味着，不管什么情况，当在这两者间作选择时，她将总是选 1 支士力架，而不要另 1 支星河巧克力？

*5. 从什么意义上说，克里斯蒂的出场“淘汰”了爱丽丝和比利之间原先可能形成的一些均衡价格？

第 7 课

间接交换与货币的出现

本课要点

- 直接交换的局限
- 间接交换与货币的优势
- 货币的起源

直接交换的局限

我们在第 6 课学习了直接交换的收益。因为人们的口味或偏好各不相同，并且最初各自拥有不同数量的各种商品——这意味着有潜在的交易收益。人们可以自发地互相交换财产，交换结果使得每个人拥有的财产的主观价值都高于初始状态。

不过，即使直接交换给每个参与者带来了收益，其作用也是有限的。实际上，我们很难想象一个只能进行直接交换却不能进行间接交换的世界（我们将在下一节详述）。为了阐述直接交换与间接交换的重要区别，让我们先想象一个只能进行直接交换的世界。

记住，在直接交换中，每个人都必须直接使用交换来的对象。所以我们排除一切间接交换的可能，即用初始商品交换中间商品，然后再与第三者交换自己想要的东西。事实证明，这种限制实际上相当严格。

假设一个农民进城修鞋，顺便还想买件新衬衫。他带了几十个鸡蛋用作交换。可怜的农民，他不仅要找到一个具备修鞋技能的鞋匠，而且那个鞋匠当天必须想要鸡蛋。同样，农民要想获得一件新衬衫，他不仅必须找到一个能制作出他喜欢的衬衫的人，而且这人得愿意（用合适的价格）交换农民手中的鸡蛋。

如果你认为这位农民麻烦已经很大了，别急，还有更糟糕的呢。如果他是一位制造马车的怎么办？他带着制造好的马车来到市场上，希望能用这样一件珍贵的商品来交换种类繁多、各式各样的商品和服务。可是，如果世界只限于直接交换，他就不太可能找到一个合适的交易伙伴，因为他需要的交易伙伴不仅要拥有他想要的肉类、鸡蛋、衬衫、牛奶、弹药等全部商品，而且还要正好在“市场”上寻找马车。天哪，这怎么可能找得到！

实际上，在局限于直接交换的世界里，根本不会有马车生产者，甚至可能连修鞋匠也不会有。人们将无法专门从事某一个行业，因为这样做太冒险了。例如，教师可以教孩子们算术和语文，家长们则提供牛奶、面包和灯油等作为交换。但是，如果有一年，没有哪个适龄儿童的爸爸是屠夫，那么教师就得整整吃一年素。

于是，我们看到，在直接交换的世界里，大概人人都得过鲁滨孙·克鲁索那样的生活。因为很难找到交易对象，他们将不得不自给自足，自己获取食物、织衣服、盖房子，等等。尽管直接交换能够大大提高人们的生活水平，但不可能发展出密集的专业化与大规模工业生产。

间接交换的优势

我们已经看到了直接交换的局限。人们一旦开始间接交换，就可以克服这些局限。间接交换是指交易的双方中，至少有一方换回的商品不是为了直接使用，而是打算日后换点别的东西。一旦我们允许间接交换，那么直接交换的限制就消失了。回想一下，农民来到镇上，拎着几十个鸡蛋，寻找修鞋匠和一件新衬衫。假设镇上唯一的鞋匠告诉他："对不起，我现在不需要鸡蛋。"在限于直接交换的情景下，没辙了，故事结束。

然而，引入间接交换后，农民可以问："那么，你要我拿什么交换才肯修鞋呢？"假设皮匠回答说："如果你能给我弄来 6 磅黄油或 4 块长面包，或 1 斤腊肉，我就愿意修你的鞋子，这些才是我现在真正感兴趣的东西。"

农民心中再次燃起希望。现在他可以在镇上走走（穿着破烂的鞋），寻找有谁想要鸡蛋，并愿意提供黄油、长面包或腊肉。农民不用再找最完美的匹配——在那一天想要鸡蛋的鞋匠，现在农民多了 3 个同样能让交易进行下去的潜在交易对象。

事实上，如果农民不在意多花时间，可以进一步行动。假如他发现一个屠夫有多余的腊肉出让，只可惜该屠夫（与补鞋匠一样）当天不想再要鸡蛋了。屠夫提到他很想要一些鱼。没过几分钟，农民遇见一个渔夫，他刚捕了一大网鱼回来，筋疲力尽。嗨……是谁在渴望一个超大的鸡蛋饼呢？如果你玩过角色扮演类的电脑游戏，我们就不用再费劲解释摆在农民面前的大好机会了。

在直接交换下，农民需要找到完美的匹配，即一个想要鸡蛋的修鞋匠。而间接交换给互惠交易开辟了广阔的新天地，尤其是如果交易者愿意“多间接”几次。在直接交换之下，本来这些交易会被否决。间接交换的巨大优势是，它促进了多人之间的财产重组，并使得人人受益，如图 7.1 所示。

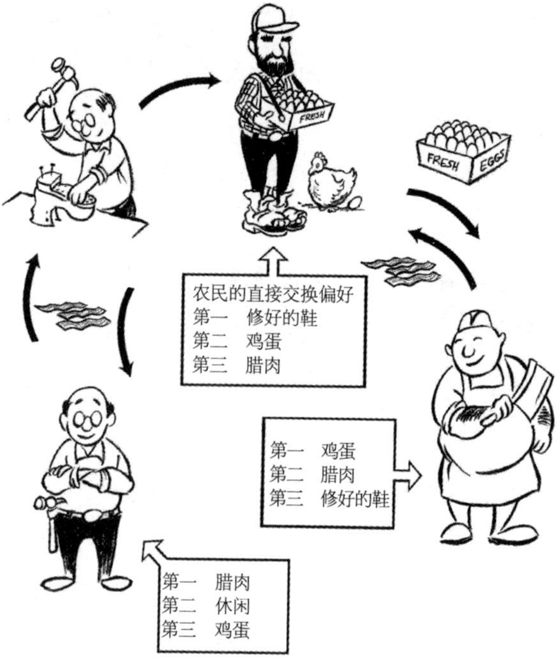

图 7.1　间接交换的优势

为了简化起见，我们在图 7.1 里去掉了渔夫。我们假设农民能够找到一个想要鸡蛋并愿意提供腊肉的屠夫。如表 7.1 所示，只要（1）鞋匠为农民修鞋子；（2）农民把鸡蛋给屠夫；（3）屠夫把腊肉给鞋匠，3 个人全部都会更快乐。因为他们的偏好都能从排名第 2 的位置移到第 1，所有人的状况都得到了改善（突出显示的部分是他们最初的财产状况）。

表 7.1　所有人状况的改善

直接效用排序	鞋匠	农民	屠夫
1	腊肉	修好的鞋	鸡蛋
2	休闲	鸡蛋	腊肉
3	鸡蛋	腊肉	修好的鞋

请注意，在直接交换中，不会发生这种互利的财产和服务的重组。我们从最初的故事里得知，鞋匠与农民之间没有直接的贸易收益，因为鞋匠认为他的闲暇时间比农民仅有的鸡蛋更有价值。图 7.1 反映了这一事实，并显示出，屠夫认为腊肉比修鞋更有价值，所以他俩之间也没有直接的贸易收益。最后，农民和屠夫之间没有直接的贸易收益，因为腊肉在农民的直接愿望中排名第 3。如果只有农民和屠夫两人交易，农民是不会同意交换的。

间接交换的美妙之处在于，它可以绕过制约直接交换的“瓶颈”，使得让人人受益的财物（和服务）流通成为可能。就我们假想的农民而言，通过忍受间接交换带来的暂时“变坏”，并在未来交换掉（直接的）次等对象而得到补偿，就能使每个人的偏好移动到较高排名位置。就财产的优化重组而论，间接交换体现的是“以退为进”的原则。

货币的优势

我们已经看到了直接交换的好处和间接交换的更大优势。然而，即使人们开始在交换中接受中间品，然后再次交换最终想要的东西，这个过程仍然非常麻烦。想知道原因，只需回想一下那个穿着烂鞋的农民：虽然他最终达到了目的，可他为了寻找一个能提供鞋匠想要的东西的人，不得不在镇上游荡。

我们还要指出，交易者除了消耗体力，还必须耗费大量心力，去跟踪几十甚至上百种重要的价格比例。让我们重温一下故事，农民寻找鸡蛋的买主，来换取足够的腊肉，付给鞋匠并修好鞋子。在上面的版本里，我们简单地假设，一旦农民遇到渔夫，麻烦就结束了。

然而，在现实中，农民可能会找到一个更好的交易。如果渔夫愿意用 3 条鱼交换 6 个鸡蛋，而屠夫愿意用 1 磅腊肉换 3 条鱼，那么农民就会意识到："这样的话，最终我只要付出 6 个鸡蛋就能修好我的鞋。"

如果这是唯一的选择，农民会觉得很划算。但如果镇子相当大，商人和手艺人众多，怎么办？假设农民找到一位面包师，他愿意用 4 根长面包交换 5 个鸡蛋。那么，农民会发现："好啊，现在，我只要付出 5 个鸡蛋就能修好鞋。"注意：比起用鸡蛋交换鱼的路线，现在这条贸易路线要便宜 1 个鸡蛋。

恐怕你早已被这些复杂的细节弄糊涂了。在现实世界中，人们将开始追踪各种商品间的交换率，以确定一笔交易是否"划算"。如此一来，我们看到，间接交换既带来了好处，又产生了麻烦：好处是，它使得人人受益的复杂财产重组成为可能，但麻烦的是，当人们决定是否交易及如何交易时，仅仅考虑自己的直接偏好是不够的。在琢磨着交出财产之前，他们首先要问："如果我把东西拿给另一个买家，能换多少东西？"

交易者为了发现他们想买的东西的最终价格，常常需要往前分析两三个，甚至更多步骤，这使得上述问题变得更加困难。我们在农民的故事里，仅仅多引入一个商人的报价，就可以看到事情变得多么复杂。从理论上讲，为了确保农民能以（用鸡蛋计算）尽可能低的价格来交换鞋匠的修鞋服务。他得调查全镇，写下每个人愿意购买和出售的各类商品；然后，找一个数学高手，来帮助他解决这个复杂的问题，数学家会向农民展示（可能很长的）交易链。通过这条交易链，农民可以付出尽可能少的鸡蛋，最终获得 6 磅黄油或 4 根长面包或 1 磅腊肉（这些是鞋匠之前坚持的条件）。

当然，在现实世界中，我们不用在每次交易前进行如此复杂的思考。相反，我们使用**货币**，并将它正式定义为"被广泛接受的交换媒介"。简单地说，货币能与任何商品进行交换。人们不再需要以物易物了，他们首先出售自己的产品来获得货币，然后用这些货币去购买自己想要的商品。

当一个社会使用货币交易时，仍旧保留了间接交换的全部优点，但缺点却大大减少。人们再也不需要跟踪不同人心中几十种甚至上百种商品间的价格比率，在货币的帮助下，他们只需要找到那些感兴趣的商品，并记录以货币标示的最高和最低价格。

例如，如果故事里的市镇以白银作为货币，那么穿烂鞋的农民的任务就变得相对简单了。首先，他要在镇上寻找愿意出最多盎司白银来交换鸡蛋的人，有了银子在手，农民接着寻找愿意接受最少盎司白银来帮自己修好鞋子的人。只要镇上的每个人都用白银来买卖，上述程序可确保农民用最少的鸡蛋交换修鞋服务（以及其他想要的东西）。他再也不需要记下每个人的需求，坦率地说，他不再关心别人想买什么，也不需要数学高手来解决复杂的优化问题。[1]

谁发明了货币

简短地回答是“没有人”。就像森林中的泥土小径、语言、摇滚乐、国际象棋规则、20世纪80年代的爆炸发型，等等，没有哪个人某天起床后灵机一动就发明了货币。相反，货币的逐渐出现是长时间以来许多人不断行动累积的结果。奥地利经济学家哈耶克提出**自发秩序**原理，而货币制度正是自发秩序的一个典型例子，这意味着货币的使用是一个非常复杂的有益实践，尽管它不是由一个或一组专家精心设计的。哈耶克引述苏格兰道德哲学家亚当·弗格森的话——“人类行动的产物，而不是人类设计的产物”——来描述包括货币和口语在内的自发秩序。

今天，几乎地球上的每个人都认为货币是由各国政府发行的纸片。然而，这并不是货币的起源。历史上，货币作为普通交易者之

[1] 严格地说，即使在货币经济里，精明的商人也在随时寻找**套利机会**。尽管如此，比起没有交换媒介参与的经济，货币经济下的计算将更容易。

间自愿交换的产物，首先出现在市场上。国王和政治君主们攫取了这一战利品，并逐步接管了这个由市场建立的制度，我们将在第 21 课进行详细解释。

但是，如果没有英明的国王的干预，社会怎么可能接受货币的使用呢？人们如何选定货币？研究人员告诉我们，纵观历史，不同的文明曾使用过各式各样的东西作为货币：海贝壳、石头、牛、盐、烟草、黄金、白银，等等，甚至在第二次世界大战的战俘营里，香烟曾被用作货币。大众是如何选定一个特定的商品作为货币，而不用诉诸政治程序的呢？

答案是，就像故事里努力寻找修鞋匠的农民所做的那样，这很可能是人们努力行动的自然产物。回想一下，即使鱼和腊肉对于农民没有任何直接的用处——他来到镇上不是为了得到这两者。最终，他用鸡蛋换得一些鱼，用鱼去交换腊肉，用腊肉换来修鞋服务。请注意，从渔夫和屠夫的角度来看，间接交换的引入增加了市场对他们产品的需求。换句话说，除了所有那些直接买鱼消费的人以外，像农民这样把鱼当作间接**交换媒介**的人，也成了渔夫的潜在客户。

这是个滚雪球的过程。一开始，人们在纯粹的直接交换下交易时，某些商品（鸡、鸡蛋、盐等）将在交易中成为广泛的需求，而另一些商品（望远镜、鱼子酱、大键琴等）却乏人问津。接下来，随着越来越多的人认识到间接交换显而易见的优势，最初那些畅销商品的市场接受度将实现巨大飞跃。那些起初不打算直接使用市场接受度高的商品的人，也将愿意在交易中接受这些商品，因为他们知道，他们可以很容易用这些商品来交换自己最终想要的东西。如果滚雪球的过程达到关键点，即几乎社会上的每一个人都接受这种特定商品作为交易对象时，那就标志着货币——“被广泛接受的交换媒介”的诞生。

为了理解为什么历史上有些商品能成为货币，而其他商品却不能，我们可以列出一些实际的考虑因素，比如（1）运输方便，（2）可分割，（3）耐用，（4）适中的市场价值。让我们考虑这四个标准，就知道为什么黄金和白银被证明是如此优秀的货币候选对象了。例如，把牛当成钱使用不太好使，因为它们臭哄哄地到处拉屎，占地空间又大，你也不好随意把牛分成两半，以便交易时“找零”。把冰棍用作金钱的话，经不起时间的考验，要是它不被好好保护，很容易化成水。最后，青铜之类的金属具备金银那样出色的货币特性，但过多的数量导致它们的市场价值太低，以至于交易者购买价格昂贵的商品时，需要在口袋里携带大量的青铜，甚至要用车载。相比之下，同样的交易需要的金银的数量要少得多。

经济学绝对没有说金银一定得是货币，也没说金银是唯一“自然”的货币形式。通过市场上的自发交换，交易者将最终采用那些最适合他们需要的货币。我们仅仅是在解释，为什么历史上精明的商人们如此习惯用黄金和白银作为货币。

小　结

- 尽管直接交换提供双赢的交易机会，但交易者需要找到一个拥有自己想要的东西的人，并且对方也愿意接受自己出让的商品，这就带来了局限。这种局限将使人们很难从事专门的职业：想吃肉的牙医必须找到一个牙痛的屠夫。

- 间接交换扩大了互惠贸易的机会，让更复杂的商品重组成为可能，使得每个参与者获益。间接交换最终导致了货币的使用，货币让人们更容易计划交易活动。
- 货币不是某个人发明的。人们通过间接交换来改善交易局面的行动自发地产生了货币——几乎是“意外”的结果。

术 语

货币：经济体中的每个人都接受的一种特殊商品。货币作为交换对象的一方，在每一笔交易中都不可或缺。用经济学的术语来说，货币是一种被广泛（或普遍）接受的交换媒介。

自发秩序：一种司空见惯的模式，不是由某个人所计划的。例如，英语的语法规则、20 世纪 70 年代迪斯科俱乐部的服装风格、货币的使用，等等。

套利机会：同一种商品的卖价不同时，能够“稳赚一笔”的机会。

交换媒介：交易者不打算自己直接使用，而是为了将来交换别的东西而接受的一种交易物品。每一次间接交换都需要交换媒介，通过交换媒介，最终的交易才得以产生。（类似地，声波需要通过媒介来传播，才能到达你的耳朵。通常，声波的媒介是空气，但如果你的头闷在游泳池里，那也可以是水。）

思考题

1. 直接交接和间接交换之间的区别是什么？

2. 为什么在直接交换的世界里，专业化是不切实际的？

3. 间接交换如何促进“以退为进”的战略？

4. 没有货币参与的间接交换，其缺点是什么？

*5. 描述在一个尚未发展出货币的社会里，人们如何实施间接交换。

第 8 课

劳动分工与专业化

本课要点

- 劳动分工（专业化）和劳动生产率的定义
- 劳动分工的优势
- 比较优势原理

劳动分工与专业化

上一课我们学习了间接交换大大扩展了互惠交易的范围，尤其是在顺理成章地引入货币之后。然而，货币经济不仅促进了市场上已有的制成品的重新分配，它最主要的好处之一是促进**劳动分工**。这意味着人们可以各自**专注**于不同的工作，生产出商品，并用于交换。

换句话说，在上一课里，我们理所当然地认为，有一个被称为“屠夫”的人整天处理和销售肉类，而另一个被称为“鞋匠”的人则一天到晚卖鞋和修鞋。然而，我们把事物发展的先后顺序弄反了，好比没有马哪儿来的马车呢？如果没有间接交换，尤其是不使用货币的话，交易的选择余地将非常有限，以至于人们不得不设法自给自足。也就是说，如果人们只能进行直接交换，那么任何人都当不起鞋匠，万一连续几个月都没人拿蔬菜来交换修鞋，他可能会得坏血病。

正如我们看到的，货币的使用克服了这些局限。在每一步交易中，卖家都可以先售出自己的产品，然后拿着钱去寻购最价廉物美的商品，那么就能形成高度复杂的生产和贸易链。鞋匠可以向其他数十名专业人士购买商品和服务，尽管其中一些人原本不需要鞋匠的服务。实际上，货币的使用让鞋匠“帮助”了第三者（比如牙医），然后牙医又“帮助”了屠夫（通过治牙），屠夫又反过来“帮助”了鞋匠（通过给他一些腊肉）。只有通过货币的使用，才能产生这种非常复杂的“互相做人情”。它让人们亟需的“分工劳动”成为现实，并让个人可以专门从事特定的工作。

要想知道劳动分工有多重要，我们可以试想一个没有分工的世界。人们不再专门从事各自擅长的职业，不再卖力生产更多的产品；相反，人们完全自给自足。每个人（至少每个家庭）将自己种植粮食，织衣服，造家具，自己给自己补牙和治病，等等。显然，在这样一个世界里，大多数人将在一两个月内完蛋，一小撮幸存者将回到原始人的生活——在他们使用的工具磨坏、机器失灵、汽油用光之后。

为什么离开分工现代文明就会崩溃？答案就一句话：因为**劳动生产率**会直线下降。回忆一下，独自一人生活在荒岛上的鲁滨孙·克鲁索通过劳动来改造自己的环境，让自己的境况得到改善，并过上更舒适的生活。我们看到，通过储蓄和投资，克鲁索用藤条和树枝制造了一根杆子，大大提高了劳动生产率，这也就意味着他每小时的劳动可以收获更多的椰子。

但是，储蓄和投资只是提高劳动生产率的方法之一。另一种方法则是劳动分工，劳动分工就是把“工作”分割成不同种类的任务，每个劳动者专门从事一项或几项任务，而不是人人都去种粮食、织衣服、捣腾自己的牙齿。专业化让一些人专门种粮食，而另一些人专业做牙医，等等。在我们的社会里，这两类人士的特殊名称是农民和牙医。

这种“分割”方式使劳动生产率大大提高了。简而言之，当人们不再试图每种物料都只生产一点点，而是分头从事自己的专业工作时，生产率将大大提高。一旦有人专门种地，其他人则专门从事牙医，比起分工之前，每年的粮食总产量和拔掉的蛀牙的颗数都会增加。在劳动分工之下，因为可供分配的物品数量增多，每个人都可以吃得更多，穿得更暖，等等。

为什么专业化能提高劳动生产率

大多数人都同意，如果自己种粮食、自己织衣服，他们将沦为赤贫一族。尽管这一结论很明显，但为什么专业化能大幅提高劳动生产率？我们有必要阐明一下具体原因：

· **减少切换任务浪费的时间。**想象一个简单的情景：3 个孩子吃完晚饭后清收拾餐桌。如果把工作分割成小任务让他们分头行动，相信他们很快就能完成，原因很简单，因为这样减少了不必要的来回走动。例如，另一个孩子可以先把剩菜刮进垃圾桶，然后把碗碟放进水池。第二个孩子负责洗碗，第三个负责擦干。这样安排更有效——比起每个孩子拿起一个盘子，刮掉垃圾，然后拿到水池洗干净，再走到右边擦干，最后放好，分工后他们将完成得更快。同样的原理也适用于其他生产活动。

· **促进自动化的应用。**劳动分工把复杂的任务分解成小部分，这样促进了自动化（机器）的应用。如果每个人都在后院种粮食，那么研发拖拉机将变得毫无意义。如果工人们在工厂内分开工作，那么工厂很容易会引进机器设备和工具来帮助他们提高产量。

· **规模经济。**规模经济原理是对前两个原理的归纳。多数生产过程在产出达到一定水平之前，存在**规模经济**效应。规模经济的意思是，如果增加一倍的投入，那么产出的增加将超过 1 倍。举例来说，如果一个厨师做意大利面，从准备 1 个人的分量到准备 50 个人的分量，他花在调味酱、烧开水等工作上的时间肯定不会增加 50 倍。用这一原理就足以解释为什么室友们轮流做饭给大家吃更合理，而不是每晚大家各自烹饪自己的晚饭。另举一个规模经济的日常例子，煮咖啡时，无论是煮 1 杯还是煮 4 杯，花费的时间大致相同，所以人们常常问："我在煮咖啡，还有谁想喝？"

· **先天禀赋。**到目前为止，我们论述的原理表明，即使世界上的每个人都一模一样，专业化仍能带来优势。当然，在现实世界里，人们并不完全相同。有些人天生就比别人更适合种粮食，而且这种天然优势也有地理因素在内。例如，同在爱达荷州，一个壮小伙比起一个体弱多病、卧床不起的男孩，每年能种更多的土豆。但要是比种橘子，佛罗里达州的一个壮小伙，却能比爱达荷州一个同样壮的小伙种得更多。爱达荷州那个病歪歪的男孩却很可能有语言天赋，从而更适合从事文字编辑或小说家一类职业，而这类职业对于那两个适合干体力活的壮小伙来说却连想也别想。[1]

· **后天资质**。分工的真正好处是，通过培训、实践和再实践，能进一步发展人的天赋。学校里那些“数学尖子”比起不通算术的高中毕业生，毕业后更适合去会计师事务所工作，如果数学尖子们继续上大学深造会计专业，那么他们的优势将更加明显。最后，我们来看经验因素，一个 50 多岁的人，在干了 28 年专业会计师后，显然业务极为熟练，这就意味着，比起其他没有同样背景的人，他的劳动生产率将更具有优势。

上述几点或许不太全面，但已概括出专业化分工能大大提高劳动生产率的一些主要原因。

比较优势让人人受益

需要强调的是，只有在能够互相交易的条件下，人们才能共享专业化分工带来的好处。假设有人集中精力种粮食，而另一些人则专心盖房子，那么只有当农民能够用多余的粮食与建筑工人交换多余的房屋时，这样的安排才能奏效；否则，农民将受冻而建筑工人

[1] 佛罗里达州靠近赤道，气候炎热，适宜种植水果。——译者注

将挨饿。如果商品不能在经济体中自由流通，（由劳动分工带来的）总产出的提升不过是空欢喜一场。

对于两个不同专长的人，我们很容易看到专业化和交易带来的互利。比如，乔非常擅长种小麦，而比尔干起裁缝得心应手。那么很显然，如果乔专注于种小麦，而比尔专心缝裤子，那么他们两个人的生活水准都将得到提高。

经济学家也发现，在一人拥有绝对生产率优势的情况下，这一原则仍然适用。我们用经济学术语来说，即使某人在全部生产环节都具有**绝对优势**，他或她仍能通过专注发挥自己的比较优势而获益，**比较优势**是指相对来说具有最大优势的领域。

传统上，我们会用比较优势原理来说明两国之间进行自由贸易的好处。我们举一个由两个人构成的货币经济的例子，可以很容易地说明这一点，如表 8.1 所示：

表 8.1　服装店里执行任务花费的时间　　单位：分钟

	营业结束后整理店铺	说服客户购买
约翰（帮工）	60	120
玛西娅（老板娘）	30	15

表 8.1 表示在大商场的服装店里，帮工约翰和老板娘玛西娅各自执行任务所耗费的时间。正如表 8.1 所示，最好的结果是玛西娅既做销售又能在营业结束前整理店铺，准备第二天早上开门。

不管是销售还是整理店铺，玛西娅都占据绝对优势。可能你首先会想到，最有效的方法是她自己做这两个任务，而无须雇用约翰。但是，这并不正确。通过雇用约翰专门倒垃圾、拖地板等，玛西娅可以集中精力在销售这一比较优势上。换句话说，因为她把必要的整理工作委托给了约翰，所以玛西娅可以让客户在店里逛更长时间，从而带动更多销售。

如果玛西娅的生意在货币经济中运营，那么她将很容易计算出究竟是聘请帮工约翰合算，还是应该早点结束营业以便亲自整理店铺合算。假设一次典型的客户购买能让玛西娅净赚 20 美元，[1] 也就是说，玛西娅专心帮助客户，平均每 15 分钟能够进账 20 美元。如果玛西娅为了提前 30 分钟整理店铺，而不得不提早把客户赶出去，那么平均下来，她每天要损失 40 美元的生意收入。

对玛西娅来说，聘用约翰搞卫生合不合算？这要取决于约翰怎么收费。只要他的收费低于 40 美元，那么在每天营业结束时，把打扫店铺这项简单的任务委托给约翰是合算的。约翰是个没什么特长的小伙子，他很乐意每小时赚 15 美元。这些数字表明，玛西娅和约翰之间的交易有很大的收益：对于玛西娅来说，她支付 40 美元让别人整理店铺是值得的，而约翰则很乐意干每小时收入 15 美元的工作。只要价格在这一范围内，玛西娅和约翰都会认为这一安排颇具吸引力。

玛西娅也可以聘请约翰来做销售，或者约翰可以辞掉清洁工作进入服装零售业。但显然这些都是无稽之谈，因为约翰做销售比玛西娅差太多了，居然要 120 分钟才能做成一笔销售。这意味着如果约翰想要复制玛西娅的业务，专心卖衣服，那么他每两个小时的盈

[1] 假设服装零售价是 50 美元，而进货价、店铺的租金、电费等开销，全部考虑的话，要花掉玛西娅 30 美元。在更高级的教材中，可以学到企业如何精确处理不同的费用，以计算 1 笔销售的净收入。

利是 20 美元，相当于每小时才赚 10 美元。约翰干清洁工作可比这挣得多。

上面的例子也说明了比较优势原理：虽然玛西娅在整理店铺和销售上都更具优势，但与约翰的合作仍将使她收益。玛西娅在这两个任务上都有绝对优势，但只在销售一项上具有比较优势（约翰没有任何绝对优势，但在清洁工作上有比较优势）。

即使有的人技术能力超越其他所有人，专业化和贸易仍将使得人人收益。我们将在第 19 课看到，玛西娅和约翰的比较优势原理也同样适用于国际贸易。尽管落后国家的工人在每一个工作和生产环节都落后，但像美国这样生产力发达的富裕国家，仍将在与“落后”国家的贸易中受益。

小　结

- 货币的优势之一是可以让人专门从事不同的职业。
- 劳动分工（专业化），大大提高了劳动生产率。当一些人专心种粮食，其他人专心建房子，另一些人则专注于治疗疾病时，总产出将大增。
- 即使有的人每一项生产率都拔尖，他仍然可以通过与生产率较低的人交易而受益。此时，双方应着重于那些具有相对优势即比较优势的领域，并相互交换彼此的产出。

术 语

劳动分工、专业化：每个人只进行一项或几项工作，然后通过交易来获得别人生产的东西。

劳动生产率：在一定时期内，一个工人能够生产的产出数量。

规模经济：产出的增加比例超过相应投入增加的一种情况。例如，如果投入量增加 1 倍导致 3 倍的产出，那么就带来规模经济。

绝对优势：一个人在执行一项任务时，每小时的产出数量超过别人的优势。

比较优势：在一个人拥有优势的所有任务中，一项具备最多优势的任务被称为具备比较优势。(即使玛丽拥有每项任务的绝对优势，吉姆仍可以在某一任务上具备比较优势。因为很可能玛丽在其他任务上具备的绝对优势更大。)

思考题

1. 专业化与劳动生产率的联系是什么？

*2. 如果世界上的所有人都一模一样，专业化仍将是有益的吗？

3. 为什么交易对于劳动分工非常重要？

*4. 解释这句话："绝对优势情况下的交易收益是显而易见的，但在比较优势的情况下则显得相当微妙。"

5. 为什么玛西娅店主愿意支付 40 美元请人每天在营业结束前打扫店铺？

第 9 课

企业家精神与竞争

本课要点	
	· 企业家在市场经济中的角色
	· 竞争如何引导企业家
	· 为什么工人的报酬趋近于他们贡献的价值

企业家精神

企业家是市场经济的驱动力。企业家判断市场中缺少什么，并决定创建新企业或开发新产品。企业家利用储蓄（无论是自己原有的或向资本家贷款而来[1]）雇用工人，租用土地和设备，并购买原材

[1] 在真实世界中，企业家和资本家之间的界限是模糊的。如果一笔商业贷款真的毫无风险，那么资本家一定能得到回报，如此一来，那就变成以协定的价格出售“服务”了，如同水电公司向企业家出售电力一样。然而，在现实中，无论在怎样的合同条款下，投资新企业的资本家总是会承受创业的风险。资本家永远都有可能在生意失败后失去一切。

料、电力、半成品以及其他生产要素。接下来，企业家指导员工如何使用工具、机器等要素来生产商品和提供服务，最后出售给顾客。

企业的顾客既有可能是其他的企业家，也有可能是最终消费者。例如，某企业家开办了一家面包店。他请几个少年来帮忙，用大烤箱、面粉和水来制作法式长面包以出售给当地的家庭；而对于另一位生产工业烤箱的企业家来说，他的顾客则是其他企业家，比如面包师和餐馆老板。

顾客为其产品和服务支付给企业家的货币，我们称为**总收入**。为了能够持续生产商品和提供服务，企业家必须向工人、供应商、房东等人支付的货币称为**开支**。当总收入高于开支时，企业家获取**货币利润**。如果开支高于总收入，则企业家遭受**货币亏损**。尽管货币损益不一定是激励企业家的唯一因素，但当人们提及“成功的企业”时，他们指的是能够盈利的企业。[1]另一方面，如果有人表面上似乎在长年累月地运营一家企业，却一直在遭受货币亏损，并且看不到扭亏为盈的希望，那么这样的经营多半是一种慈善或纯粹的个人喜好，并不是真正的企业经营。这类名义上的企业家实际上是消费者。[2]

---

[1] 我们用“货币损益”一词来区别主观（或心理上）的得失这一更广泛的概念，企业家最终关心的将是后者。例如，一位企业家每周工作 60 小时，一心扑在他新创建的企业上，但最终每月仅获得利润 100 美元，那么他多半会放弃经营这家企业。尽管他收入的美元比付出的多，但如此使用自己的劳动力，机会成本将非常高。如果这位企业家关闭企业，去为另一位更成功的企业家工作，每月的报酬将远远不止 100 美元。

[2] 再说一次，这些角色之间的区别在真实世界中是模糊的。例如，一位老人在退休后，经营一家少年棒球俱乐部。他向小孩们收取少量费用，以抵消雇用裁判和购买 T 恤的开支，但他所作的这一切可能是为了消遣，只因自己酷爱棒球。特别是，如果棒球场是他自己出钱把自家超大的后院改建而成的，那么很明显，这样的经营并不是盈利性的，他的投资并不是为了货币回报。

企业家的贡献

成功的企业家和创业者的与众不同之处在于，他们不会纠结于过去和当前，而是根据自己对未来的洞见来处理事务。他和别人一样看到过去和当前，但却以独到的眼光去判断未来。

——路德维希·冯·米塞斯：《人的行动》，第 582 页

竞争保护消费者

如果说企业家是市场经济的驱动力，那么竞争则是对他们的规范和激励。**竞争**确保企业家能够不断努力，以满意的质量和最低的价格，为顾客提供商品和服务。

在纯粹的市场经济中，每一次交易都是自愿的。无论一个企业家变得多么富有，他也不能强迫顾客购买产品。顾客总是可以选择光顾别家的生意，这就意味着即使最成功的企业家，也必须日复一日地争取吸引顾客。

竞争的过程可以通过模仿和创新来进行。富有洞察力的企业家通过调查市场现状就能想出好点子，能够比其他企业家更好地服务于顾客。也许他的创意很伟大，比如创造全新的产品，或者只是做出一些适当的改进。例如，在飞机上改用塑料瓶装番茄酱，这样就摔不破了，或者改造乘客座椅的结构等。创新同样也出现在生产领域，比如，企业家发现更廉价的原材料，或找到重新利用废料的方法。如果能大规模地利用这些方法，即使削减很少的开支，也可以转化为巨大

的利润差异。

故事尚未结束。如果某个企业家的创新很成功，他将获得相对较高的利润。而其他企业家看到这一成功后，将纷纷开始模仿，并寻求进一步改进，引入更多创新。商业的世界永不停息。即使各行业的“顶尖”公司，也在不断研究新的方法，以求在竞争中保持领先地位。长此以往，企业生产的商品和提供的服务将越来越物美价廉。

竞争过程的最终受益者并非企业家，而是顾客。当某个企业家的创新获得成功，并赚取惊人的利润时，他的成功只是暂时的。随着时间的推移，竞争对手也会像他一样，找到方法来降低开支和提高产品质量。许多批评市场经济的人看到企业家对产品的定价远远超过生产开支，他们对于这种暂时的巨额“加价”感到震惊。但只要存在竞争，货币利润以及由此而来的“加价”将会逐渐削减，因为竞争者会仿制价格较低的同类产品来争夺市场份额。只有不断引入创新，企业家才能获得源源不断的货币利润。

在现实中，绝大多数的企业家都为赚取货币利润的欲望所激励。然而，在市场经济中，为顾客服务并降低开支是获得利润的唯一方法。市场经济最美好的一面在于，它驱使着社会中最自私、最野心勃勃，可偏偏又最具才华的一群人，让他们彻夜忧虑怎样通过讨好别人来满足自己的直接经济利益。企业家是市场经济的推动力，而竞争是企业家诚信可靠的保障。

竞争保护工人

在上一节我们看到，竞争可以保护消费者不被任意索取高价。如果某企业家向顾客索取远高于其开支的加价，他将无法阻止自由市场上的竞争对手以较低的价格出售相同的产品，并赢得顾客。从长远来看，竞争能够确保顾客不会在想购买的物品和服务上被“敲竹杠”。从某种意义上看，顾客支付的要价是“公平”的，因为在交易发生时，即使世上最深谋远虑、最精于算计的企业家也没能想到办法以更低的价格提供这些产品。[1]

从另一方面看，竞争可以保护工人免受不合理的低薪待遇。的确，一个肩负着养家糊口重任的工人，很可能没有多少“议价能力”，如果没有别的选择，也将不得不接受非常低的工资。然而，在纯粹的市场经济下，一毛不拔的雇主无法阻止竞争，竞争者会出更高的薪酬挖走那些报酬过低的员工，“铁公鸡”老板将被排挤出市场。从长远来看，竞争可以确保雇主不会“压价”支付经营中必须雇用的劳动力，也不会“压价”购买其他必需的资源。

为了判断员工所获得的薪酬是否“公平”，我们需要了解员工的实际贡献。[2]有些员工的生产率比其他人高，从而更有价值，因此不同的员工获得不一样的薪酬是合乎情理的。那么，对于潜在的新员

[1] 我们将“公平”加上引号，是因为在纯粹的市场经济中，每一次交易都是自愿且公平的，这一点非常重要，即便企业家的定价远远高于提供产品所花费的开支，顾客对产品的估价仍然高于付出的金钱——无论是顾客还是企业家，都从交易中获得主观收益。

[2] 我们再次将“公平”加上引号，是因为在自由市场上，每份自愿签署的劳动合约都是公平的，在工人的主观评价中，薪酬的价值要高于因接受工作而放弃的休闲的价值。

工，雇主怎样决定薪酬水平？

经济学家会说，雇主应当设法计算出新员工的**边际生产率**。也就是说，雇主应当比较企业增加新员工前后的总产出，接着再计算增加的产出将带来多少额外的总收入，这样便得出一个上限金额，也就是雇主愿意为新员工支付的最高额度。

当然，在现实中，就像雇主会试图向顾客收取高额加价一样，他们也会试图支付低于边际生产率的工资。但在竞争的威胁下，他无法长期“克扣”员工，也无法长期对顾客“敲竹杠”。

举例来说，假设丽塔拥有一家餐馆，生意红火。丽塔注意到，经营中的一大障碍是顾客离开后清理餐桌的工作。餐馆里总是有几张脏桌子来不及收拾，也就是说，老板娘得让刚到的客人等待几分钟后才能入座。丽塔意识到，应该再请一名勤杂工来打下手，帮忙清理桌子并准备餐位。

丽塔找到一个候选人——鲍勃。他曾在另一家生意繁忙的餐馆干过勤杂工，而且看起来是个勤奋又踏实的小伙子。丽塔估计，如果聘请鲍勃，他需要花一周时间适应新工作，之后，她的餐馆将因此平均每小时多招待两桌客人（假设之前总是有 4 张桌子来不及清理，而雇用鲍勃后只剩 3 张，每一轮客人平均花 30 分钟点餐和就餐，然后离开）。如果一餐饭收入 26 美元，而扣除付给鲍伯的薪水，光准备一桌饭菜要花 20 美元，那么丽塔最多愿意付给鲍伯每小时 12 美元。

当然，丽塔会希望实际支付额低于每小时 12 美元。不过，如果她仅开价 4 美元，那么鲍伯肯定会转投另一家餐馆，按每小时 5 美元出售自己的服务。最终，当鲍伯的薪酬达到他给雇主带来的额外收入时，这个竞争过程将达到合乎逻辑的停止点。[1]企业家之间的竞争，将会促使工人的薪酬趋于他们的贡献。

小　结

- 企业家是市场经济的驱动力。他们雇用工人，购买资源，生产商品和提供服务并出售给消费者。
- 竞争促使企业家生产顾客喜爱的物品和服务，并在质量满足顾客要求的基础上尽可能压低要价。
- 竞争同时也促使企业家按照工人为企业贡献的全额价值会付薪水。如果支付的薪水过低，那么其他雇主将以更高的薪水挖走工人。

术　语

企业家：在市场经济中，雇用工人并购买资源以生产商品和提供服务的人。

总收入：在一段时期内，顾客为购买企业家的产出所支付的货币

[1] 其实事情并不像上文描述的那样简单。很多情况下，同时存在着与最终产出紧密相关的多个要素，因此很难单独剥离出一个要素的“边际生产率”（披头士的演出及唱片收入怎样分成？“如果保罗·麦卡特尼不参加演出，销售量会下滑多少”吗？显然不能这样计算，因为缺了任何一个人，销量都将大跌，如果这样计算边际生产率，那么麦卡特尼和列侬每人的贡献都将超过一半收入）。另一个难点是，增雇新员工将改变老员工的边际生产率，这就意味着，尽管老员工原本得到的薪酬是“公平”的，但竞争将改变他们的薪酬。最后一个难题是，在不同行业里，工人的边际生产率不同。例如，如果勤杂工鲍伯为丽塔的餐馆赚进 12 美元，但却只能为下一家餐馆多赚 10 美元，那么竞争只能保证鲍伯的薪水不低于 10 美元。你需要参考更高级的经济学书籍，来获取这些难题的答案。

数量。

开支：在一段时期内，企业家因购买劳动力、原材料和其他要素投入所花费的货币数量。

货币利润：总收入超出开支的金额。

货币亏损：开支超出总收入的金额。

竞争：企业家之间的竞赛状态。大家都能平等地竞雇工人、竞购物资，用以生产商品和提供服务，并销售给共同的顾客。

边际生产率：多雇用一个工人所增加的总收入。

思考题

1. 为什么企业家是市场经济的“推动力”？

*2. 在真实世界中，为什么所有的资本家都是企业家？

3. 市场经济靠什么激励并规范企业家？

4. 怎样通过“模仿与创新”来展开竞争的过程？

5. 竞争怎样保护工人？

第 10 课

收入、储蓄与投资

本课要点

- 收入、储蓄与投资在货币经济中的定义
- 储蓄与投资如何增加个人未来的收入
- 储蓄与投资如何增加经济体未来的产出

收入、储蓄与投资

我们在第 4 课看到，身处孤岛的鲁滨孙·克鲁索没法与人交换，他只能和大自然交换，但我们仍然能够用收入、储蓄和投资等概念来界定他的行动。

在人人使用货币的现代经济中，这些概念相似但更容易被界定。对个人而言，**收入**通常指在一定时期内，通过出售劳动力和个人资产所获得的能够用于消费的总金额。对厂商来说，**收入**（或**所得**）的定义是总收入减去开支。上一课我们学习了，总收入是顾客为企业的产品和服务所支付的货币总额。开支是企业为生产这些物品和服务所支付的货币总额。[1]

在一定时期内，如果个人的实际消费支出低于收入，其差额便是储蓄。如果储蓄为负，则意味着个人的消费超过收入，我们称之为举债或者入不敷出。如果个人将一部分储蓄用于创造更多未来的收入，我们称之为投资。[2]

投资增加未来的收入

储蓄和投资的负面影响是减少了当前的享乐。但另一方面，储蓄和投资的益处在于，它们能提高你在未来的消费能力。在表 10.1 和表 10.2 中，我们通过两个虚构的人物——大手大脚的保罗和节俭的弗雷迪，来阐释投资的利与弊。

[1] 请注意，本章仍然在阐述纯粹的市场经济，因此我们的讨论并不涉及税收。在真实世界中，对收入的计算有着税前及税后等多种定义。

[2] 厂商也能进行投资，以增加未来的收入。然而，我们并不讨论这个问题，因为它会带来许多会计上的技术问题，超出了本章所探讨的范围。

任何时候，投资都不可能高于储蓄。然而，一些经济学家会说投资会低于储蓄。举例来说，如果某人赚得 100 000 美元的收入，支出 80 000 美元用于消费，并投资 15 000 美元购买股票，那么一些经济学家会认为，银行账户里余下的 5 000 美元储蓄并不属于投资。然而，另一些经济学家却争论说，无论何时，投资必定等于储蓄。他们这样解释我们的例子：此人拥有 20 000 美元总储蓄，其中 15 000 美元投资于股票，剩下的 5 000 美元则投资于现金。经济是否会陷入储蓄高于投资的困境？当经济学家们争论这一问题时，这种细枝末节的区分就有了意义。

表 10.1 花钱大手大脚的保罗的财务状况

单位：美元

年度	1	2	3	4	…	25	26	27	…	47	48	49
资产总市值	—	2 500	5 006	7 519		61 757	64 411	67 072		121 712	124 517	127 328
劳动力收入（薪水）	50 000	50 000	50 000	50 000		50 000	50 000	50 000		50 000	50 000	50 000
资产收入（5%的利息）	—	125	250	376		3 088	3 221	3 354		6 086	6 226	6 366
总收入	50 000	50 125	50 250	50 376		53 088	53 221	53 354		56 086	56 226	56 366
消费（收入的 95%）	47 500	47 619	47 738	47 857		50 433	50 560	50 686		53 281	53 415	53 548
储蓄（收入的 5%）	2 500	2 506	2 513	2 519		2 654	2 661	2 668		2 804	2 811	2 818
资产投资（= 储蓄）	2 500	2 506	2 513	2 519		2 654	2 661	2 668		2 804	2 811	2 818

表 10.2 节俭的弗雷迪的财务状况

单位：美元

年度	1	2	3	4	…	25	26	27	…	47	48	49
资产总市值	—	15 000	30 225	45 678		429 503	450 945	472 710		983 526	1 013 279	1 061 294
劳动力收入（薪水）	50 000	50 000	50 000	50 000		50 000	50 000	50 000		50 000	50 000	50 000
资产收入（5%的利息）	—	750	1 511	2 284		21 475	22 547	23 635		49 176	50 664	52 174
总收入	50 000	50 750	51 511	52 284		71 475	72 547	73 635		99 176	100 664	102 174
消费（收入的 70%）	35 000	35 525	36 058	36 599		50 033	50 783	51 545		69 423	70 465	71 522
储蓄（收入的 30%）	15 000	15 225	15 453	15 685		21 443	21 764	22 091		29 753	30 199	30 652
资产投资（= 储蓄）	15 000	15 225	15 453	15 685		21 443	21 764	22 091		29 753	30 199	30 652

表 10.1 和表 10.2 是对保罗和弗雷迪一生的财务状况的跟踪。他们的工作性质相似——通过出售劳动力每年固定获得 50 000 美元薪酬。同时，两人都储蓄一部分收入，投资于年**利息** 5% 的资产项目。我们将在第 12 课详细讨论债务和利息回报，现在你只需要知道，每一年，保罗和弗雷迪除了薪水收入之外，还将从投资中获得资产总市值 5% 的利息收入。

除了收入中用于储蓄的比例不同，保罗和弗雷迪没有其他区别。花钱大手大脚的保罗每年仅储蓄收入的 5%，其余部分都用于消费——吃大餐，购买珠宝首饰，去塔希提岛度假，等等。而节俭的弗雷迪则每年从总收入中拿出 30% 投资于金融资产。

表 10.1 和表 10.2 展示了不同储蓄计划带来的不同生活方式。开头几年，保罗比弗雷迪享受更多消费的快乐。他到处参加派对，穿着讲究，并且总的来看乐趣多多。然而，随着岁月流逝，两人之间的差距不断缩小。尽管弗雷迪的的消费比例一直很低，但其收入的增长速度却远远超过保罗。实际上，到第 26 年，弗雷迪的消费额为 50 783 美元，已经超过保罗的消费额 50 560 美元。自那以后，弗雷迪的享乐已经超过了保罗所能负担的。记住，他俩的劳动年收入相同——薪酬一样多。但因为早年的节俭，弗雷迪的中年生活却富裕得多。

最后还有一个有趣的现象，在弗雷迪职业生涯的第 48 年，他的金融资产突破了 1 000 000 美元大关。许多人认为只有“富人”才能跟百万美元沾上边。但是，正如表中所示，即使某人每年仅赚 50 000 美元，也可以投资风险较低的资产，依靠长期坚持不懈地储蓄，最终也能积累 1 000 000 美元—— 至少在没有税收的世界里这是可以做到的。

退休

我们通过表 10.3 和表 10.4 来看保罗和弗雷迪在停止工作后没有薪水的状况。我们假设这发生在他们开始工作后的第 52 年。现在两人都开始入不敷出，这意味着他们每年的消费大于收入。[1] 这是完全可行的，因为他们积累了金融资产作为储备。资产不仅带来利息收入，还能通过部分变卖用于消费（这被称为减少本金）。

现在，我们确实看到了弗雷迪节俭的好处。在退休后的岁月里，他可以很轻松地维持每年 70 000 美元的消费水平。虽然比退休前的消费水平稍低一些，但仍过着相当舒适的生活——比以前全年的薪水还高 40%。

相反，喜欢挥霍的保罗一旦停止工作，就必须大幅削减消费开支。他的消费额缩减到每年 15 000 美元。保罗身陷困境的原因是，他在退休时，仅仅积累了 136 000 美元左右的资产，而节俭的弗雷迪却积累了 1 100 000 美元以上。因此，弗雷迪退休之后，不仅能获得丰厚得多的投资收入，还拥有更多资产储备可供“支取”，以保障退休后的生活水平。

如表 10.3 所示，保罗的真正危机在第 64 年到来。这个时候，因为金融资产已然用尽，他甚至无法勉强维持 15 000 美元的年消费额。保罗只有微薄的 5 384 美元预算，捉襟见肘地过完这一年，接下来已是身无分文。如果他不想回去工作，那就得依靠亲戚、教会或其他慈善机构的资助来维持生计（这里我们仍然在描述纯粹的市场经济，

[1] 按照会计惯例，数字加括号表示负数。

表 10.3　花钱大手大脚的保罗退休后

单位：美元

年度	50	51	52	53	…	63	64	65	…	74	75
资产总市值	130 146	132 972	135 804	127 594		19 169	5 128	—		—	—
劳动收入（薪水）	50 000	50 000	—	—		—	—	—		—	—
资产收入（5%的利息）	6 507	6 649	6 790	6 380		958	256	—		—	—
收入总额	56 507	56 649	6 790	6 380		958	256	—		—	—
消费（收入的 95%）	53 682	53 816	15 000	15 000		15 000	5 384	？？？		？？？	？？？
储蓄（收入的 5%）	2 825	2 832	（8 210）	（8 620）		（14 042）	（5 128）	—		—	—
资产投资（= 储蓄）	2 825	2 832	（8 210）	（8 620）		（14 042）	（5 128）	—		—	—

表 10.4　节俭的弗雷迪退休后

单位：美元

年度	50	51	52	53	…	63	64	65	…	74	75
资产总市值	1 074 130	1 105 242	1 136 821	1 123 662		949 875	927 368	903 737		630 133	591 640
资产收入（5%的利息）	53 707	55 262	56 841	56 183		47 494	46 368	45 187		31 507	29 582
收入总额	103 707	105 262	56 841	56 183		47 494	46 368	45 187		31 507	29 582
消费（收入的 70%）	72 595	73 683	70 000	70 000		70 000	70 000	70 000		70 000	70 000
储蓄（收入的 30%）	31 112	31 579	（13 159）	（13 817）		（22 506）	（23 632）	（24 813）		（38 493）	（40 418）
资产投资（= 储蓄）	31 112	31 579	（13 159）	（13 817）		（22 506）	（23632）	（24 813）		（38 493）	（40 418）

所以不会有政府的救助计划)。

我们再次看到鲜明的对比，节俭的弗雷迪可以继续过着非常舒适、安逸的退休生活，直至第75个年头，假设他在这一年去世。弗雷迪的节俭让他能不依靠他人的施舍而安享晚年，并且还能留下将近592 000美元的财产给后人。

储蓄与投资如何增加经济体未来的产出

工薪族只要开立过银行账户，都能理解推迟当前消费的益处，储蓄使人能在未来获得更多消费。然而，许多人却认为，储蓄者的收入增加一定会减少经济体中某个借款人的收入。

当然，确实有这种可能性。例如，比尔(借款人)周一忘了带午餐钱，他问同事莎莉(储蓄者):“你能借我10美元吗?我明天还你11美元。”如果莎莉同意了，那么显然，这笔个人贷款为她带来了1美元的利息收入，这1美元来自比尔当月收入的支出。换句话说，如果比尔当月的薪水是5 000美元，那么实际上他只有4 999美元，因为他已花了1美元向莎莉“贷款”。同时，如果莎莉的薪水也是5 000美元，那么向比尔提供“借款服务”赚得1美元之后，她当月的实际收入将有5 001美元。

在上述情况下，我们可以认为比尔用莎莉的“贷款”为自己的消费融资。在比尔忘带钱包的那个周一，莎莉的口袋里必须得有10美元闲钱，才能借给比尔。为此，她可能要重新安排当天的支出计划，或许结果是钱包里的现金比她原本想带的金额少了一些。无论如何，莎莉已经为比尔提供了服务。由于比尔的失误，双方都从这笔自愿的贷款交易中受益。尽管乍看之下，似乎比尔吃了亏，而莎莉赚了钱，但其实双方都受益了。从某种意义上说，比尔的月消费总量减少了，但多付出 1 美元让他能够在周一照常吃一顿 10 美元的午餐。支付 1 美元向莎莉贷款的决定并非不理智或者“不划算”。

通过贷款，借款人以减少未来的消费为代价来负担当前的消费，从总体上看，这无疑是市场经济的一部分，尤其在信用卡行业中贷款占据很大的比例。然而，不要据此认为，一切储蓄与投资的情况都如此。我们在上一节课描述终身储蓄计划时，并没有发现哪个借款人日益债台高筑。事实上，市场经济中的每一个人都能通过储蓄与投资，在工作期间提前为退休后的舒适生活做好准备。

这是怎么实现的？在每一个像莎莉那样储蓄并源源不断地赚取利息收入的人背后，难道不都对应着比利这样一个角色——借债并支付不断增加的利息？可以说是，也可以说不是。关键在于，贷款和投资是否被投入生产型企业，而不仅仅是一时的个人消费。如果储蓄被用于扩大生产，而不仅仅是用来资助消费，那么原则上，日益增长的“总产出”就能增加每一个社会成员的收入。

我们将在第 12 课详细探讨信用和债务机制，现在只需大体了解一下，如果社会中的每个人都突然决定储蓄一大部分收入，将会带来什么样的结果。为了增加储蓄，每个人都必须削减消费。这就减少了在高档饭店、跑车、新潮电子产品以及名牌服装上的开支。同时，人们会直接（通过购买公司股票或债券）或间接地（将钱存入银行，银行再贷款给企业）借出这些储蓄并投资于企业。

一旦人们的收入大规模地流出消费领域，并转向投资领域，将最终引导劳动力和其他资源离开短期消费品行业，转而投向生产周期长的领域。例如，高档零售和珠宝店的销量直线下降，它们将被迫裁员并削减库存；高档餐厅也将裁员并关闭一些分店。

失业的工人会去其他行业寻找工作机会，而竞争将压低这些部门的工资。一旦工资降低，其他行业的企业会很乐意雇用失业工人。不仅是劳动力资源，其他资源也将被重新投向新的用途。例如，那些曾经遍布服装店和其他零售店的楼宇，现在成了空置楼，业主将降低租金，从而方便其他企业进驻，以扩大企业经营。

如果我们忽略真实世界里过渡时期带来的负面影响，那么即使储蓄大量增加也不会减少“总支出”。起初，消费开支确实会降低，但企业的投资支出将相应增加。最终提供的工作机会总数将是一样的，现在，失业的服务员和商场职员将重新在工厂里找到工作——生产钻床和挖掘装载机。

关键是要认识到，储蓄的大大增长改变了经济体的产出结构，使其从消费品生产转向资本品生产。正如我们在鲁滨孙·克鲁索的例子中看到的，尽管岛上没人能“贷款”给他，但鲁滨孙仍能明智地通过储蓄和投资来提高生产率。这个原理推广到全社会也适用，通过投资更多的资源来生产机器和工具，可以提高社会上每个人的劳动生产率。我们没有“骗人”，因为资本品的不断增加，使得每一个人的生产率都能获得实质性增长，每一个人的收入自然会逐年增加。例如，在更好的工具的帮助下，每小时的产出增加了，因此资本品的积累直接提高了工资水平，从而增加工人的收入。

我们将在第 12 课详细解释利率是由什么决定的，那是一个非常复杂的领域。现在，我们只强调一点：储蓄能让每个人变得富裕。那种“贷款人变富是因为借款者变穷”的观点是错误的。

小　结

- 利息的存在，使得个人可以通过储蓄和投资来增加未来的收入。今日的勤俭节约，能获得更多未来的消费。
- 当人们开始储蓄和投资时，将导致经济结构的改变。劳动力和其他资源将从电视机的生产中释放出来，并重新投入到工具和设备的生产中。这将减少当前消费品的生产总量，但新的工具能提高工人未来的生产率。
- 一个人的储蓄和投资并必然不导致另一个人深陷债务。经济体中的每一个人都能储蓄一大笔钱，并在未来享有更高的收入。

术　语

（个人）收入： 在一定时期内，个人通过出售劳动力和个人资产（如股票）所获得的能够用于消费的总金额。

（企业）收入、所得： 总收入减去开支。

储蓄： 收入多于消费支出的差额。

举债、入不敷出： 消费支出多于收入的差额。

投资： 为了增加未来的收入所花掉的储蓄。

利息： 在一段时期内，把储蓄借给别人所赚得的收入。利息通常用本金（借款的原始金额）每年赚得的百分比来表示。例如，如果今天借出1 000美元，12个月以后偿付回来1 050美元，那么本金是1 000美元，利息收入是50美元，利率则为5%。

思考题

1. 投资可以不需要储蓄吗?
2. 对于个人来说，高储蓄率的利弊各有哪些?
3. 储蓄与退休之间的联系是什么?
4. 没有现金却举债消费，这是一种不经济的行为吗?

*5. 有没有可能社会上的每一个人都能为退休积累资产？一个人的财富增长是否会转变成他人的债务增加?

第 11 课

供给与需求

本课要点

- 供给与需求的定义
- 供给定律与需求定律
- 经济学家如何利用供给和需求来解释市场价格

供给与需求：目的

有一个笑话是这样的，如果教会鹦鹉说“供给和需求”，那么鹦鹉也能回答任何经济问题。这个玩笑差点就是大实话了……不过要想成为“人模人样”的经济学家，鹦鹉还得学会与另一半同类意见相左。

本课将为你学习经济学的思维方式打下坚实的基础。与其他经济学教科书不同，本书没有覆盖着密密麻麻的图表。不过有一个例外，那就是著名的供给和需求曲线图。图表不仅有利于理解基本概念，还能帮助你把握一些重点。但是，对于本课和后续课程中出现的供给和需求曲线，不要太当一回事，因为它们只是一些简单的例子，用来说明特定的观点。就像在前面课程中出现的那些故事一样，图表只是为了说明普遍的经济学原理，具体的数字无关紧要。

请记住，经济学家并不依赖供给和需求定理，而仅把它们看作工具。供给和需求的概念是观察世界的方式。通过它们，经济学家可以把不同的外力和影响因素划分为两种类别，以便清晰、系统地考察世界上发生的变化，以及它们是如何影响市场价格的。

因为供给和需求是概念性的工具，并不是经验理论，所以永远不会有证据能证明“供给和需求”是假的。未来，经济学家们有可能判定，“供给和需求”不再是最有效地考察价格的方法。但在当前，几乎所有经济学家都用“供给和需求”来解释市场价格，因为迄今为止我们还没有发现更优越的工具。

需求的定义与需求定律

需求是在某产品或服务的各种假想价格下，每种价格与消费者愿意购买的总数量之间的关系。注意：需求不是一个具体的数字，而是许多数字间的关系，经济学家经常使用的术语是**需求表**。需求表可以包括一人或多人。表 11.1 说明了詹妮弗对汽油的需求。

表 11.1 詹妮弗的汽油需求（星期二下午）

价格（美元）	数量（加仑）
5.00	0.0
4.00	0.0
3.50	1.5
3.00	2.5
2.50	4.0
2.00	8.0
1.50	10.7
1.00	14.7
0.50	14.7

表 11.1 中列出了在各种假定的价格下，詹妮弗愿意购买的汽油数量。我们一直强调，这是一个特定时刻——某个星期二的下午。要记住一点，人的主观偏好以及其他因素导致人对产品和服务的需求随时都有可能改变。

在这些数字背后，我们假想的情况是：詹妮弗的车快没油了，于是她计划在下班回家的路上先去加油。在每加仑 4 美元或更高的价格上，詹妮弗不会加油。因为如此高的价格会打消她加油的念头，她可能第二天去别的油站碰碰运气。为了得到具体数字，我们进一步假设，她的钱包里只有 16 美元，而车上的油箱容量是 15 加仑（几乎全空了）。在每加仑 3～3.5 美元的价格范围内，詹妮弗只愿意购买极少量的汽油——仅够第二天上班来回用（尽管在较低的 3 美元，她的加油意愿会稍微强烈一点）。在 2.5 美元的便宜价格下，她会买更多的汽油。而在每加仑 1～2 美元的价格范围内，她会花光全部现金。最后，在每加仑 0.5～1 美元的价格范围内，她能把油箱加满。

表 11.1 遵循的唯一规则是**需求定律**。需求定律是指，保持其他影响因素不变，降低某商品或服务的价格将导致消费者购买相同或更多数量的商品或服务。[1]

在表 11.2 中，我们保留詹妮弗的需求，但加入了其他几个人的需求。

表 11.2 个人和市场对汽油需求（星期二下午）

价格（美元）	詹妮弗	贝丝	吉姆	戴夫	汉克	吉尔	市场
7.00	0.0	0.0	0.5	1.0	13.0	0.0	14.5
6.50	0.0	0.0	0.5	1.5	13.0	0.0	15.0
6.00	0.0	0.0	1.0	2.5	13.0	0.0	16.5
5.50	0.0	0.0	1.0	3.0	13.0	0.0	17.0
5.00	0.0	0.0	1.0	3.0	13.0	0.0	17.0
4.50	0.0	0.0	2.0	5.0	13.0	0.0	20.0
4.00	0.0	0.0	2.0	5.0	13.0	0.0	20.0
3.50	1.5	0.0	2.0	5.0	13.0	0.0	21.5
3.00	2.5	0.0	4.0	15.0	13.0	0.0	34.5
2.50	4.0	0.0	4.0	15.0	13.0	0.0	36.0

[1] 有些经济学家认为需求定律是一种经验趋势，类似于物理学家观察到的“重力使物体下落”。根据这种观点，需求定律存在例外情况。我们可以想象一下，如果白银的价格降得极低，人们反而购买得更少。或者，如果名牌手袋的价格过低，会使它不再成为身份的象征，而乏人问津。而另外一些经济学家们则把需求定律解释成定理。对于他们来说，需求定律不是从实物和销售数字中归纳出的经验趋势。相反，他们通过思考经济行动的逻辑来证明需求定律。消费者花钱是为了满足最重要的目标，当消费者购买更多数量的单位物品时，每个新增单位的重要性都比前一个低，因此，自然的结果是当物品单价下跌时，他们一定会至少购买相同的数量。对于那些明显的反例，可以被解释为“主观上不同的商品”，因为名牌手袋的物理性质并不重要，相反，重要的是它给买家带来的主观幸福感。本书中，我们不会就这一争论发表观点，而仅让全部供给需求曲线遵从各自的“定律”，以避免混淆（一些奥派学者认为，需求和供给表与第 6 课的偏好排序表一样，都是形象表达偏好的便捷方法，个人偏好排序表经过一些变换，就可以得到需求供给表。供给需求定律可以由上述边际效用递减规律直接推导而出，而主流经济学往往认为，供给需求定律是根据经验总结的规律。——译者注）。

（续表）

价格（美元）	詹妮弗	贝丝	吉姆	戴夫	汉克	吉尔	市场
2.00	8.0	0.0	8.0	15.0	13.0	0.0	44.0
1.50	10.7	6.3	8.0	15.0	13.0	0.0	53.0
1.00	14.7	6.3	8.0	15.0	13.0	0.0	57.0
0.50	14.7	6.3	8.0	15.0	13.0	0.0	57.0
0.00	14.7	6.3	8.0	15.0	13.0	0.0	57.0

再次强调，表 11.2 遵从的唯一规则是需求定律。因为需求定律对于每个人都适用，而市场不过是对个人的需求的汇总，所以汽油的市场需求也是符合需求定律的。解释一下表 11.2 中的数字含义：汉克在执行公务，他的旅行费用可以报销，所以无论价格多少，他都会把油加满。吉尔没有汽车，所以不管价格是高还是低，她都不会购买汽油。

一旦我们有了市场需求表，绘制**需求曲线**就变得简单了（见图 11.1）。

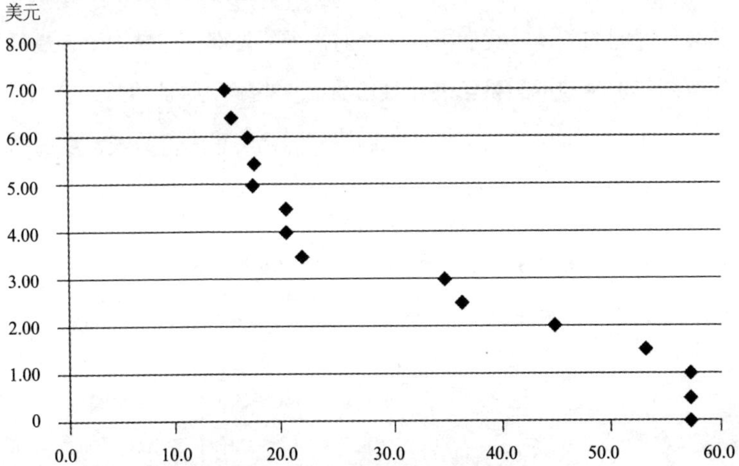

图 11.1　汽油的市场需求

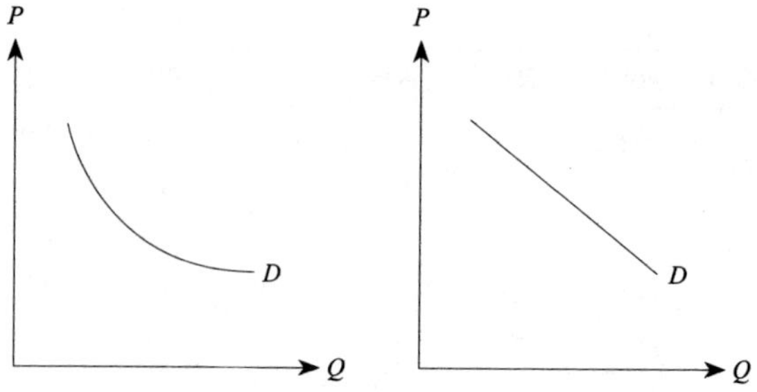

图 11.2　一般需求曲线

图 11.1 看起来不那么美观，以至于经济学家们要了点小聪明，在绘制需求曲线时，画成了图 11.2 的样子。

供给的定义与供给定律

一旦你了解了需求，供给就很容易解释了：**供给**是在某产品或服务的各种假想价格下，每种价格与生产者愿意出售的产品和服务总数量之间的关系。我们可以仿照对需求的处理，同样为个人或群体绘制特定时刻下的**供给表**和**供给曲线**，来阐明这种关系。表 11.3 显示了在同一个星期二下午，我们假设的社区里的供给表，后面的图 11.3 是相应的供给曲线。

表 11.3　汽油的个人和市场供给（星期二下午）

价格（美元）	快客超市	"加满"油站	农民吉姆	市场
7.00	50.0	200.0	20.0	270.0
6.50	50.0	200.0	20.0	270.0
6.00	50.0	200.0	20.0	270.0
5.50	50.0	180.0	0.0	230.0

（续表）

价格（美元）	快客超市	"加满"油站	农民吉姆	市场
5.00	50.0	160.0	0.0	210.0
4.50	50.0	130.0	0.0	180.0
4.00	40.0	115.0	0.0	155.0
3.50	35.0	95.0	0.0	130.0
3.00	25.0	85.0	0.0	110.0
2.50	10.0	26.0	0.0	36.0
2.00	0.0	10.0	0.0	10.0
1.50	0.0	5.0	0.0	5.0
1.00	0.0	0.0	0.0	0.0
0.50	0.0	0.0	0.0	0.0
0.00	0.0	0.0	0.0	0.0

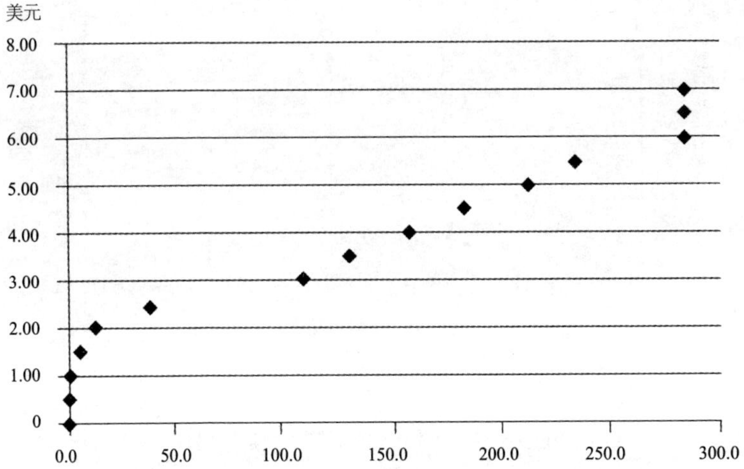

图 11.3　汽油的市场供给

上述数字背后的故事是，城里有两个单泵加油站——快客超市和"加满"油站。如果市场价格在每加仑 2.5～3 美元，那么店主将出售汽油并定期补充两个地下储油槽，其中一个容量为 50 加仑，另一个容量为 200 加仑。如果价格跌得太低，那么店主们只好关门歇业，然后指望不久后价格将回升。随着价格上涨，他们将利用各种方法来增加销量，如午餐时间不休息，延长营业时间，顾客一停就跑过去免费代加，手脚麻利，减少排队时长等。如果价格涨到每加仑 6 美元或更高，农民吉姆就蠢蠢欲动地想进入市场。他手上有支持设备运转的储备汽油，只要价格足够高，他就不干农活，去摆一个路边摊，出售汽油给司机们。

我们假想的数字符合**供给定律**——提高商品或服务的市场价格，将导致生产者愿意提供相同或更多的数量。一般的供给曲线看起来如图 11.4。

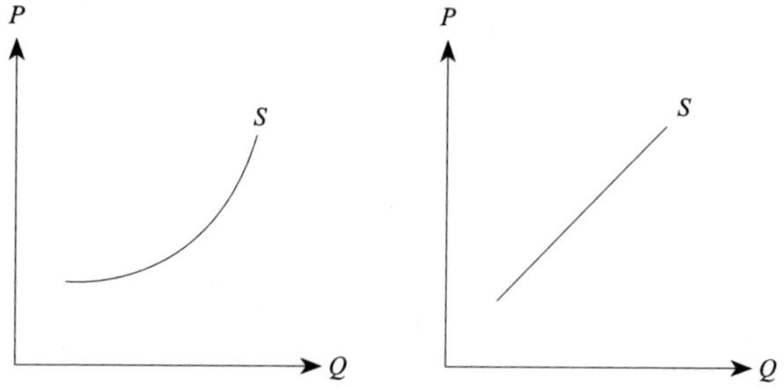

图 11.4　一般供给曲线

用供给与需求来解释市场价格

我们使用供给和需求这两个概念，目的是提供一种思路，以思考不同的情况将如何影响市场价格。每当发生新的变化，如消费者口味改变，或某种资源的供给能力变化时，我们能系统地分析这将给供给和需求带来什么影响，并将最终如何影响某商品或服务的市场价格。下一节我们将列举更多的例子，在此之前，我们先演示稳定的供给和需求曲线如何确定市场价格。

让我们把上面汽油市场的例子讲完。在下面的表 11.4 里，我们把整个市场的需求表和供给表综合到一起，并针对每一个假想的价格增加两项新计算：过剩和短缺。

表 11.4 汽油市场（星期二下午）

价格（美元）	供给	需求	过剩	短缺
7.00	270.0	14.5	255.5	0.0
6.50	270.0	15.0	255.0	0.0
6.00	270.0	16.5	253.5	0.0
5.50	230.0	17.0	213.0	0.0
5.00	210.0	17.0	193.0	0.0
4.50	180.0	20.0	160.0	0.0
4.00	155.0	20.0	135.0	0.0
3.50	130.0	21.5	108.5	0.0
3.00	110.0	34.5	75.5	0.0
2.50	36.0	36.0	0.0	0.0
2.00	10.0	44.0	0.0	34.0
1.50	5.0	53.0	0.0	48.0
1.00	0.0	57.0	0.0	57.0
0.50	0.0	57.0	0.0	57.0
—	0.0	57.0	0.0	57.0

在某一价格下，如果生产者试图出售的商品或服务数量多于消费者希望购买的数量，则带来**过剩**或**供大于求**。而在另一价格下，如果消费者希望购买的数量超过生产者想要出售的数量，则产生**短**

缺。综合起来看，供给量与需求量正好相等的价格就是**均衡价格**或**市场出清价格**。如果市场处于均衡状态，那么既没有过剩，也没有短缺。

在我们的例子中，汽油的市场均衡价格是每加仑 2.5 美元。这一均衡价格是由消费者和生产者两方面的影响压力导致的。在物理学上，桌面上静止不动的球处于均衡状态，这是因为向下的重力与桌子向上的支撑力互相平衡。均衡的意思是，一旦价格超过每加仑 2.5 美元，市场力量将迫使它下降。

例如，如果生产者认为星期二下午的市场价格将是 3.5 美元，那么他们计划出售 130 加仑汽油。但要是标价这么高，当天消费者的购买量加起来总共只有 21.5 加仑汽油。如果快客超市和“加满”油站的店主坚持标价 3.5 美元而不降低价格，结束营业时，将有 108.5 加仑汽油因销售不掉而过剩。（在不同价格下的）供给的定义是，如果每一个单位都能按照预想的价格销售，供给者愿意出售的总数量。加油站业主很快会意识到，他们错误地判断了市场——也就是说不能按照 3.5 美元的价格卖掉 130 加仑——因此他们将降低汽油标价并修改高标准的销售预计。[1]

相反，如果星期二下午市场价格碰巧低于 2.5 美元，那么市场力量将推动价格上涨。具体来说，店主会发现，顾客在低价格下想购买的数量超过生产者计划销售的数量。因此店主会提高标价，以赚

[1] 当然，在现实世界的各个市场中，价格存在不同程度的“滞后性”。如果有必要，加油站的牌示价格可以迅速变动，甚至每分钟都可能不一样。但在像房地产那样的市场中，通常价格的变化要慢得多。即使在“滞后性”高的市场上，也适用同样的原则。我们可以举更真实的例子，如卖房者发现要价太高，结果数月乏人问津，他们也一样要降价。

取更多的利润，并避免因提早关门让顾客空手而归的尴尬情形。

通过直观的论证，我们很容易看出来，汽油唯一稳定或均衡的价格为每加仑 2.5 美元。尤其是当我们假定的供给和需求表相当稳定的情况下，我们将看到实际市场价格为 2.5 美元，或非常接近 2.5 美元。在此价格下，生产者想出售的数量等于消费者希望购买的数量——在上例中是 36 加仑，即**均衡数量**。

如图 11.5 所示，在一般供给和需求图中，均衡价格和数量由两曲线的交点标出。在许多教科书中，分别用 $P*$ 和 $Q*$ 来表示。

我们也可以用一般供求曲线来表示过高价格带来的过剩（如图 11.6 中的 P^H 所示），和过低价格导致的短缺（如图 11.6 中的 P^L 所示）。过剩和短缺的程度用大括号标示。

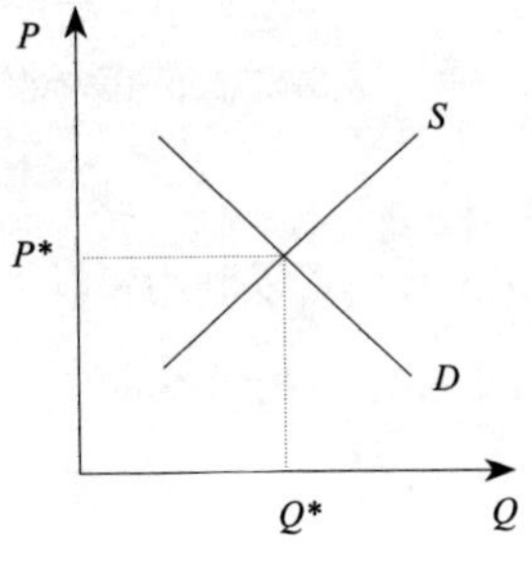

图 11.5　均衡价格和数量

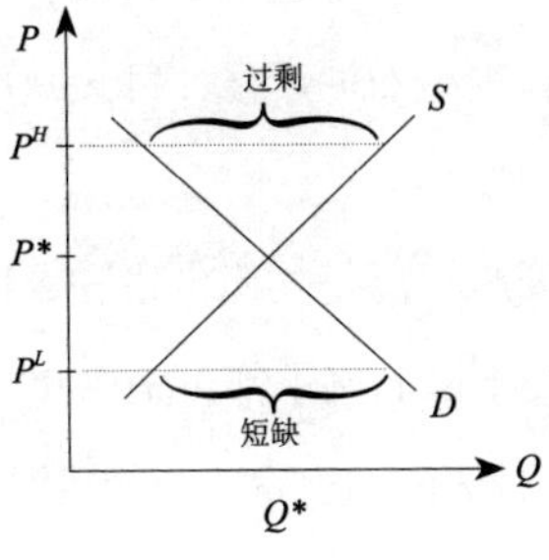

图 11.6　过剩和短缺

用供给与需求来理解价格变化

当人们试图分析一些事件对价格的影响时，未受过经济学思维训练的人经常会搞糊涂。例如，如果欧佩克国家宣布减少石油产量，那么包括报社记者在内的许多人都会说这样的废话：

“欧佩克的声明意味着石油供给的减少，这将抬高石油价格。然而，价格升高就会减少对石油的需求，这将降低石油价格。”

因此，我们似乎能得出一个荒唐的结论：欧佩克的宣布将同时提高和降低石油的价格。学会使用供给和需求工具来分析，你就能避免说这类傻话。首先我们考察两个供给面发生变化的例子，然后再看两个需求面变化的例子。我们将在第 5 例中讨论供给面和需求面同时发生变化的情况。

例 11.1 供给减少

让我们把上述石油市场作为第 1 例。假设欧佩克国家宣布，它们正在削减石油产量，每天减产几百万桶。这将对石油市场产生什么影响？

要想搞清楚均衡价格和数量的变化，我们可以利用一般供求曲线。接下来的例子都将采用此方法。我们先任意画两条曲线，用 P^* 和 Q^* 代表欧佩克宣布前的状况（见图 11.7）。

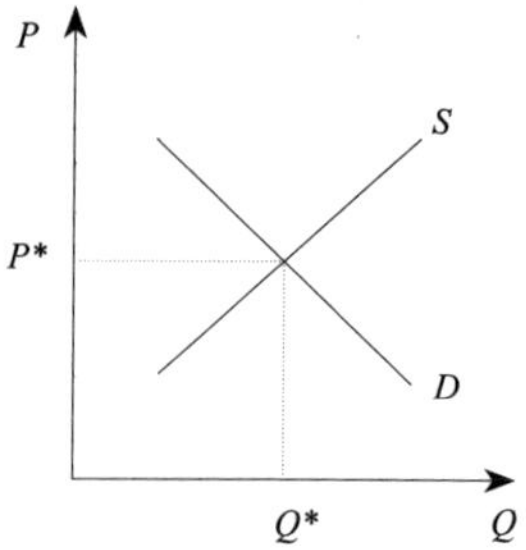

图 11.7 石油市场

现在，我们要研究欧佩克宣布石油减产所带来的影响。欧佩克的决定是影响供给曲线，还是影响需求曲线，或两者兼有？

显然，欧佩克部长们减少了石油供给。我们可以这样解释欧佩克的决定：“以前，我们依据不同的价格决定计划出售的石油桶数。现在，我们改变了主意，在每个给定的价格下，我们出售的桶数都将比之前少。”经济学家称之为**供给减少**或**供给曲线左移**。曲线移动这一术语的来历很简单：从图形上看，供给的减少表示为供给曲线向左移动。其实，真实情况是我们画了一条新曲线，而新的曲线看上去就像原来的曲线“移到了左边”。

在画新图之前，我们应该先问：欧佩克宣布减产是否会影响对石油的需求？回答这个问题要小心。当提到“需求”时我们要记住，需求是假定的价格和数量之间的关系，需求不是一个简单的数字。为了方便理解，我们回想一下需求表，那是一整张表。因此我们将看到，欧佩克宣布石油减产，肯定会影响均衡价格下购买的石油桶数，但这一宣布并不意味着需求被改变了。不，需求没有改变，绝大多数石油买主们并不直接关心欧佩克的产量。他们唯一关心的是——根据基本经济学原理得知，欧佩克的决定将影响石油价格。但是，至于买主的购买意愿，即由需求表所显示的各种假定价格下的购买数量，欧佩克的减产决定很可能不会产生任何影响。[1] 所以，在图 11.8 中，我们保持需求曲线不变。

如图 11.8 所示，供给曲线的左移导致石油的（均衡）价格升高，且（均衡）产量和购买量降低。准确地说，对石油的需求保持不变，但需求量下降了。可以换

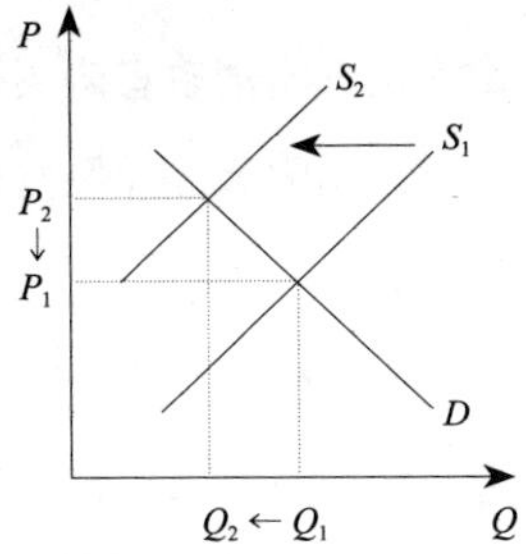

图 11.8　石油市场

[1] 现实情况可能很复杂，一些石油买家，尤其是投机者会根据石油未来的预估价格而购买储存。他们很可能因欧佩克的宣布而改变自己个人的需求表。然而，这一微妙的机制不在本章讨论范围之内。显然，欧佩克的宣布更可能导致供给曲线的移动，而不是需求曲线的移动。

一种方法解释这一关键点：我们只是沿着不变的需求曲线移动供给曲线。那个记者在这一关键问题上糊涂了，他混淆了需求曲线本身的移动与沿着需求曲线进行的运动，以至于得出结论：欧佩克的宣布将同时导致更高和更低的油价。

如上所述，准确地理解供给和需求的概念，能给我们带来很多益处。经济学家所做的是首先考虑一切可能左右生产者销售意愿的因素。这些因素非常多，包括天气、生产者对客户未来行为的预期，甚至包括内战的可能性，等等。然后，在整理出这一系列因素后，经济学家们假定每一个因素都不变，唯独让商品价格变动。供给表（或供给曲线）所描绘的是这一思想实验的结果，即保持所有其他影响因素不变，唯独让商品的价格变动。重复一遍，经济学家没有说商品价格是唯一能够影响生产者销售的数量的因素。但当经济学家构造供给表或绘制供给曲线时，他们保持其他所有影响因素不变，以区分价格变化带来的影响。

同理，需求表和需求曲线描绘出另一个思想实验：经济学家假定一切影响消费者购买欲望的因素不变，唯独改变价格。通过变动一个影响因素，并保持其他影响因素不变，经济学家就能制定对物品的需求计划。

当我们试图分析变动带来的影响时，要找出它属于哪一个类别，是影响生产者出售意愿的供给面因素？还是影响消费者购买意愿的需求面因素？或者两者兼有？让我们看另一个例子。

例 11.2　供给增加

假如风调雨顺，橘子大丰收，这将对橘子的价格带来什么样的影响？

好天气意味着农民的收成增加。因此，比起天气一般情况下的收成，他们在各种价格下愿意出售的橘子数也将增加。换言之，供给增加意味着供给曲线会向右移动。

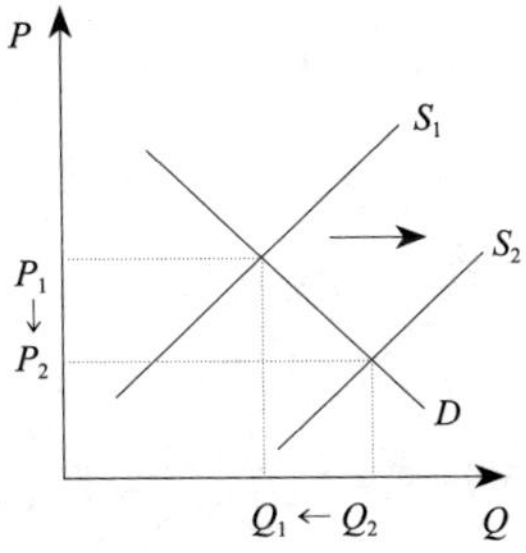

图 11.9　橘子市场

与此同时，天气不会影响消费者在不同价格下的购买意愿。实际上，好天气不会影响人们对橘子的需求。

如图 11.9 所示，在需求稳定的情况下，供给曲线向右移动，导致较低的均衡价格和较高的均衡数量。

例 11.3　需求降低

我们继续研究上面的例子，假设佛罗里达州的好天气带来橘子大丰收，如果苹果园今年的收成一般，这是否会影响苹果的市场价格？

佛罗里达州完美的日照和降水，不可能增加各大苹果园的产量，而且也很难判断增产的橘子将直接影响到苹果的供给表，所以我们假设供给保持不变。

但是，佛罗里达州的天气确实有可能影响消费者对苹果的需求。对于许多消费者来说，苹果和橘子的关系是**替代品**，这意味着两者都能满足消费者的最终目标——吃水果的欲望。[1] 当一种商品的价格下降时，对其替代品的需求也将下降。在我们的例子中，因果关系

---

[1] 另一种商品间的关系是**互补品**，互补品指一种商品与另一种商品相辅相成。例如，花生酱是果冻的互补品。如果保持其他影响因素不变，果冻价格的下降将增加对花生酱的需求。因此，互补品之间的价格和需求关系与替代品的情况正好相反。

是这样的：天气状况导致佛罗里达州橘子大丰收，这使得橘子的供给增加，但并不影响人们对橘子的需求，于是农民将降低橘子的价格。橘子的较低价格不影响苹果的供给，但却影响到对苹果的需求，从而使苹果的需求曲线左移。

这一点很微妙，初学者往往搞不明白这种经济学的思维方式。谨记当其他一切条件不变时，供给和需求曲线的变动才能改变商品的价格，而其他商品的价格也是“一切条件”之一。换句话说：苹果的价格变化并不影响对苹果的需求，我们仅仅是在沿着苹果的需求曲线移动而已。然而，当橘子的价格变化时，却会使苹果的**需求曲线左移**。

图 11.10 展示了一般情况下，**需求减少**而供给不变带来的影响。

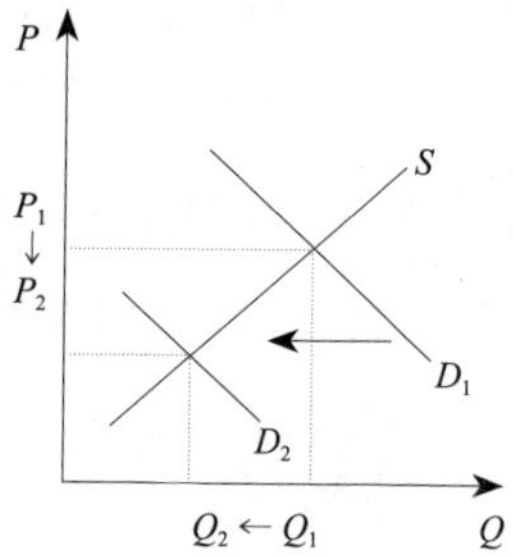

图 11.10　苹果市场

例 11.4　需求增加

假如电影明星罗伯特 · 帕丁森（Robert Patinson）搬进一间公寓，这将对公寓套间的租金价格带来什么影响？

这个例子分析起来很简单。公寓套间的供给不会变，因为套间的数量是固定的，房东不可能凭空变出套间出租，并且帕丁森租房这件事应该不会影响房东决定拿多少套间出租。另一方面，大量的消费者（主要是女粉丝们）渴望跟《暮光之城》的大明星住在同一栋楼里。他搬进这栋公寓将增加套间的市场需求（见图 11.11）。

图 11.11 的问题在于供给曲线的形状很奇怪。我们通过这个例子，不仅显示出需求增加的影响，而且展现了供给固定（不变）的

可能性。在典型的供给曲线下，需求的增加既提高价格又增加数量，但在我们的例子中，由于公寓的数量不能增加（至少短期内不可能），所以仅仅是价格提高了。[1]

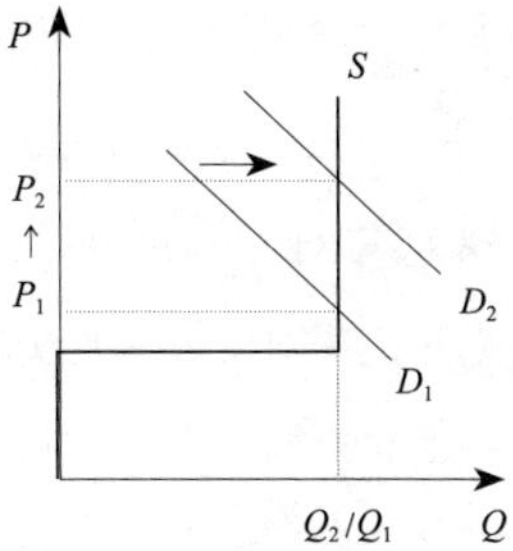

图 11.11　公寓套间市场

图 11.11 还显示出，如果价格跌得太低，房东就一套也不打算出租了；相反，他宁愿让房间空着，也省了被客户抱怨没有热水、派对喧哗等麻烦。不过，因为房东拥有公寓的目的是出租盈利，即使在相对较低的价格下，房东仍然愿意出租全部单元。

例 11.5　供给和需求同时变化

在前面的例子中，我们分析了供给和需求中仅有一方改变，而另一方不受影响的情况。但是，如果供给和需求两方面都受到显著影响，那将是什么情况？

例如，假设一个新出炉的医疗报告显示，经常接触皮鞋将严重威胁人的健康。这将对皮鞋的均衡价格和数量带来什么影响？

最终，这份新报告将造成皮鞋的供给曲线左移。[2] 如果企业家自己直接接触皮鞋，那么（因为害怕接触皮鞋）他每天经手处理的皮鞋数量将不再像以前那样多。即使他雇用别人来卖鞋子，也必须支付更高的工资，否则工人宁愿去做其他更安全的工作。高工资将

[1] 标准的经济学教科书通常会区分短期和长期供给曲线。我们不打算这样做，因为那将涉及更多的图形分析。

[2] 尽管在报告公布的那天，有可能多数皮鞋业主们受到刺激而不惜一切代价清空库存。技术上，这将使得供给曲线向右移动，但我们说最终供给曲线将左移。本课的重点放在长期情况上，考察那些在报告公布几个月后，仍然留下来继续生产和销售皮鞋的生产者。

提高卖鞋的开支，从而使供给曲线左移。

显然，医学报告也将大大影响人们对鞋的需求，使得需求（曲线）左移。在这种情况下，我们可以确定均衡数量将下降，但我们不知道将对皮鞋的均衡价格带来什么影响。向左移动的供给（曲线）将提高价格，但向左移动的需求（曲线），却会降低价格。只有引入确切的数字，我们才能确定哪方面的影响更大。一般来说，供给和需求的同时减少既有可能让均衡价格上升，也有可能使其下降（见图 11.12）。

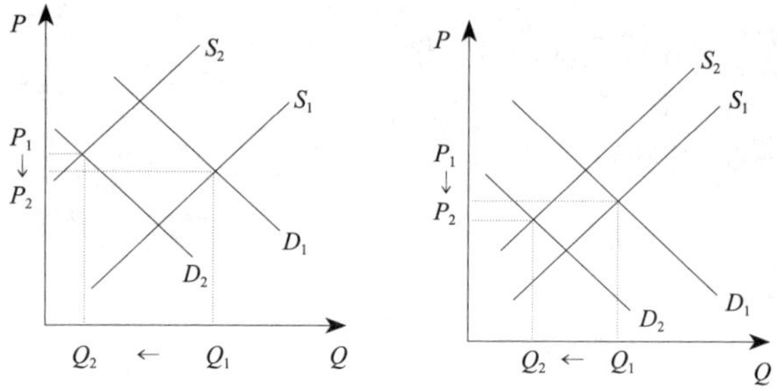

图 11.12 皮鞋市场

在课后练习中，你将考察供给和需求同时变化的各种组合方式。在每一种情况下，价格和数量中只有一方的移动方向可以确定，而另一方的移动方向却不能确定。[1]

[1] 换句话说，在给定的练习中，你将在以下几种情况中进行判断：（1）数量肯定会上升，价格的移动方向不确定；（2）数量一定下降，价格未知；（3）价格肯定上升，数量未知；（4）价格肯定下降，数量未知。

小　结

- 经济学家用供给和需求来解释市场价格，以及生产的商品和提供的服务的数量。供给与需求并不是“理论”，而仅仅提供一种思维框架，用来理解经济体系中的变化如何影响价格和数量的变动。
- 供给和需求表（图形或曲线图）说明了，假如保持其他一切影响因素不变，唯独改变商品的价格所带来的结果。重复一遍，供给和需求不是关于经济体系中什么在影响人的“理论”，而只是经济学家用来组织表达的一个框架。
- 供给定律是指，如果保持其他影响因素不变，价格上升将导致生产者愿意出售的数量增加，而价格下降会减少生产者愿意出售的数量。需求定律是指，如果保持其他影响因素不变，价格上升将导致消费者愿意购买的数量减少，价格下降会增加消费者愿意购买的数量。

术　语

需求：在某种产品或服务的各种假定价格下，每种价格与消费者愿意购买的总数量之间的关系。

需求表：用来阐明个人或团体的需求关系的一张表。

需求定律：保持其他影响因素不变，降低某商品或服务的价格将导致消费者购买更多的数量，而提高价格将减少消费者的购买数量。

需求曲线：对需求关系的图形化说明，纵坐标代表价格，横坐标代表数量。一般需求曲线画成光滑的曲线或干脆画成直线。需求曲线“向下倾斜”，意味着从左上角开始向右下方画。

供给：在某产品或服务的各种假设价格下，每种价格与生产者愿意出售的总数量之间的关系。

供给表：用来阐明个人或团体生产者的供给关系的一张表。

供给曲线：供给关系的图形说明，纵坐标代表价格，横坐标代表数量。有时，一般供给曲线被画成光滑曲线或直接画成直线。供给曲线“向上倾斜”，意味着从左下角开始往右上方画。

供给定律：保持其他影响因素不变，提高某商品或服务的价格将导致生产者出售更多的数量，而降低价格将减少生产者出售的数量。

过剩、供大于求：当实际价格高于市场出清价格时产生的一种情况，商品或服务的生产者想卖出的数量超过消费者想购买的数量。

短缺、供不应求：当实际价格低于市场出清价格时产生的一种情况，商品或服务的消费者想购买的数量超过生产者想卖出的数量。

均衡价格、市场出清价格：生产者想出售的数量正好等于消费者想购买的数量时的市场价格。从图上看，均衡价格在供给和需求曲线的交点。

均衡数量：均衡价格下，生产者想要出售的数量和消费者想购买的数量。从图上看，均衡数量在供给和需求曲线的交点。

供给减少、供给曲线左移：由价格以外的其他因素的变化导致的、生产者减少在每个可能的价格下的出售数量的一种情况。从图上看，这种变化会导致整条供给曲线左移。（类似地，当变化使得生产者增加在每个可能的价格下的出售数量时，将导致整条供给曲线右移。）

需求减少、需求曲线左移：由价格以外的其他因素的变化导致的、消费者减少在每个可能的价格下的购买数量的一种情况。从图上看，这种变化会导致整条需求曲线左移。

替代品：对消费者来说，用途相似的商品或服务。例如，如果有人去商店买汽水，那么他也许认为可口可乐和百事可乐互为替代品。一种商品的价格变动往往会引起对替代品需求的同方向变动。（可口可乐的降价，很可能导致对百事可乐的需求减少。）

互补品：消费者放在一起使用的商品或服务。例如，如果有人去商店购买准备野餐的材料，那么他也许会认为热狗和黄芥末酱是互补品。一种商品的价格变动往往会引起对互补品需求的反方向变动。（热狗降价很可能会导致对黄芥末酱的需求增加。）

思考题

1. 为什么说供给和需求永远不能被证伪？
2. 为什么说需求反映的是某个特定时刻下的状况？
3. 如何从个人的需求和供给表得出市场的需求和供给表？
4. 解释市场过程如何推动价格趋近均衡位置。
5. 如果供给增加但需求减少，均衡价格将如何变动？均衡数量又将如何变化？

第 12 课

利息、信用与债务

本课要点

- 利息在市场经济中的功能
- 常见的信用交易
- 债务的利弊

利息：关于时间

我们在第 10 课已经学习了，利息是还给贷款人的贷款金额中超出本金的那一部分。例如，某人借出 1 000 美元，一年后收回 1 080 美元，那么本金是 1 000 美元，赚得的利息是 80 美元。人们经常谈论的利率，就是用本金的百分比形式表示的利息，通常按年计算。在我们的例子中，这笔贷款的年利率是 8%。

关于利息问题以及如何解释市场决定利率，可以说是经济理论中最复杂的领域之一。本课中，我们只涉及基本知识。从本质上看，利息是与时间相关的。必须用利息来补偿贷款人，才能让他放弃现在的货币支配权，以交换在未来收回货币的承诺。从借款人的角度来看，他们之所以愿意支付利息去借款，是因为他们认为现在拿到货币（以及用这笔钱能买到的东西）更有价值，而不愿推迟到未来再购买这些东西。正利率是**时间偏好**的表现，时间偏好是指当其他情况相同时，人们期望能早点享用商品，而不想等到以后。

利率告诉我们的是，现在的 1 美元和未来的 1 美元的市场价格比率。显然，现在 100 美元的“市场价格”就是 100 美元。但是，如果一张啪啪作响、但一年后才能到手的 100 美元钞票（假设偿付是可靠的），那么它当前的价格应是多少呢？显然并不值 100 美元，除非极其特殊的情况，没人愿意用现在的 100 美元去交换 12 个月后同样的一张 100 美元钞票。我们知道在现实里，即使借款人的信用极佳，人们现在还是仅愿意支付少于 100 美元的货币，以换取未来偿付 100 美元的承诺。市场利率展现的是未来 1 美元的**折现**是多少，或者说当前 1 美元的溢价是多少。假设利率为 5%，也就意味着人们愿意现在支付 95.24 美元去换取一年后笃定到手的 100 美元。[1]

从某种意义上说，利率是货币间的兑换率——不过，这两种货币分别是“现在的美元”和“未来的美元”。通常，货币兑换率（**汇率**）显示的是，当前的 1 欧元或 1 比索（墨西哥货币）能交换多少当前的美元。而利率则表示在 2011 年的今天，需要多少美元去交换

---

[1] 你不妨验证一下：95.24 美元 ×1.05 ≈ 100 美元。

“2012 年的 1 美元”。

跨国公司需要使用汇率，来把各个账户换算成统一的货币计算单位。例如，某公司购买用人民币计价的由中国制造的部件，又在墨西哥用比索支付工人工资，把部件组装成制成品。最后，在美国销售并收入美元。那么，该公司的会计就必须将这三种货币换算成统一的货币单位（通常用美元），才能判断生意是否盈利。

同样，不同的时间期限或**到期日**的利率，使企业的记账能够掌握好几年（而非几个国家）的运营情况。公司如果在 2010 年从美国供应商那里购买原材料，到了 2011 年支付工资给美国工人处理这些原材料，最后于 2012 年逐笔销售掉成品。那么，企业会计不能忽略时间因素对这些不同收支的影响。2010 年购买原材料花费的美元和 2011 年支付工资的美元，它们的市场价值要高于 2012 年从客户那里赚的美元。因此，会计师必须折现后来赚取美元。市场利率能帮助人们适当折现，以便对 3 年的运营进行评估并判断：“我们赚钱吗？”

指出这一点很重要，利率越高，企业经营就越注重快速回报的短期项目。而对于一项生产周期长、在产出成品前必须投入多年的劳动力和原材料的经营，利率越高则越显得无利可图。因为长期运营需要企业家持续地投入金钱，而他期待的回报却在遥不可及的未来。利率越高，对长周期的“罚款”越大，市场也越鼓励企业家快速把资源转换为最终产品，以提供给顾客。

从另一方面看，低利率为企业家进行长周期的生产过程开了“绿灯”。我们假设原材料和最终产品的价格不变，一个在高利率下亏损的项目，却有可能在较低的利率下有利可图。利率像其他所有市场价格一样，引导企业家有效率地投资有限的资源。

储蓄、投资与经济增长

回忆一下第 10 课的内容，我们学习了储蓄的增加如何促进投资和经济增长。现在我们已经准备好，来看市场利率是如何在这一过程中起作用的。

首先，假设初始利率为 8%。我们可以利用第 11 课中讨论的供给和需求曲线，来说明**可贷资金市场**初始的均衡利率（见图 12.1）。

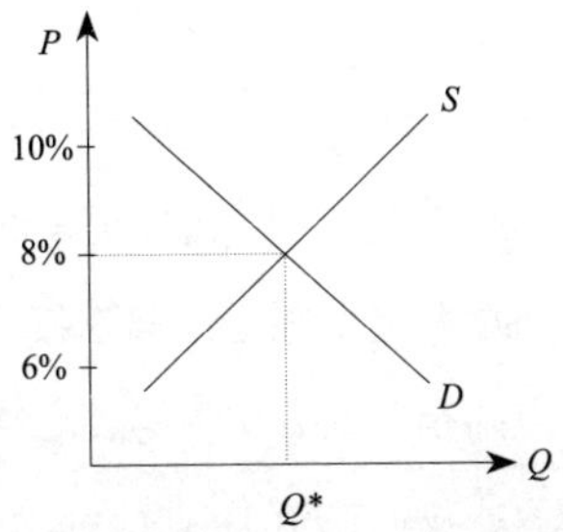

图 12.1 可贷资金市场

请注意，图 12.1 中的 *Q* 轴表示借款（需求）和贷款（供给）的总金额。*P* 轴表示贷款的价格，即利率。有人认为，利率是货币的价格，但这种说法并不准确，其实利息是借款的价格。在我们举的例子中，借款期为期一年的 100 美元的价格是 8 美元。当借款人偿还贷款的本金时，还需要额外支付 8 美元酬金。

当借款的总需求量（总金额）等于贷款的总供给量（总金额）时，产生均衡利率。如果利率过高，那么贷款人愿意出借的金额将超过借款人想借入的金额（若其他条件不变，利率越高，贷款人想出借的金额越多，而借款人想借入的金额越少）；反之，如果图 12.1 中的利率低于 8%，将造成可贷资金短缺，借款人想借入的总金额将超过全部贷款人愿意出借的总金额。如供给和需求曲线所示，只有利率处于 8%时才能产生均衡，此时贷款人愿意借出的金额正好等于

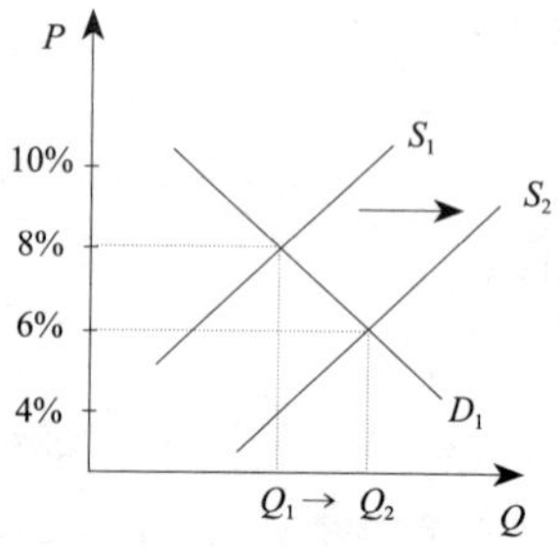

图 12.2 可贷资金市场

借款人希望借入的金额。

如果社会上大多数人决定增加储蓄，那么情况将发生什么变化？在每一个假定的利率（价格）下，供给者愿意提供更多储蓄资金给市场上的借款人，因此我们利用供给和需求的框架分析，用可贷资金的供给曲线右移来说明这一变化。社会上的储蓄意愿增加将导致利率（贷款的价格）下降到 6%，并增加借贷总金额（见图 12.2）。

现在，我们可以更全面地了解第 10 课讲述的过程。当社会上的储蓄普遍增加时，利率将下降，并带来更多的可贷资金总额。低利率向企业家发出信号，现在，从事生产周期长的项目将变得有利可图。我们在第 10 课已经学过了，当社会上的人们都减少当前消费，包括去餐厅吃饭、度假、购买电子产品等开支时，这种节俭行为释放了物理资源，让资源可以更多地投向机械、工具等资本品生产，并将最终增加未来的产出。现在我们看到了市场利率在这一过程中发挥的重要作用：利率帮助企业家们适应顾客新的偏好，并指引企业家调整生产结构，以面向未来生产。

常见的信用交易

在一笔简单的**信用交易**中，交易的一方出让自己储蓄的货币，以换取未来某个日期以特定方式或分期逐笔向另一方索偿的权利。[1]

在本节讨论的例子里，信用交易不创造货币，只是把货币从一个人手里转到另一个人手里。[2] 购买一包口香糖的交易不会创造货币，买者只是在用货币交换口香糖。同理，简单的信用交易并不创造货币——出借者付出货币换回借款人开立的一张借据。这一点与许多人的观念不同，从本质上看，信用交易起不到“抬高价格”的作用。借款人确实能够超前消费，但此时贷款人必须相应地节制消费。还款时，借款人为了偿付本金和利息必须节制消费，而还回去的钱给了贷款人更多的消费能力。

债券

公司如果想借钱，可以发行债券。**债券**是一种具备法律效应的索取权，允许持有人从债券发行人（即公司）那里按期获得现金偿付。“发行”债券没有什么神秘的，它不过是一套标准化的合约，被公司用来向社会大众借钱而已。“购买债券”的人所做的，仅仅是按债券的价格借钱给公司，换取公司的正式承诺：定期支付利息并最终归还本金。

银行

要是个人想借钱的话，可以和不同的贷款人协商，但在多数情

[1] 如果商家允许顾客“赊账”购买商品，则这笔交易可以分解成两个独立的事件：首先，商家按照条款把钱借给客户；然后，客户用借来的钱从商人那里购买商品。

[2] 近代以来，大多数国家的政府都建立了**部分准备金**制度，这使得银行在贷款时确实能创造货币。这个主题很复杂，我们不在这本基础程度的书里讨论。

况下，借款人会接受银行这样的**信用中介**服务。**银行**是市场上最终贷款人与借款人之间的中介。首先，**储户**把钱借给银行并赚取存款利息，此时银行的角色是借款人；然后，银行把这些资金贷款给向市场上需要借款（并愿意支付更高利率）的人。

运作成功的银行能在**存贷利差**上赚到足够的钱，以支付给工作人员或作为其他开支，并为经营银行业务的企业家赚取收入。银行能持续保持这种存贷利差的主要原因之一是各个借款人的**信用风险**程度不同。

如果有一对年轻夫妇想申请 20 万美元**按揭**贷款买房。最终，他们的借款对象将是无数储蓄者。但如果他俩挨家挨户敲门，试图寻找 200 个愿意借钱的人，并与每个人签署 1 000 美元的贷款合约，很可能找不到几个愿意签的人，即便真有个别人愿意，利率也将极高。问题在于个人储蓄者并不了解这对夫妻，即使他俩勤劳可靠，万一碰到裁员或得了重病，也很可能会出现贷款**违约**。

现在我们明白了银行的信用中介功能。因为银行比个人借款者更安全可靠，不太可能一下子损失掉所有储蓄，所以人们才愿意把钱存入银行。因此，他们愿意接受的存款利率远远低于向那对想买房的夫妇索要的利率。另一方面，银行能够借钱给这对夫妇，是因为他们有专家去评估该夫妇按时还款的可能性。银行发放按揭贷款的对象不只是这一对夫妇，而是成千上万的购房者，从而降低了违约贷款造成的损害。只要银行能够正确评估不同借款人的信用风险，就能够承受预期的**债务拖欠**和违约账款，将坏账纳入经营成本。银行在各项按揭和其他贷款合约中收取不同利率，这种利率差已经反映了借款人各自的风险。

储蓄者通过银行这样的信用中介向借款人放贷，便可以通过银行集中管理风险，并均匀地分散风险。假设最终有 1% 的按揭贷款违约，那么损失不会仅由那倒霉的 1% 贷款人承担，银行不会让他们丧失全部积蓄。相反，如果银行的风险防范工作得当，按揭贷款违约的损失将均匀地分散给全部存款人，因此违约损失反映在储蓄利率一定低于最终借款人支付的贷款利率这一事实上。

信用卡

当今流行的一种信用交易形式是**信用卡**。假设一位顾客去商场购买一双鞋，然后在收银台前刷信用卡结账，那么实际发生的情况是：信用卡发卡机构付钱给商店，然后在顾客的账户上记录一笔贷款。信用卡交易与上面讨论的其他交易一样，也不创造新货币。原则上，这笔交易相当于一名信用卡公司的代表走进店里，把钱交给顾客并让顾客签单承诺还本付息，接下来，顾客再把刚借来的钱付给店员买东西。我们熟悉的刷信用卡消费，其实只是方便了交易过程，让人们可以在几秒钟内执行这两个烦琐的步骤。

信用卡公司放贷时同样要小心谨慎。对于申请信用卡的人，发卡机构将审查**信用记录**来判断申请人归还欠款的可能性，有些公司专门从事收集借款人的债务和还款记录的工作，并把每个申请者的信用评分出售给贷款机构，使贷款机构更容易判断出借款者能否按时还款。那些“信用好”（**信用评分**高）的申请人被认为是负责任的，信用卡公司相信他们能还清信用卡的欠款。另一方面，如果申请人早已积欠高额债务，并有拖欠还款记录，他将被评为“信用不良”（信用评分低），其申请很可能不被批准，即使获批，**信用额度**

也较低。具有讽刺意味的是，如果某人从未使用过信用卡或从未借过钱，反而很难申请到较高的信用额度，因为发卡机构没有历史记录可循，无从得知申请人会如何对待债务。

债务的利弊

也许有人会警告大家“永远别欠债”或者“没钱你就别买”。的确，这一警告中蕴涵着真理，许多人作证说无节制的信用卡债务毁了他们的生活。在自由市场中，如果消费者自愿刷信用卡消费，那么他当时一定认为立即购买的收益高于日后连本带息偿付的成本。而事后，人们往往会后悔自己当时的自愿选择，因此，批评者针对的是借债消费者的不明智举动。

消费信贷分两种——**抵押贷款**与**无抵押贷款**，两者之间有很重要的区别。抵押贷款背后有**抵押物**担保，往往是用贷款购买的东西。典型的例子包括用房屋（和土地）作为抵押物的住房按揭贷款，以及用汽车作为抵押物的汽车贷款。尽管这些也是信用交易，但如果我们因此获得了一项有价值的资产，那么将改变我们对负债的看法。例如，如果有人借了1万美元用来乘坐豪华邮轮，那么日后除了美好的回忆外，什么也没留下。而如果他借了1万美元买来一辆新车，那么日后一旦境况变坏，他完全可以把车变卖，并还清大部分债务。[1]

---

[1] 严格地说，抵押贷款与无抵押贷款的形式并不一定与借贷行为的类型吻合。例如，有人可以用自己买的车去申请抵押贷款，然后拿这笔钱乘邮轮度假。另一方面，牙医也可以刷个人信用卡去给办公室接待员购置新电脑。这类情况不会改变问题的本质，一旦欠下高额无抵押贷款，人的信用记录将会变糟，因为贷款缺少资产的“支持”。

生产性债务是指企业家为扩大生产经营而负担的借债。我们举个典型例子来介绍一下什么是生产性债务。例如，某大型企业计划发行 1 000 万美元债券，以资助建设一家新工厂。如果计划进展顺利，那么该公司能从社会上的储蓄者手里借来 1 000 万美元，用于采购原材料、购买设备和雇用工人。等到新工厂投产运营后，公司的总收入会增加，使得公司可以拿出一部分的盈余，定期支付利息给债券持有者，最终偿付全部本金。从许多方面看，债务仅仅是企业筹资的方法之一，另一种方法是发行股票，我们将在第 14 课探讨股票这一主题。

个人也可以利用生产性债务，比如，申请贷款来完成大学的学业。生产性债务的基本特征是用借来的钱投资，以提高借款人未来的收入，从而负担得起贷款。

小　结

- 在市场经济中，利率帮助协调生产者投资项目的周期长短，以满足消费者消费意愿的缓急。如果人们缺乏耐心，那么利率会很高，生产者将相应地投资于短期项目。如果人们愿意通过储蓄来推迟一时的满足，那么利率将变低，使得生产者可以投资于较长期的项目。
- 常见的信用交易包括公司发行债券、买房者向银行按揭贷款，以及个人刷信用卡付账等。
- 债务有利弊两面。从正面看，借债使得借款人能够提前消费。但从负面来看，高额的债务负担迫使借款人多支付利息（或称“信贷费用”)，这也就减少了未来可用于享乐的收入。用借来的钱投资，而不是用于一时享乐，这样的负债被称为生产性债务。

术　语

时间偏好：人们偏好更早而不是更迟消费的程度，衡量人们对于享乐的急切程度。

折现：单位货币因为未来才能到手而减值的百分比。

汇率：以一种货币表示的另一种货币的价格，或一种货币单位与另一种货币单位的兑换比率。

到期日：一笔贷款的期限和利率条款。（贷款与其相应债券的到期日有长有短。）

可贷资金市场：贷款人以商定的利率向借款人提供资金的市场。

信用交易：交易的一方现在出让某物（如货币），而另一方承诺在未来归还。

债券：公司发行的具有法律约束力的欠条，承诺向持有人还本付息。购买债券的人借钱给公司，希望在未来连本带利收回。

部分准备金银行制度：一种银行不保存全部客户存款的惯例。换句话说，银行的全部客户存款余额高于金库里存放的全部现金。

信用中介：贷款人与借款人之间的中介，既可以是个人也可以是组织。

银行：公共信用中介，银行从形形色色的出借人手里吸收存款，并放贷给各式各样的借款人。

储户：把钱存进银行的人。

存贷利差：信用中介机构（如银行）在吸储与放贷之间赚取的利率差额。只要信用中介机构正确估计借款人违约的可能性，就可以利用正的利差从经营活动中赚得收入。

信用风险：借款人无法偿还贷款的可能性。

按揭：一种用于购买房屋或其他不动产的特殊类型的贷款。通常用购买的物业作为贷款抵押物。

违约：借款人停止偿还贷款。

拖欠债务：借款人因没有按时还款给银行，结果丧失良好的信誉。

信用卡：一种让借款人购物时，能立即从信用卡公司获得贷款的设备。

信用记录：一个人借款和还款行为的记录。

信用评分：机构根据信用记录给人评出的一个分数，可以帮助潜在的贷款人评估贷款风险的大小。

信用额度：一个人可以从预先批准的资金来源（如信用卡）中借到的最高金额。

抵押贷款：为防范借款人违约，用资产（如房子、汽车等）作为抵押品担保的贷款。对于借款人的好处是，抵押贷款的利率低于同类型的无抵押贷款。

无抵押贷款：没有抵押物担保的贷款。如果借款人违约，贷款人将无计可施。无抵押贷款对借款人的好处是，如果发生违约，其名下的其他资产不会被扣押或收回。

抵押物：借款人申请贷款时提供的一项资产。如果借款人违约，贷款人可以占有抵押物作为补偿。（例如，如果借款人缺钱购买房屋或汽车，那么可以抵押这些标的物以获得借款，如果借款人未能按期付款，贷款人可以占有房屋或汽车。）

生产性债务：用于投资的债务。理想的情况下，投资赚取的收入能够支付负债带来的利息支出，这样，生产性债务就变得“入能敷出”。

思考题

1. 为什么第一节的标题是“利息：关于时间”？

*2. 利率和货币兑换率之间的联系是什么？

3. 为什么低利率为生产周期长的项目开“绿灯”？

4. 信用交易中交换的对象是什么？

5. 什么是生产性债务？

第 13 课

盈亏计算

本课要点

- 利息与利润的区别
- 盈亏计算的社会功能
- 盈亏计算的局限

盈亏指导企业家

我们在前面的课程中学习了市场价格如何引导市场经济中每个人的行动。例如，如果突发寒流造成橘子大减产，那么供给的骤然下降会导致橘子和橘子汁的价格上涨，[1]结果将使消费者少买橘子和

[1] 我们的说法不太严谨。从技术上看，价格上涨并不是寒流造成的，实物供应的减少并不会造成价格上涨。准确地说，真正的原因是寒流改变了橘子生产者的处境，导致他们的主观评价发生变化，而市场上买方的主观评价并没有变，买卖双方的主观评价相互影响，从而提高了均衡价格。不过，“供给减少导致价格上涨”这样的说法显然更省事儿。

橘子汁。另举一个例子，如果越来越多的人希望拥有整齐漂亮的牙齿，那么对牙齿矫正器的需求将会上升，最终将导致更多的学生选择口腔矫形专业。[1]市场价格就像信号灯，反映着物质世界和人们主观偏好的内在变化，让人们能够根据新的情况调整自己的行为。

企业家并不在意价格的绝对值，他们关心的是价格的差异。具体来说，企业家要估算购买材料和生产要素的金额（雇用工人、买原材料、付电费等），接着他们要预测制成品和服务的销售能带来多少总收入。简而言之，企业家要判断他们拟定的计划是盈利还是亏损，他们的计算要考虑到当前和未来的市场价格。

一般来说，企业家愿意经营货币利润高的生产活动，并力求避免那些亏损的项目。在公开竞争的市场经济中，随着时间的推移，企业家将根据情况调整经营活动，因为货币利润或亏损都趋于逐渐减少。当一项生产活动利润可观时，越来越多的企业家纷纷涌入，他们竞购必需的生产要素，从而造成要素价格上涨，但制成品和服务的供给增加却使得消费者支付的价格下跌。两者的价差产生边际利润，一开始边际利润很高，随后趋于缩小，货币利润也就随之消失。

如果经营亏损连连，则情况正好相反。新的企业家会对这一行避而远之，而原本从事这一行的企业家，要么缩减业务规模，要么转而生产其他产品。企业家对生产要素的总需求减少，从而导致生

---

[1] 这些例子和前面的章节一样，应当理解成对趋势的描述；只有在其他条件不变的情况下，才会真正按照趋势变化。如果在橘子供给减少的同时，正好出台了新的研究报告显示橘子汁会致癌，那么，最终橘子汁的价格很可能不升反降。另一方面，尽管口腔矫形师的收入随着矫正器需求的上升而增加，如果一部流行电影把这一行拍得肮脏又郁闷，选择干这行的学生反而可能越来越少。

产活动中的劳动力、原材料和其他物品的价格下跌。另一方面，制成品和服务的供给减少，使得消费者支付的价格趋于上涨。制成品价格上涨、生产要素价格下跌的过程一直持续，直到留下来继续经营的企业家不再亏损为止。

利息与利润

我们已经解释了，当企业家在计算经营是否盈利时，他必须考虑各种生产要素的价格。举例来说，如果他经营一家生产电视机的工厂，他必须考虑：（1）付给一线工人的工资；（2）采购金属和塑料材料的价格；（3）付给电力公司的电费。只有当销售电视机的总收入足以支付这些开支时，他的生意才有利可图。

然而，我们忽略了一项在所有长期经营中非常重要的“生产要素”：投入的金融资本以及这项投资的“价格”——支付的利息。要想了解利息支付这一因素如何影响盈利，让我们举个简单的例子。

假设某人在 1 月份花 10 000 美元买了一块土地来栽培圣诞树苗。土地的新主人没有其他任何开支，唯一要做的就是等到 12 月份以平均每株 30 美元的价钱出售总共 100 株长大的圣诞树。当圣诞树全部卖出后，这块空地还能卖 7 300 美元。企业家卖树和卖地的总收入是 3 000+7 300=10 300 美元，这当然要大于一开始投资的 10 000 美元。但我们可以据此推断这笔圣诞树生意赚钱吗？

在回答这个问题之前，我们需要考虑圣诞树企业家支付的利息。举例来说，如果原先买地的 10 000 美元是她以 5% 的年利率向别人借来的，那么她实际上在这笔生意中亏了钱。她用手头上的 10 300

美元还债的时候，发现自己还欠 200 美元。[1]

即使这位圣诞树企业家用的是自己的存款，大多数经济学家仍然会说，如果其他投资项目能够带来比种圣诞树更高（且风险更低）的回报，那么这桩生意她就“亏”了。假设她在一月份拿出 10 000 美元积蓄，购买为期 12 个月、回报率为 5％的企业债券——如果她认为这笔投资至少跟种圣诞树一样“保险”的话——那么从某种意义上说，投资于圣诞树苗的生意让她少赚 200 美元。但是，因为在企业债券上丧失的 500 美元利息仅仅是机会成本，并不是真正付出去的开支，所以在这种情况下，货币性亏损不会出现在会计师出示的正式账本上。

我们在第 12 课学到，人们通常认为现在的美元比将来到手的美元（或其他货币）价值更高，也就意味着利率是正值。在讨论竞争及其对边际利润的影响时，我们必须牢记这一点。即使从长期来看，企业家出售产品和服务的总收入与劳动力、原材料等生产要素开支的差距，也是无法被竞争完全消除的。这是因为，我们称为**毛利**（或**会计利润**）的其中一部分，必须用以支付投入这笔生意的金融资本的利息。当我们说“利润高的行业吸引众多的企业家”的时候，准确地说，是指**净利润**（或称**经济利润**）高的行业。计算净利润则要把资本的隐性利息支付看作一种经营要素，并在计算时予以扣除。[2]

---

[1] 其实，如果她能在 12 个月到期前偿清多数贷款，那么利息开支将会低于 500 美元。我们忽略这种较复杂的情况。

[2] 大部分经济学家在计算净利润（经济利润）时，也会从毛利（会计利润）中扣除企业家“付给自己”的薪水。但在圣诞树的例子中，我们假设土地的主人只要等待 12 个月后圣诞树成熟，其他什么工作都不用做。

盈亏计算的社会功能

许多幼稚的市场观察者轻率地认为，关注盈亏底线完全是一种武断的社会习俗。在这些批评者看来，如果因为企业主认定利润已经最大化了，一家制药厂或者童鞋厂就得停止生产，那是不合情理的。明明有物质条件去生产更多的阿司匹林或更多童鞋，但老板却因为这样做会“赔钱”而不允许。另一方面，因为有利可图，市场经济却每天都在生产过剩的新奇小玩意和不必要的奢侈品。观察者对这样的市场体系感到愤怒，他们提倡一句口号：“不要贪图利润，要为人民生产。”

这些批评者没有看到的是，对于市场经济的参与者来说，盈亏计算是不可或缺的。无论在什么样的社会体系下，令人遗憾的事实是，物质世界总是稀缺的——没有足够的资源来生产人们想要的全部商品和服务。正是因为稀缺，每一个经济决定都涉及取舍。如果用稀缺的资源投入生产更多的阿司匹林，那么就一定会减少可用于生产其他商品的资源。“生产更多的药品，会不会让世界变得更好？”，仅仅这样问是不够的。应该这样问：“如果为了生产更多的药品而减少生产其他的商品和服务，会不会让世界变得更好？”

在标准的初级经济学教材中，通常这样定义**经济问题**：社会如何分配稀缺资源去生产商品和服务。但在现实中，“社会”并不能做出任何决定，决定是由一个个的社会成员做出的。正是这些个人决定之间的互动，决定了人类所有可支配资源的最终命运。在本书的这一部分，我们学习纯粹的市场经济。在纯粹的市场经济中，私有财产权是具体的资源分配所有权，社会中的每一个人都遵循私有财产的规则。在这样的背景之下，人与人的自愿交换形成了市场价格。价格又反过来指引企业家，让他们能够计算各种可能的经营活动的（预期）盈亏。财产所有者在自愿交换的互动过程中“决定”生产哪些商品和服务，而由市场价格提供的信号以及由此产生的盈亏计算帮助财产所有者了解情况并做出决定。

也许，让我们后退一步综观全局会有所帮助。企业家向劳动力、资本品以及自然资源的所有者支付货币，然后利用这些要素来生产商品和提供服务，再出售给消费者以收回货币（见图 13.1）。

顾客永远是对的

市场经济制度下，消费者才是真正的老板。正是他们的买还是不买，决定了谁拥有资本、谁来经营工厂。他们决定应当生产什么、生产多少和产品的质量。他们的态度决定了企业家是盈利还是亏损。他们让穷人变富，让富人变穷。他们可不是容易迁就的老板。他们充满奇思异想、反复无常并且难以预料。他们丝毫不念旧情，一旦得到更喜欢的东西或更便宜的价钱，便立刻抛弃之前的供货商。

——路德维希·冯·米塞斯：《官僚体制》，第 227 页

如果一家企业“关门倒闭”，这最终意味着，消费者不愿意为购买它的产品付出足够的钱，企业家负担不起必须支付的开支去竞争稀缺的生产要素。

为了具体理解这一原理，让我们来看一个“可笑”的例子。假

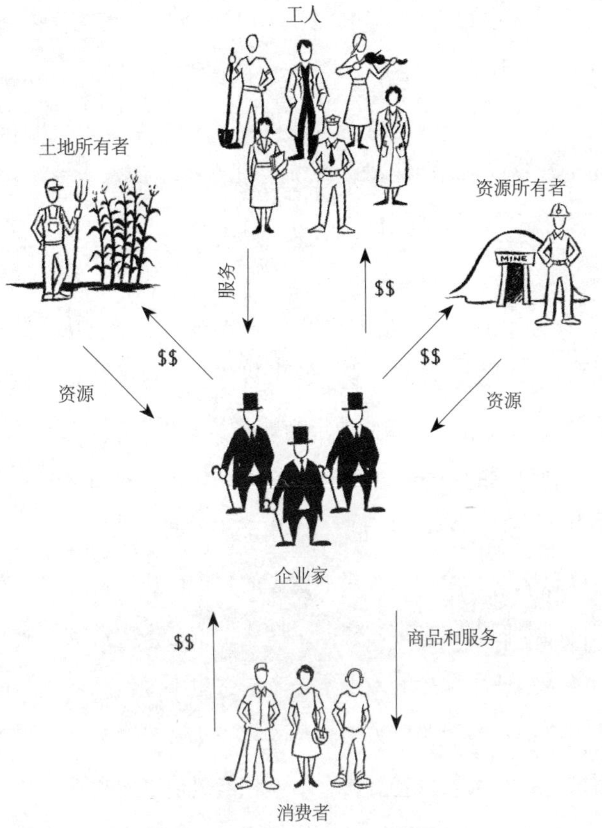

图 13.1　综观全局：企业家购买生产要素，为消费者制造商品和服务

设一个成功的建筑商人去世了，生意传给了他的蠢儿子。蠢儿子想到一个主意，要建造用纯金装饰的公寓楼。他估计人们对电梯、走廊还有厨柜都镀金的公寓会有很高的需求。事实上，它在同等地段的月租金要比普通公寓高出一大截。

当然，故事并没结束，尽管蠢儿子的总收入的确非常高，但他的生产费用却是天文数字。除了劳动力、木材、水泥等物品之外，他还必须花费数亿美元购买大量黄金。会计师告诉他，虽然总收入有所增加，但因为镀金的开支，他正遭受难以置信的巨额亏损。除非蠢儿子赶紧变得聪明起来，否则他将败掉全部家当。无论如何，他的镀金公寓项目都撑不下去了。

如果我们采访这位蠢儿子，问他到底发生了什么，他大概会说："在我这行生意中用金子太贵了。"不过请注意，并不是所有的企业家都这样认为。毕竟，黄金之所以昂贵，是因为其他买家愿意支付如此高的价格。比如，珠宝商购买黄金用以制造项链和耳环，他们是有利可图的，牙医用黄金来作填充物也是有利可图的。没有哪个珠宝商会说："在我这行生意中用金子太贵了。"

可以这么说，盈亏系统将消费者的欲望传达给资源的所有者和企业家，而他们据此决定往哪条生产线上输送多少资源。最终决定在市场经济中使用黄金的人既不是金矿主也不是什么产业领袖。相反，是由消费者的消费决策来决定的。消费者对镀金公寓和普通公寓的需求之差，与消费者对镀金项链和镀银项链的需求之差，这两者的共同作用决定了荒谬的镀金公寓项目注定亏本，而镀金项链却是完全合理的。

盈亏检验提供了自由企业制度的架构。人们可以自由地创立新企业，并向任何人出售他们拥有的资源（包括自己的劳动力）。在以私有财产权制度为基础的市场上，当企业家把一定市场价值的资源转化成为市场价值更高的产品（或服务）时就会产生利润。不可否认的是，盈利的企业家在为经济体中的其他人服务，这一活动意义非常重要。如果没有盈亏计算的信息反馈，企业家无从得知生产中耗费的资源是否能被经济的利用。

利润的社会功能

在自由的经济中，工资、成本、价格在竞争的市场上自由浮动，获利的前景决定了生产什么、生产多少，以及哪些东西完全不会被生产出来。如果某种产品毫无利润可言，则表明用于生产这一产品的人力和资本被误导了：生产中消耗的资源价值高于产品的价值，因而得不偿失。

简而言之，利润的一大功能是引导生产要素的流向，根据需求来安排无数种商品的不同产出。无论哪个政府官员，也无论他多么才华横溢，都不可能独断专行地解决这个问题。

——亨利·黑兹利特：《一课经济学》

（纽约：皇冠商业平装版，1979年），第161～162页

盈亏计算的局限

盈亏计算并不决定市场经济中人们的行动，而仅仅起引导作用。会计准则是一种思维工具，就像基本算术一样。小学生都被要求背诵九九乘法表，但多数人都会意识到，这些“规则”一点强制性都没有——它们无非是用于表达现实世界客观真理的一种便捷方法。成年人当然大可以把乘法规则抛诸脑后，然而这样的人恐怕很难生

活下去。如果有太多的人决定不再“相信”算术，人类文明将随即崩溃瓦解。

同理，企业家（或他们的会计师，以及为他们设计商业软件的程序员）必须掌握编制资产负债表与损益表的正确方法，以判断企业是否盈利。这些技术手段并不是强制性的，它们既表现出物质世界的真相，也包含人的（主观）偏好。只要企业家愿意，他可以选择无视财务报表，但他的生意不会长久。如果有太多的企业家走上这条路，那么大饥荒就离我们不远了。

尽管算术与财务会计这些思维工具极其重要，但它们的用处是有局限的。年轻的学生们要学习的功课远远不止数学——根据各自的背景，他们可能还得背诵十诫，阅读亚里士多德或者学习法国革命史，才能成为负责任的社会成员。算术（或一般所说的数学）能够指导人们的决定，但很明显，它的帮助仅仅局限于知识的范畴之内。

财务会计与盈亏检验也具有同样的局限。市场经济中的企业家并不像奴隶一般追求利润最大化。一家商店的老板可以从圣诞夜到过完新年都关门停业，而选择与家人一起欢庆佳节。企业家也完全可以为老年人提供优惠，或者做慈善事业救济穷人。这样的决定绝非“不经济”或“效率低下”。

然而，至关重要的一点是，财务会计能够让企业家们意识到这些决定的代价有多高。电影院的老板多半不愿意在节假日关门，原因很简单，因为节假日的生意肯定很火爆。[1]在利润动机的“驱使”

[1] 当然，电影院老板很可能雇人管理剧院，自己则回家度假。在这种情况下，我们要明白为什么雇员会觉得“有利可图”而宁愿加班，也不愿意回家过年。

之下，一些商家甚至大过年都得工作。这一事实看似可悲，然而这不过反映出了有那么多的消费者喜欢节假日去电影院。

从社会制度的角度来看，私有财产权（及其衍生出的市场价格和盈亏计算）提供了经济活动的连贯性，因此对人类极其有利。承认这一事实并不是说“利润就是对的”。例如，许多消费者愿意花大把的钱买不道德的东西，生产这些物品或服务带来的利润并不能消除他们的道德缺陷。经济学并没有说“如果暴力电影最赚钱，电影制片厂就必须制作暴力电影。”在现实中，很可能企业家确实进入一个行业，并生产那些能赚取最高利润的东西，但严格来说，经济科学并没有要求企业家一生致力于尽可能多地赚钱。

很多人认为某些盈利的经营项目不道德，但即使在这样的情况下，问题也不是出在追求利润的动机上，消费者对不道德目标的需求才是问题所在。举例来说，确实有大量耕地被用于种植烟草，而不是栽培西红柿。但最终“强迫”农民种烟草的，不是资本主义制度，而是那么多愿意花钱买香烟却不买沙拉的消费者。批评这种不道德经营的人，他们真正反对的，不是私有财产本身，而是吸烟者的自愿选择。

美好的生活是丰富多彩的，并不只有赚钱这一项，金钱并不是万能的。然而，市场经济中形成的货币价格，让人多长一个心眼，让人们在我行我素时能够意识到自己在多大程度上无视了别人的意愿。

小 结

· 利息是把储蓄借给别人或投资于一个项目的正常回报，即投资项目的普遍回报。经济利润是企业家从一个项目上赚取的额外回报，即超出同类项目正常利息回报的那部分。

- 盈利和亏损指导企业家把稀缺的资源用于更好地满足顾客的偏好。如果一项经营有利可图，那么这就是一个信号，它表示企业家正在把资源转变成价值更高的商品和服务。而如果企业家赔钱，那就是另一个信号，它表示消费者不愿意让资源继续耗费在亏损的经营项目上。他们宁愿企业家把资源转投其他项目，以创造出更有价值的商品和服务。
- 盈亏计算只能反映经营活动的货币层面。企业家可以因为个人的爱好继续经营“亏损的”业务，这一决定并非“不经济”。但即便如此，盈亏计算反映出别人希望如何使用资源，它让企业家考虑其他人的偏好，并在了解情况后决定如何使用稀缺资源。

术　语

毛利、会计利润：总收入中扣除实际开支的那部分。也就是报纸上常报道的，公司在一定时期内的利润。

净利润、经济利润：毛利扣除资本投入的利息回报后剩余的部分。

经济问题：如何分配社会上的稀缺资源（包括劳动力），使得生产出的商品和服务最符合人们的偏好。

思考题

1. 解释：“企业家并不在意价格的绝对值，他们关心的是价格的差异。”

2. 解释：“在公开竞争的市场经济中，随着时间的推移，企业家将根据情况调整经营，货币利润和亏损都趋于减少。”

*3. 利润和利息是什么关系？明确地说，会计利润和经济利润之间的区别是什么？

4. 从哪个角度上看，不是产业领袖而是消费者在引导市场经济中的生产决策？

5. 市场经济是否迫使企业家尽一切力量去获取最大利润？

第 14 课

股票市场

本课要点

- 股票市场的定义
- 企业债务与权益的区别
- 股票投机的社会功能

股票市场

人们在日常交谈中常提到“市场行情”，他们会问“涨了还是跌了”？他们当然不是在说整个市场经济，而是专指股票市场。**股票市场**是一个特殊的市场，在股市上，买家和卖家的交易对象是代表特定股份的**公司股票**，股份是可以合法转让的一部分公司所有权。例如，如果有人拥有 50 股“顶点”公司的股票，而公司的总股本是

1 000 股，那么此人便拥有 5% 的公司所有权。按照股份比例，他和其他股东们对“顶点”公司的资产和收入拥有法定索取权。

买卖股票的场所称为**证券交易所**，著名的证券交易所包括位于纽约华尔街 11 号的纽约证券交易所和伦敦证券交易所等。你可能看过那里的情形：大型显示屏滚动着股票价格，疯狂的交易员们拼命喊着出价。随着互联网的发展，人们很容易在网上（通过**证券公司**）买卖股票，用不着亲自跑去证券交易所了。

股票的价格通常指最后一次交易的价格。在股市以外的其他市场上，卖方先设一个固定价格，并等待很长时间看看能售出多少，之后再考虑调整价格。例如，一对夫妇试图出售自己的房子，他们先开出一个心仪的价格，至少要等 1 个月卖不掉后再考虑减价。杂货店会频频变更牛奶和鸡蛋的标价，但即使这样，购物者通常看到的物品的价格也不会一小时一变。而在股市中，情况就完全不同了，每天都有几十亿的股票易手，价格波动可能极其剧烈，随着新的信息冲击市场，股票价格分分秒秒都在变动。

为什么要发行股票（债务与权益）

我们在第 12 课学习到，为了促进业务增长，企业家往往要向别人借钱。对于**独资**企业，业主很可能会向朋友和家人借钱，这类借款依靠非正式的合同和业主个人的信誉。

然而，另一种**筹集资本**的方法是出售企业的所有权。在这种情况下，原业主可以组成股份公司**上市**，并销售**首次公开募股**（IPO）的股票给他人。或者，已经成立的股份公司可以发行新股来筹集更多资本（稀释原股东的所有权）。

对于公司经营来说，股份公司在各种法规、法律和税收上比其他组织形式更有利。在本课中，我们的目的仅限于了解**发行债券**和股票两种融资方式的本质区别。股票代表公司的所有权，因此，**发行股票**也称为**发行权益**。

举个具体的例子，让我们假设“顶点”公司的业务蒸蒸日上。它希望筹集1亿美元，用来扩大业务经营。一种方式是出售债券，（比方说）承诺每年支付5%的利息，并于10年后还本。采用债券融资的方式可以让“顶点”公司立即得到所需的1亿美元，随后它必须每年支付500万美元利息，直至10年后债券到期还本。（如果未来“顶点”公司不想偿还1亿美元，可以发行新债券来进行**债务转期**——类似按揭贷款**再融资**的方式。）

发行债券的筹资方式既有利也有弊。如果一切按计划进行，新注入的1亿美元资金将用于建设新工厂、打广告和招聘有经验的管理人员等，为“顶点”公司每年增加超过500万美元的总收入。这意味着发行债务是“入能敷出”的，也就是说，“顶点”公司的总收入增长将足以支付利息开支，因此从长远来看，发行债券的决定让“顶点”公司的所有者（即股东）更富裕。无论最终结果是小有盈余还是大赚一笔，“顶点”公司支付的利息始终是5%。

债券的缺点是，无论扩大经营的结果是否真正有利可图，“顶点”公司必须偿付债权人（即债券持有人）。如果1亿美元新资金不能为“顶点”公司带来500万美元的（平均）年收入，那么“顶点”公司的所有者会因为错误的决定而变穷。如果他们早知道公司的发展前景，就不会同意付5%的利息去借钱了，可一旦债券售出，他们的契约责任是无法免除的。不管“顶点”公司的经营状况如何，他们每年必须固定支付 500 万美元利息。[1]

除了发行债券以外，“顶点”公司还可以销售新股。举例来说，假设原先“顶点”公司共有 200 万流通股，股东遍布社会各界。如果接下来以 50 美元一股的价格发行 200 万新股，公司也能筹集到扩大经营所需的 1 亿美元新资金。不过，这种方式让“顶点”公司的总股份增加到 400 万股，因而稀释了原股东的所有权比例。举例来看，如果比尔原来拥有 20 万股，占总股份的 10%。但在发行新股后，原来的 20 万股只占“顶点”公司总股份的 5%（20 万 / 400 万）。[2]

与债券不同，发行新股扩大了公司的股份总数，使得公司不用承担固定的利息支付。如果公司顺利扩大经营，业务蒸蒸日上，新股东作为新的公司所有者，得以分享这一成果。但在另一方面，因为股东是**剩余索取者**，只有在偿付了其他债权人之后，剩下的资产才归股东。如果今后几年公司经营不佳，新股东则要蒙受损失。例如，在某一年赚取总收入之后，公司经理将首先按照合同支付利息给债券持有人，然后才会付给股东**股息**。

对于一家公司来说，什么是债务和权益之间理想的平衡位置?

[1] 我们不考虑“顶点”公司发行的债券有提前赎回条款的可能性，也就是说，根据契约权利，公司可以提前还清 1 亿美元，因此避免整个 10 年内都被 5%的利率锁死。

[2] 注意，尽管比尔拥有的“顶点”公司股份比例有所下降，但股票市值却有可能因发行新股而增加。现在，（大致上看）“顶点”公司的资产必须分成 400 万股，而不再是 200 万股，考虑到这一因素，每股的市场预计价格将下跌。但在另一方面，发行新股票给“顶点”公司带来 1 亿美元资金，可用于扩大公司的生产能力。这将有助于提高股票价格，当然那也包括比尔的 20 万股股票的市场价值。“顶点”公司的决定是明智的吗？只有日后才能得知。但我们的观点是，老股东的经济利益并不一定因公司发行新股而受到损害。但不幸的是，财经新闻在报道公司发行新股时，常常给人们带来这样的负面印象。

经济学家和金融分析师们有各自的理论和经验法则来解释。在这一课里，你只要明白一点就足够了——（比起股权）发行新债务让老股东更有可能获得回报，但也承载更大的风险。相反，如果老股东们决定增发新股以扩大股东基数，那么老股东获得高额回报的余地就变小了，但同时帮他们分担损失的人却更多了。

一个公司的**负债率**是其债务和所有者权益之比。一家公司的负债率越高，所有者潜在的回报越大，**破产**的可能性也越高。在金融界，企业的负债率各不相同。一些投资者愿意购买负债率低的保守型公司股票（或债券），而另一些更激进的投资者则偏好负债率高但具有完善商业计划的公司。

股票投机的社会功能

从个人投资者的角度来看，公司股票是一种特殊的储蓄资金的途径。投资者既不把钱藏在床垫底下也不存进银行，他们拿钱购买公司股票，并希望随着时间的推移，分派股息或股价上涨能带动股票投资的市值上涨。股票的回报率往往高于债券，因此许多人至少会拿出一部分储蓄投资公司股票。[1]

人们往往会区别对待股票投资者与投机者，但实际上这两者无法明确地区分。**投机者**之所以购买公司股票，不是因为他看好那家

[1] 当然，股票的风险也比债券大。一只股票的市场价格有可能剧烈波动，但债券的回报则由合同条款固定，这意味着债券投资者（出借人）只面临一项风险——债券发行人违约（债券投资者也面临**利率风险**，市场利率的改变将影响债券当前的市场价格。但是，只要发行人不违约，并且投资者一直持有债券，那么，债券到期时，他得到的现金支付是确定的）。

公司潜在的增长能力，而是因为他们预计股价近期将上涨。他们对企业的发展没有兴趣，却喜欢寻找市价被低估的股票，从而快速挣钱。[1] 在多数人看来，股票投资是完全正当的，也是市场经济最重要的特征，但股票投机却被看作是不道德和有害的。

人们普遍谴责股票投机，却没有意识到投机活动的真正贡献。我们在第 13 课里学到，成功的企业家低价购买资源，然后把它们转变为制成品和服务高价售出。企业家获得的利润越大，便意味着资源和消费品之间的不匹配程度越大。因此企业家扮演一个重要的社会角色——引导稀缺资源投入到那些（可以说）最能增加市场价值的经营活动中。

股票投机者不过是一种特殊类型的企业家。投机者的座右铭毕竟是“低买高卖”。精明的投机者提前找出那些定价错误的股票，然后等待其他投资者的注意，并以此牟利。例如，假设“顶点”公司的股票为每股 40 美元，但投机者山姆认为这价格太低了，因为他得知本周结束前将有一份新报告出炉，届时股价将涨到 45 美元（该报告含有利好消息，将导致许多投资者改变对公司未来收入的预期。既然股票代表对未来收入的部分所有权，那么新的预期将使投资者竞价并抬高当前的股票价格）。升值的预期促使山姆购买 1 万股股票。如果他的预感是正确的——该报告导致股价上升到 45 美元，山姆会卖掉股票，于是，投机让他赚了 5 万美元。当然，如果山姆错了，股价下跌到 35 美元，那么卖掉股票将让他在周末亏损 5 万美元。

---

[1] 即使这样，也很难做出区分。有人可能认为某公司基本面强劲，未来很可能盈利大增，而当前的股价被低估。但如果他买股票的原因不是想长期分享公司的股息，而是期望其他投资者也来投资，从而抬高股票价格，那么这样的人也可以被列为投机者。

许多观察者把股票投机比作纯粹的赌博，但这两者有本质的区别：当有人下注 1 000 美元赌轮盘上的红色时，这一行动不会影响轮盘的运动，至少在诚实的赌场中不会。然而，当投机者山姆认为 40 美元的价格太低，因而购买 1 万股股票时，他的行动却倾向于抬高“顶点”公司的股票价格。总之，对股票的需求突然增加，而股票的供给不变，所以（其他条件相同时）股票价格将上升。因此我们看到，当投机者认为股票未来的价格会上升时，他们企图从中牟利的行动将导致被低估的股票价格上涨。

另一方面，如果投机者相信某一股票被高估，那么他们往往会采取行动压低价格。例如，假设“顶点”公司的一个股东认为 40 美元的价格过高。他可以先卖掉 1 万股，然后等价格跌到 38 美元再买回来。最终他拥有的股票数量没变，但投机一把能让他多挣 2 万美元。[1]（其他条件相同时）他以 40 美元的价格卖出股票的行动趋向于压低股价。因此，投机者努力为自己牟利，结果却让股票价格往正确的方向变动。

总之，成功的股票投机者发现和纠正定价错误的股票。尽管他们的动机大多是为了个人经济利益，但他们的活动对社会是有益的。原因如下：如果投机者成功了，那么实际上他们减少了股票价格的波动。毕竟，他们的行动抬高了被低估的股票价格，压低了被高估的股票价格。投机者防止股票偏离“应该”的价格太远，从这个意义上看，投机可以减少股票每日的价格变动。投机者的存在使得股

[1] 就连那些一开始不拥有“顶点”股票的投机者，也可以因预见到价格被高估而获利。他们可以做卖空交易，**卖空**是指他们向原股东借股票，按市价每股 40 美元卖出，然后等跌价后以较低的价格买回股票，并返还给原股东。

票市场整体上更加有序，对于普通投资者更安全。普通投资者不用担心“突击”发布的公告让某只股票下跌 30%。投机者通常会提前几个星期嗅到危机，他早就可以让股价做出相应的变动。

从根本上看，正确的股票价格很重要，因为股价是有真实含义的，它代表公司的部分所有权，而公司又占有稀缺的有形资产，并为顾客生产产品和服务。回想一下上一课的内容，较高的黄金市场价格是一个信号，它告诉企业家“只有在那些顾客愿意支付超过黄金价值的重要项目里，你才能使用我”。同理，一个非常有价值的公司需要很高的市值（股价乘以总股本数），以确保它由负责任的股东来主导，只有负责任的股东才能做出影响公司前途的正确决定。

举一个例子：如果出于某种原因，微软公司的股价突然暴跌到一文不值，投资者掏出 1 美元就能购买 1 万股，这意味着投资者只要花 9 000 美元，就能买下整个微软。那么，随便哪个人只要他自认为“我能让微软更好地运作”，并愿意掏出 9 000 美元，那么亿万个电脑用户的命运就任由他摆布了。当然在现实中（在本书写作时），微软的市值是数千亿美元。当由大股东们组成的董事会作决议时，他们有可能犯下关键性的错误，但高股价能确保那些做出决定的人将会非常认真负责。[1]

最后，让我们回顾一下上一节学到的内容：增发股票是公司募集资金的方式之一。投机者的行动使股票价格更合理，并有助于配置新增储蓄投入到各家企业。前景最好的企业股票价格较高，从而

[1] 如果没有计算机行业的知识，即使非常富有的投资者们也可能只持有微软的很小一部分。对于不懂行的投资者，他们与其持有大份额的微软股票（必须投票决定软件开发等重大决策），还不如把自己的储蓄分散投资到众多其他公司中，交由每一个领域里真正的专家来决定。

有利于这样的企业获得更多扩大经营所需的资金。

小　结

- 股票市场（既包括实体的股票交易所，也包括电脑网络交易）让买卖双方在一起交易代表公司所有权的股票。股票市场决定谁是公司的实际所有者，而这些所有者最终为公司的经营负责。
- 销售债券是公司筹资的方式之一。无论公司经营成功与否，都应该按合同规定还本付息。出售股份是公司筹资的另一种方式。购买股票的投资者有权按比例拥有公司的收入，不管成败如何，投资者与公司的命运都紧密联系在一起。
- 股票投机者试图“低买高卖”（或“高抛低吸”）。成功的投机者可以修复“定价错误”的股票，因为他们的行动会抬高被低估的股票价格或压低被高估的股票价格。

术　语

股票市场：一种特殊类型的市场，买卖双方在股市里交易公司股票。

公司股票：股票代表持有人对公司的一部分所有权。如果有一家公司的总股本为 10 万股，买了 5 000 股股票的人就拥有公司 5%的所有权。

证券交易所：买卖股票的特定地点或场所。最著名的例子是位于华尔街的纽约证券交易所。

证券公司：帮助个人买卖股票的公司。证券公司受客户委托，代表客户执行买卖股票的指令。

独资：由一个人拥有的企业。

筹集资本：成长型企业通过出售部分所有权，向投资者募集资金的过程。

上市：向普通民众开放销售公司股票，而不是局限于公司老板特邀的人。

成立股份公司：把生意转变成公司的形式，使公司的所有权分散到股票上。

首次公开募股（IPO）：一家首次决定上市的公司向公众拍卖股票。

发行债券：通过向投资者出售债券来筹集资金。

发行股票、发行权益：通过向投资者出售股票来筹集资金。

债务转期：借新债还旧债。

（按揭贷款）再融资：房主从银行获得新的按揭贷款（比如降低利率或降低每月还款额），并用于还清现有按揭贷款的情况。

可赎回债券：债券发行人（借款人）有权提前还清的债券类型。

剩余索取者：等到所有债权人都被偿付之后，最后才有权索取公司收入的人，特指股东。

股息：公司拿出一部分净利润，支付给股东。

举债经营（负债率）：借钱投资以增加公司潜在的回报。

破产：企业的负债超过资产的情况。

投机者：认为价格将上涨而去购买一项资产（如公司股票）的人，或因预期资产价格将下跌而出售资产的人。

利率风险：利率上涨导致债券的市场价值降低，并带给债券持有人的风险。

卖空：向所有者（如股东）借资产，并按当前市价抛出的一种交易类型。卖空者最终必须买回资产并归还原所有者。

思考题

1. 如果吉姆拥有 200 股某公司股票，我们可以计算出吉姆拥有该公司的比例是多少吗？
2. 公司筹集新资金的两个途径是什么？
3. 谁有权先获得公司的收入，债券持有者还是股东？
4. 如果公司的负债率很高，那么它的股票更容易吸引保守型还是进取型的投资者？

*5. 成功的投机者如何减少股票价格的波动？

Lessons for the Young Economist

Section 3

计划经济

THE COMMAND ECONOMY

……市场经济是为少数（拥有大量财产的）资本家的利益服务的，那么用指令经济来组织生产，按理说就应该为全体社会成员的利益服务。就像政治革命摧毁了为少数特权阶级服务的君主制和贵族制一样，社会主义改革也捍卫了经济民主，在其经济民主下，重要的经济决策将由（以政府官员为代表的）人民来决定，而不是那些拥有绝大多数私有财产的少数富人。

第 15 课

计划经济——理论篇

本课要点

- 指令经济和计划经济的定义
- 计划经济的激励问题
- 计划经济的计算问题

纯粹的计划经济的设想

在本书的第二部分，我们解释了纯粹市场经济的基本结构和运行机制。在本课中，我们将解释纯粹的**指令经济**的概念，它也被称为**中央计划经济**。请记住，在纯粹的市场经济里，资源分散地由公民私人所拥有，资源所有者们的行动联合起来决定了经济体的产出。与此相反，在纯粹的指令经济下，政府拥有一切资源，并决定如何利用资源去以及生产哪些东西。理论家们各说各话，提出各种方法来帮助政府官员进行决策，试图兼顾工人的愿望和消费者的偏好。但是最终，在纯粹的指令经济下，只有政府才能分派工作，并向工厂和农民发号施令。

政府官员们的权力如此巨大！[1]虽然这可能会令许多读者惶恐不安，但在历史上，指令经济的吸引力在于它似乎能够避免由私有产权制度导致的不公正结果。事实上，这两个用语具备强烈的感情色彩：市场经济被称为资本主义，指令经济被称为**计划经济**。这样的标签暗示着，市场经济是为少数（拥有大量财产的）资本家的利益服务的，那么如果用指令经济来组织生产，按理说就应该为全体社会成员的利益服务。就像政治革命摧毁了为少数特权阶级服务的君主制和贵族制一样，社会主义改革也捍卫了**经济民主**，在其经济民主下，重要的经济决策将由（以政府官员为代表的）人民来决定，而不是那些拥有绝大多数私有财产的少数富人。

尽管这些改革家的出发点是好的，但是他们的建议却有严重缺陷。在本课中，我们将解释用公有制来取代私有产权制后，一个社会所面临的严重理论问题。换句话说，我们将利用经济学的知识，来思考一下社会主义的理念，并着重探讨一旦将之付诸实践，会出现哪些问题。

下一课，我们将简略考察历史记录，看看在现实中，当一些国

---

[1] 一些社会主义思想家同时也是**无政府主义者**，他们提议国家机关应该连同私有财产一道被废除。显然，这一类型的社会主义者并不主张政府控制全部资源。为了简单起见，我们将继续假定本课针对的是有政府的社会主义，但多数经济分析同样适用于“无政府社会主义”者的建议。但是应该注意到，许多自称的社会主义者否认在他们的理论体系中含有国家对工人的绝对控制权。

家真正试图推行纯粹的计划经济改革时所发生的一切。正如我们将看到的，结果可以用“糟糕”甚至“恐怖”来形容，那将帮助我们确认接下来的理论论证。

计划经济的激励问题

计划经济最显著的问题是，它改变了生产者和消费者的激励机制，使得社会化的经济体系丧失活力。如果试图实现马克思主义的口号“各尽所能，按需分配”，恐怕多数人不会像在市场经济下那样努力工作。

纯粹计划经济的主要原则之一是消费和生产的脱节：工人首先运用资源生产出一堆产品，然后政府将这些物品（如住宅）按照自认为“公平”或“公正”的标准（如一个家庭的大小）分配给不同的人。许多观察家认为，人们只有在能够保有自己的劳动果实时才会努力工作，而当一个人为全社会服务时，他的努力程度是完全不能比的，这是人性使然。如果这些批评是正确的，那么依据改革家的标准，或许计划经济能够比市场经济更“公平”地分配物品，只可惜可供分配的物品却少得可怜。

谁来捡垃圾？

如何让工人长时间工作成了难题，要是再碰上招人嫌弃的苦差事就更棘手了。简而言之，在计划经济下，让谁去捡垃圾，又让谁去打扫公共厕所呢？在市场经济中，可以通过上调工资来吸引更多人从事某一职业。的确，大多数 8 岁小孩的理想不会是“我长大了想当清洁工”，但之所以有人会成为清洁工，是因为在要求同等学历和经验的工作中，清洁工的工资更高。

在纯粹的计划经济下，至少在马克思那句著名的口号下，人们的消费活动跟他们从事的工作没有关系。这使得政府无法采用想当然的办法，去寻找“志愿者”来干这些必不可少的脏活、累活。结果，理论家们自然而然地提出了其他类型的补偿方案，如奖励矿工同志们每年享受更多休假或更长的午休时间。

这些办法可能有所帮助，但如此使用稀缺的劳动力资源却是荒谬的。例如，市场经济之所以能够让城里 100 个人自愿调好闹钟，每天清晨起来收集 8 小时垃圾，那是因为工资足以让他们过上惬意的生活。从本质上看，他们与市场经济中的其他人达成了一笔交易：“如果你每个星期都来处理垃圾，我就会为你提供医疗服务、牛排晚餐，教你的孩子代数，等等。”

重申一遍，如果真想摆脱私有财产，那么这种自愿的交易就是不可能的。如果一个人的消费水平是根据其他人的意见而不是他对总产出的贡献来决定——也就是说，如果工人获得回报的方式不同于市场经济——那么计划者就能胡乱制定工作制度，以便每个职位都能找到足够的“志愿者”。例如，在市场经济下，只要有 100 个人为了赚钱买高档轿车而去捡垃圾就足够了，反之则可能需要 200 个人去捡垃圾，他们每天只工作 4 小时，并且人人开着一辆平平无奇的车。虽然收垃圾的问题可以通过削减工时来解决，但是与市场经济相比，那些计划者却失去了 100 个可以干其他工作的工人。这个例子只是冰山一角，它体现的更广泛的问题是：在市场经济下，工人的生活水平直接与工作绩效挂钩，但在缺乏激励的计划经济下，绝大多数工人不可能像在市场经济下那样努力工作。

当然，为了解决“**消极怠工**”和厌恶工作的问题，另一个可想而知的“方案”是强迫人们去完成任务。正如领导人有权决定在每一亩农田里种什么作物，原则上他们也可以告诉每一个“单位”的劳动力，他或她将在宏伟的经济生产计划中扮演何种角色。历史上，一些天真的改革者曾认为，政府应该允许劳动者保留选择职业的权利，但其他思想家们却直言不讳地认为，工人应该尽职于本职工作，不应该挑三拣四。

然而，就算我们允许运用惩罚手段，仍然会面临由于工人之间缺乏合作，而使整体产出下降的问题。在市场经济下，巨大的物质报酬诱使优秀的人脱颖而出，施展才华与抱负。而统治者即便动用严厉的惩罚措施，也无法在比尔·盖茨这样的人 20 岁时鉴定出他们的潜在产出。如果年轻的盖茨每小时处理的统计报告不达标，统治者可以用鞭打或监禁来威胁他，但却永远无法要求：“你最好拿出一些计算机方面的主意来彻底改变全世界，否则我们就杀了你全家。”那是因为没有人了解潜伏在小比尔·盖茨（还有托马斯·爱迪生、亨利·福特等）身体里的天才想法，直到他站出来，在市场经济中展现出这些才能。

配置“资本”给新“公司”

一旦提到工人的消极怠工现象，每个人都会立刻认识到计划经济下潜在的激励问题，尽管远没有那么明显。激励问题还涉及计划经济如何配置“资本”给新“公司”的问题，这是另一个重要问题。严格来说，在纯粹的计划经济下，根本不存在金融资本，也没有独立的公司，所以我们将这些术语打上引号。在计划经济下，有的仅仅是一大堆自然资源、资本品以及技能各异的工人，而计划者必须以此为出发点，为整个经济勾勒出一份复杂的蓝图。

在市场经济下，金融市场的存在解决了这一问题，尽管计划经济取缔了金融市场，但计划者们面临的挑战却没变。例如，在市场经济中，一位受聘于石油公司的科学家可能会说服经理们，如果花费 20 亿美元在墨西哥湾某处建立一个海上钻井平台将是非常值得的（鉴于英国石油公司的泄露事件而加强安全措施）。经理们会依次将这一情况向上级汇报，直到最后不管明示或默许，得到股东们的批准。如果公司没有足够的资金，他们将不得不发行新债券或股票来为这个项目融资。然而，不论该项目的资金来自公司内部还是外部，最终都是私人资本家拿自己的储蓄资金去冒险，他们希望该项目能生产足够多的石油并供应市场，从而证明自己的巨额投入是合理的。

请注意，风险和回报可不仅仅是市场经济的产物，在计划经济下，这一近海钻探项目潜在的风险和回报仍然存在。计划经济的计划者并非全知全能，他们也要依靠科学家和其他专家的指导来估计一个筹建中的海上平台将为未来的经济计划提供多少桶石油。然而，我们现在看到了问题的症结所在：计划者们如何负责任地从数以千计的提案中挑选出“获胜”的项目呢？毕竟，开采石油和获得其他能源的方法多种多样，但显然计划者不能全部采用这些项目，因为他们没有足够的资源同时满足这些项目的要求。当面临“应该如何挑选风险投资项目”这一问题时，市场经济与计划经济的差别再次显现出来。

要想知道为什么，让我们假设计划者很天真，他们根据项目预估的最大产量——石油的桶数、小货车的数量、牛奶的加仑数等——来制定当前资源的基准回报，并决定投资于那些能保证获取最大回报的项目。这种做法只会促使项目管理者夸大他们偏爱的那些提案的绩效。注意，显然一些管理者会撒谎，但是他们没必要撒谎，只要理直气壮地引用那些最有利的研究结果，并指示员工别花工夫去研究提案中可能的缺陷就可以了。计划者一旦听信那些天花乱坠、肆无忌惮的推销，并通过中央计划调动和使用资源，结果将浪费社会上的稀缺资源。

计划者也面临另一方面的危险：他们建立的激励计划将扼杀创造力和冒险精神。例如，计划者可能会听从受过正规训练的科学家和其他专家的意见，但一旦某专家的预测大错特错，那么计划者就不会再让他参与制定宏伟的经济计划了。这样的规则当然能开除滥竽充数者，但也会令真正的专家过于谨小慎微。想法大胆的人将不敢挑战同事们的共识，尤其是当他们的计划失败的可能性很大，但确实也有微小的机会可能大获成功时。

当然，计划者可以试图建立折中的激励机制，既鼓励合理冒险，又能淘汰不称职的人。例如，计划者可以拿出打算“开发新项目”的全部资源，并根据某专家以往的总体表现，指派一小部分给他负责。允许专家将功补过，不会因为小失误而被取消资格。为鼓励专家承担风险，并抓住带来极大回报的机会，计划者还可能规定，专家的生活水平将与他们运用社会稀缺资源的总体绩效挂钩。

我们希望你已经注意到正在发生的事情。为了努力纠正推行计划经济时遇到的种种缺陷，我们假想中的中央计划人员被一步步地引导着重新发明了……市场经济。[1]

垄断巨无霸

迄今为止，我们集中探讨了计划经济所面临的激励问题：如何调动公民的积极性，使他们渴望参与到经济计划中来。但是，政府部门本身也存在严重的激励问题。具体来说，官员在起草宏大的经济计划时，几乎没有任何动机去考虑公民（包括工人和消费者）的偏好。极具讽刺意味的是，许多改革家警告人们资本家“垄断”某行业的危险，但他们自己却建议成立一个控制一切行业的垄断巨无霸——政府。

即使在美国这样名义上的资本主义国家里，我们也能看到这一原理在起作用。人们常开玩笑说，车辆管理局专招不苟言笑的员工。许多城市的地铁设施都年久失修。为退伍军人服务的公立医院——更别说精神病院——里边发生的事情可能骇人听闻。最后举一个例子，请注意，在炎热的夏天，啤酒行业和空调技工们因业务量的增加而热情高涨，而管制的公用事业却斥责顾客们消耗了太多的水电。

这种尽人皆知的区别解释起来很简单：为公众提供商品和服务的政府机构（或受政府优待的私营企业）是不会被解雇的。人们要想办理牌照续期，非去车辆管理局不可，他们不可能把上牌业务转到一家员工和蔼可亲的公司。超市经理很积极地调动员工的情绪，为的是不让顾客遇到板着脸的员工，然而车管局分部的管理者却一

[1] 伟大的奥地利经济学家路德维希·冯·米塞斯在经典著作《社会主义》中提出了这一论断。《社会主义》1922 年德语初版（印第安纳波利斯：自由基金出版社，1981 年英文版，第 192~194 页）。

点积极性也没有。如果车管局的领导真的在乎客户满意度，他们可以在每一个城市的分支机构实施管理者奖金与业务量挂钩的薪酬计划，但这只不过把问题往后推了一步：为什么领导要关心开车人是否高兴呢？需要他们操心的麻烦事多着呢。就算车辆管理局和蔼的服务态度帮助更多人当上司机，他们也不会因此获得额外收入。[1]

不可否认的是，在实行民主制的社会主义国家里，人民可以投票改选新的政府官员。也许，不管政府是什么形式，人们终究可以诉诸暴力革命。所以，无论是在以市场经济为主体的有限政府里，还是在由独裁者统治的极权国家里，一般来说，所有的政府官员都想让公众高兴。但即便如此，对比纯粹的市场经济和纯粹的计划经济，掌权者的权力范围天差地别。“暴君”资本家能做的最坏的事是解雇你（如果你是雇员），或者拒绝出售商品给你（如果你是顾客）。然而，如果计划者包揽经济体中的一切雇佣决策并控制所有的食品超市，它可以非常有效地恐吓批评者们，比如把他们流放到西伯利亚，或者让他们挨饿。也别指望报纸和媒体会去报道这些——它们也由计划者控制。

计划经济的计算问题

在关于可行性的历史性辩论中，反对者们以各种形式提出上述激励问题，而支持者通常会回应并争辩说，生长在这里的人们，将养成毫不利己、专门利人的工作精神。他们声称“新人”将出现，

---

[1] 即便市政府真的因多发牌照而获得额外收入，那些负责奖励车管局分部管理者的人也不能把钱放进自己的口袋。

他们不再是自私自利的人。其核心思想是，人类的天性是仁慈和无私的，可私有财产制度把人变得贪婪又冷酷。他们这样说："也许，一旦工人不再需要担心养家糊口，他们就会无后顾之忧地每天去工厂上班，为公共利益服务。"

在这样的背景下，反对者们详尽阐述了一个至关重要的批评性观点。[1] 即使不存在激励问题——不管分配什么工作，工人们都能快乐地执行，并且计划者果真只怀着一颗为人民服务的赤诚之心——计划经济仍然无法有效利用社会资源。

因为计划者拥有全部资源，所以一切生产要素市场将不复存在。也就是说，人们将不能再用货币来购买拖拉机、农田、石油等。这就意味着，在纯粹的计划经济下，将不存在自然资源、劳动力和资本品的价格。如果投入的资源无法计价，那么计划者将无法估计项目的总货币成本。因此，他们无法知道一个项目是否有效利用了资源。也许关闭这一项目，用释放出来的资源去生产其他东西，对国民的益处会更大。

请记住，在市场经济中，会计师可以利用市场价格来确定一项经营是盈利还是亏损。盈亏检验的方法传递的信息是，其他的产权人是否同意企业家将稀缺资源投入到经营中去。盈利的含义是，顾客愿意为制成品支付的钱多于企业家为生产投入的钱。与此相反，亏损则表明顾客宁愿在其他类型的商品上花更多的钱，这就使得其他企业家们能够抬高要素投入的价格。如果亏损的企业家一意孤行

---

[1] 在 1920 年的一篇论文中，路德维希·冯·米塞斯从计算的角度系统地阐释了反对社会主义的理由，接下来我们将概述米塞斯的理由。

不调整商业计划，他就面临被“罚款”的境地。总之，只有在全部生产要素投入都有市场价格时，市场经济中的企业家才能不断从盈亏检验中获得指导和反馈。

计划者不可能获得这样的指导。工程师、化学家和其他专家可以向他们解释技术上的可行性：怎样运用储备物资生产各种制成品和服务。然而，尽管计划者能判断一个项目在技术上是否可行，但却无法知道它是否经济。如果不能给每一单位的投入和产出都赋予市场价格，计划者就无法计算总体的投入产出比，也就无从得知整个经营项目是在创造还是在毁灭财富。因此，即使我们抛开了巨大的激励问题，计划者也将面临无法克服的**计算问题**。

要想把握计算问题的本质，我们需要花一些时间来回顾现代经济不可思议的复杂性。在制订宏伟的经济计划的第一天，计划者领袖将有一大批可支配的资源，包括成千上万技能和体力各不相同的工人；石油、煤炭、钻石，以及其他矿产资源；各种工厂、仓库、研究室和教育中心；数以亿计的拖拉机、工具，以及其他损耗程度各不相同的设备；各种基础设施，包括输电线、电话、数据线、公路和桥梁；等等。别忘了，为了制订连贯的经济计划，他们需要的可不仅是一张要素投入的表格。他们还需要知道单位要素的位置。例如，如果计划星期二上午安排一名机修工，去给一辆磨坏轮胎的拖拉机挂车换胎，那么星期二之前，机修工、新轮胎和拖拉机挂车必须位于同一个城市。

然而，即使计划者能用某种方法处理所有这些信息，并根据不断变化的情况，实时更新经济计划，他们仍将无法克服计算问题。计划者在专家的指导下能够确定的是，用自己掌控的一切资源可以生产出哪些不同的物品组合。尽管他们一心只为人民谋福利，但究竟该如何决定生产哪种组合？

他们批评市场经济，指出资本主义的某些弊端，他们认为让一群专家来做决策，可以改善资本主义制度下权力分散带来的后果。例如，批评者无法容忍一些人拥有10辆跑车和游艇，而其他人却忍饥挨饿。但是，光靠道德直觉是无法设计出另一种经济计划的。就算我们承认，让计划者来使用社会资源，将不会给人们的生活带来巨大的不公正。没错，但仍没有解决问题——每个人应该得到哪些商品和哪些服务？即使计划者决定市民可以拥有同样数量的汽车——也许可以按家庭成员的年龄结构和工作地点来调整，他们仍然需要决定生产多少数量、生产什么级别和什么配置的汽车。毕竟，市民想驾驶舒适的且配备安全气囊、空调、高品质音箱的酷车。但人们也同样喜欢别的东西，比如更多的DVD，更大的房子，更多的分配中心（它在市场经济中的名称是“商店”）。在小轿车的生产上倾注过多的资源将会减少可用于生产其他东西的资源。

计划：意味深长的名词

计划的悖论是，因为缺少经济计算，所以根本无法进行计划。所谓“计划经济”根本就不是经济，它只是一个在黑暗中摸索的制度。不存在“为了尽可能达到最终目的，而理性地选择手段”这一问题。所谓有意识的计划，恰恰消除了有意识、有目的的行动。

——路德维希·冯·米塞斯：《人的行动》，第696页

如何解决计算问题

当然，计划经济的计划者可以想出各种方法征询人们的意见，以便更好地为人们服务。他们能拿出一些新点子，让个人和家庭通过一些渠道去影响宏大的经济计划。为每个人生产一模一样的商品和服务显然太浪费，素食主义者不会对牛肉感兴趣，不吸烟的人也不需要香烟。然而，为了避免不平等，计划者不论采用什么标准，仍然需要一些方法来保证每个人或家庭拥有相同的消费额度。

比如，每月给每个人或家庭一定配额的投票点数，用来订购不同的商品和服务。例如，像电视机和越野车这样的物品需要支付较多的点数，而汽水和面包一类则需要较少的点数，因为生产前者显然会消耗更多资源（换句话说，如果一个家庭用点数交换 10 台电视机，而另一个家庭用点数换来 10 个金枪鱼罐头，那将是不公平的。显然，前一个家庭的消费多于后一个）。为了选定每一种物品“正确的”点数，计划者将依赖分配中心管理者的反馈。如果货架上塞满了电视机，而金枪鱼即将售罄，计划者可以减少订购一台电视机的点数，同时提高订购一个金枪鱼罐头的点数。这将清除掉过多的电视机库存，并防止金枪鱼罐头断货。

不幸的是，这种把戏只能在物品已经生产出来后，用来应付供应过剩或不足的情况。展望未来，计划者仍需要对宏伟的经济计划修修补补，以决定下一阶段该增产还是减产（电视机或金枪鱼罐头）。根据配送中心管理者的反馈，他们大概能知道的是，在订购电视机需要的各种不同点数下，将分别有多少台电视机将被订购。但这些信息还是不能告诉他们正确的决策将是（a）下一个时期增产电视机，并减少订购电视机需要的点数，还是（b）下一个时期减产电视机，并增加订购电视机需要的点数。

为了解决这一问题，计划者可以进一步推进这种投票制度。他们可以同样分配点数给工厂的管理者，用来订购数量不等的工人、汽油、电力等。既然家庭可以用投票来订购不同的制成品，电视机和金枪鱼罐头的生产商也可以投票订购不同的生产要素组合。这将有助于防止电视机制造商不公平地抢占金枪鱼生产商的资源。

然而，计划者很快会认识到，这还不足以彻底解决计算问题。通过给每个人平均分配投票点数，可以强制他们消费的商品额度相等，这看起来似乎很恰当，但若坚持给每一间工厂的管理者平均分配生产资源，就显得很荒谬了。换句话说，如果计划者每个月平均分配投票点数给电视机和金枪鱼罐头的生产商，将能确保投入生产这两种商品的社会资源一样多。可我们究竟凭什么认为那是正确的做法呢？难道社会上的稀缺资源不应该用于为公民谋取尽可能多的幸福吗？

为了拿出一个前后一致、不偏不倚的方法来处理这个伤脑筋的难题，计划者可以把人民在分配中心订购商品支付的点数，按比例分配给各家工厂的管理者。换句话说，如果市民用于订购金枪鱼罐头的“消费点数”比订购电视机的多 5 倍，那么在下一时期，计划者分配给金枪鱼罐头生产者的点数将比分配给电视机厂的多 5 倍。通过这一规则，公民反馈给计划者的不仅是制成品的库存情况，还可以为决定每种商品未来的产量提供决策依据。

现在，可能你已经意识到我们的讨论所指向的问题所在。计划经济的计划者们能够解决计算问题的方式是，让系统的运作越来越像……市场经济。

小　结

- 纯粹计划经济的设想是由计划者拥有全部资源，并通过统一的中央经济计划指挥全部工人。他们认为这一制度将比无组织、无政府的市场经济更加有效和公平。
- 计划经济被激励问题困扰，因为当个人的回报不与自己的表现挂钩时，很多人都不太可能会努力工作。如果施行“各尽所能，按需分配”的原则，社会总产出很可能急剧萎缩。
- 计划经济也被计算问题折磨。因为生产计划中缺乏各种资源和劳动力的市场价格，计划经济的计划者将无从得知资源是否得到有效利用。也许把资源转用于其他项目，能生产出国民更喜欢的商品和服务，但计划者无法获得足够的反馈来指导决策。

术　语

指令经济、中央计划经济：政府拥有全部重要资源，并根据统一的中央计划指挥劳动力的一种制度安排。

经济民主：对应政治民主。多数人不喜欢由少数精英主导政治决策的贵族制度，而是倾向于民主政治的“一人一票制”。他们辩称，可以把民主政治的方案拿来用于经济领域，将权力从一小群富裕的资本家那里夺走，下放给人民群众。

无政府主义者：认为政府不应该存在的人。

消极怠工：故意偷懒，磨洋工。

计算问题：由路德维希·冯·米塞斯提出的反对计划经济的理由。

米塞斯指出，由于计划经济的计划者缺乏资源的市场价格，他们无法确定一个特定的项目消耗的资源是否多于生产出的商品和服务。即使计划者们都如天使一般无私，他们也无法知道是否有效地利用了稀缺资源，以及有没有为公民提供最好的服务。

思考题

1. 解释什么是计划经济。
2. “各尽所能，按需分配”这一口号内在的激励问题是什么？
3. 计划者能用惩罚来解决工人消极怠工的问题吗？
4. 我们在讨论计划经济时，为什么要拿啤酒企业和公用事业进行对比？

*5. 为什么计算问题成为计划者的噩梦，而市场经济却不为这一问题所困扰？

第 16 课

计划经济——历史篇

本课要点

- 历史证据与经济理论的相关性
- 贫困与死亡

经济理论与历史

早在第 2 课，我们就解释了经济学与物理、化学这类“硬”自然科学之间的区别。构造基础经济理论的过程不是提出假设，再经由经验观察去证实或证伪。相反，本书展示的基本原理多数是指导思路的逻辑训练。基本经济学分析不是在实验室里盯着一大堆价格数据，然后发现其中的某些相关性。恰恰相反，本课提供的是一个可以解释价格数据和其他历史证据的思维框架。

本着这种精神，本课我们并不试图验证第 15 课对计划经济的分析。严格地说，只要我们的推理过程没有犯错误，即便不考虑一些计划经济的历史记录，前一课的经济学论证也是有效的。然而，总有一种可能：或许我们的结论站得住脚，但却无足轻重。例如，统治者确实为计算问题所困扰，他们无法确定怎样才能最好地利用国家资源。在计划经济下，工人也确实不会像在市场经济下那样拥有同等的动力去努力工作。

尽管如此，如果这些因素仅仅意味着，从纯粹的市场经济转变到纯粹的计划经济制度会使人们过着更加贫穷的生活，那又能怎样？或者更糟的是，假设我们分析的计划经济的缺点都是正确的，但是这些缺点却能被计划经济的优点抵消，而我们讨论时却忽视了这些优点。那么我们就想知道，本书花了一整节课来讨论计划经济，是否谈得上有效利用资源呢？也许还不如去讨论马桶圈经济学呢？[1]

需要明确一点，历史证据既不能下结论推翻经济理论，也不能确保我们在第 15 课的论证是正确的。请记住，经济学的基本原理或规律是用趋势来描述的，在讨论某一变化将如何影响经济的时候，我们必须保持“其他条件不变”。

当我们讨论历史记录和经济理论时，仅凭一个国家推行计划经济之后经历的普遍饥荒，并不能证明计划经济是一种坏的经济运行方式。也许，它的政策本来可以带来史无前例的财富，只可惜在工人革命的节骨眼上，不巧爆发了山崩地裂的自然灾害。

---

[1] 指用完马桶后，把马桶圈放下来还是不放下来，哪种做法更高效的无聊经济学研究。——译者注

20 世纪的历史表明，计划者们并没有成功实现允诺：提高人民的生活水平，取消不公正的社会特权。恰恰相反，人类历史上的黑暗时刻正伴随着它们的登堂入室而来。

贫困与死亡

在第 3 部分的最后一节，我们将简要回顾 20 世纪的黑暗时刻。没错，实行市场经济的政府也参与过大屠杀，包括最广为人知的美国对广岛和长崎的原子弹袭击，同盟国对德国和日本的常规轰炸也杀死了成千上万的平民。它们同样参与了巨大的历史不公正，如非洲奴隶贸易、美洲原住民的灭绝以及帝国主义对殖民地的剥削，等等。纯粹市场经济的支持者自然会恰如其分地指出，这些行动要么是正当防卫、保护财产和人身安全的必要举措，要么背离了私有财产的本义，因此不能归罪于市场经济。但是，如果我们认为市场经济不应对打着它的旗号犯下的罪行负责，那么，是否也应该同样宽容计划经济呢？

两者的区别在评价经济运行方式的区分时很重要——市场经济下的政府主要针对外部牺牲者，而我们下文的引用却是这些国家自己的人口。如果有 1 000 万公民将要决定是接受私有财产，还是把命运托付给一群计划经济的专家，他们也许会非常关切地想知道历史能否提供指导，统治者们会不会一转身杀掉他们当中的 50 万人。没错，人们可能会往好的方面想，并举出历史上民主国家的经验，它们并没有以屠杀自己的人民而告终。不过，人们在做出决定之前应深思熟虑，这种可能性发生的概率到底有多大。

许多左派思想家会争辩说，既然智利独裁者奥古斯托·皮诺切特推翻了民选政权，他也听从芝加哥学派经济学家的建议，推行“休克疗法”式的经济改革，这说明市场经济下也有独裁者。然而，即使我们同意这样比较，历史记录仍然有利于市场经济下的领导者：皮诺切特政权如此残酷、嗜杀成性，但也没有像波尔布特领导的柬埔寨红色高棉政权那样，在不到 4 年的时间里杀害了全国人口的四分之一。

当然，被政府蓄意杀害的牺牲者一个也嫌太多。本课的内容不是为那些名义上坚持私有财产和自由市场的政府说话，不是要饶恕或减轻它们的罪行。许多人没有认识到，20 世纪的极权主义变成了屠杀自己人的机器，如此规模空前的杀戮足以把它们全体视为异类。

近似控制实验

正如我们在本书开头所指出的，从总体上看，社会科学领域里不存在真正的控制实验，尤其是在经济学领域。人们不能完全受实验者控制，因此不可能在相同的初始条件下，只调整一个微小因素来进行重复实验。

一旦提起可怕的传统，一些辩护者会争辩说，这些罪行是由个别暴徒或深受压抑的民众造成的。例如，有人认为布尔什维克的革命者被沙皇压迫了那么久，难怪他们一旦夺取权力会反应过度。

有一个方法可以最近似地检验这种说法，即寻找两个在其他方面都非常相似、唯独经济运行方式不同的地区。冷战中的东西柏林就是这样一个范例。那是一座在战时被隔离成两个世界的城市，显然“铁幕”两边的习俗、语言、宗教观念等一开始完全相似。随着时间的推移，生活水平的差距大大拉开，市场经济赶超了对面的计划经济。一些玩笑说，冷战时期东西柏林的区别在于，墙里的苏维埃卫兵努力挽留人民待在冒牌的工人阶级天堂里，而在墙外，基地卫兵的工作却是不停地驱赶非法移民。

要想阐明两者的区别，举朝鲜的例子对比更鲜明（第二次世界大战后，苏联同朝鲜保持密切联系，而美国军队则留在韩国）。记者芭芭拉·德米克基于对朝鲜叛逃者的采访，在《我们最幸福》一书中提供了令人信服的证据。下面的内容摘录自开篇：

> 如果看一下远东地区夜晚的卫星照片，你会惊讶地发现一大片没有光亮的黑斑。这片黑暗的区域便是朝鲜民主主义人民共和国的所在地。
>
> 在这个神秘的黑洞旁边，韩国、日本和如今的中国闪烁着点点微光，它们象征着繁荣。即使从几百英里的高空向下看，广告牌、车灯、路灯、快餐连锁店的霓虹灯，闪烁着白色的小光点，标志着21世纪的能源消费者们，正在那里忙碌地做生意。接下来，在这些闪着亮光的地区中间，是一片广阔的黑暗区域，它的面积和英格兰差不多。令人费解的是，为什么一个有着2 300万人口的国家，看起来像海洋一样空旷？朝鲜简直就是一片空白。
>
> 20世纪90年代初，朝鲜逐渐衰落。苏联曾提供廉价燃油支持这个老盟友，随着苏联的解体，朝鲜摇摇欲坠的经济体系崩溃了。发电站锈成一堆废墟，灯火熄灭了。饥饿的人们爬上公用电线杆，偷走一根根的铜丝，用来换取食物。当夜幕降临时，大地暗淡褪色，低矮的小平房被夜晚吞噬。整个村庄消失

在暮色中。即使在窗口城市首都平壤，当你在夜晚沿着一些主要街道漫步时，也看不见两旁的建筑物。

当外来者凝视着一片虚空的今日朝鲜，他们不禁想起非洲或东南亚偏僻的村庄，那些尚未进入电力文明的地方。但朝鲜并不是未开化的国家，而是一个从发达世界跌落的国家。朝鲜的每条主干道上都悬挂着电线的残骸，这些锈掉的电力网络曾经覆盖全国，如今却见证着昔日的辉煌和今日的失落。

人过中年的朝鲜人清晰地记得，曾经有一个历史时期，他们拥有的电力（还有食物）比对面那些亲美的韩国乡亲们更充足，而如今，他们必须整晚困坐在黑暗之中，用回忆来平抚屈辱。早在 20 世纪 90 年代，美国提出只要朝鲜放弃核武器计划，就愿意帮助他们解决能源需求问题。但在布什政府指控朝鲜违背诺言之后，这笔交易就泡汤了。朝鲜人对生活在黑暗中满腹牢骚，他们仍然将问题归咎于美国的制裁。晚上他们不能看书，更不能看电视。一个粗壮的朝鲜保安曾忿忿不平地对我说："没有电，我们就没有文化可言。"

但是，黑暗也有着优势。特别是对十几岁的年轻人，他们偷偷约会的时候不易被别人发现。

大人们早早上床睡觉了，冬天有时下午 7 点钟天就黑了，溜出屋子太容易了。黑暗给予人们隐私和自由，在朝鲜，这些东西跟电力一样珍贵。就像裹着一件隐形魔法斗篷，你可以做任何想做的事，而不用担心父母、邻居或秘密警察的窥探。

我遇到过许多朝鲜人，他们诉说着对黑暗的热爱，其中一个十来岁的女孩和她男友的故事给我留下的印象最深刻。12 岁

> 那年，女孩遇到了一个比她大 3 岁的邻镇年轻男孩。在朝鲜等级森严的体系中，女孩一家的地位卑微。如果两人公开在一起，男孩的前途和女孩的正派声誉都会被毁掉。因此，约会的一切内容是，在黑暗中长时间行走，而且除了散步也没有任何别的事可做。在他们一开始约会的 20 世纪 90 年代初，餐馆和电影院都因电力短缺而停业了。[1]

德米克在参加国家公共电台的访谈节目时转述了一位叛逃者的故事。无比讽刺的是，此人在看到朝鲜政府批判韩国的宣传后决定逃离。那张宣传照片展示的是韩国工人在罢工，力图表现出劳动者在剥削压榨下的悲惨状况。但是，这个朝鲜人告诉德米克，他从照片里看到三件令人震惊的事，最终促使他决定冒着生命危险逃离这个国家。

首先，照片上显示韩国人普遍都有车，这在朝鲜是不可能实现的。其次，虽然照片上的工人愤怒地举起紧握的拳头——衬衫口袋上却别着一支钢笔。人人都有钢笔，那时的朝鲜老百姓们可闻所未闻。最后，集会的事实表明韩国允许工人抗议。这对朝鲜人来说更是完全不可想象的。

朝鲜的例子比任何其他国家都更能表明我们在 15 课中提出的理论——关注真实存在，这一点极其重要。人类文明正处于危险的境地，懂得正确的经济学是至关重要的。

---

[1] 芭芭拉·德米克，《我们最幸福：朝鲜人民的真实生活》（纽约：明镜与格劳出版社，2009 年版），第 3 ~ 5 页。

致命的自负

在 20 世纪 80 年代，金日成和他宠爱的儿子金正日亲自指导如何解决国家的困境，后来金正日越来越多地接管了父亲的职责。父亲和儿子几乎在每件事上都是专家，甚至包括地质学和农业。在金正日参观了清津附近的一家山羊养殖场后，朝鲜中央通讯社发表社论说："金正日的现场指导和温暖人心的仁慈将为山羊育种和奶制品生产带来重大的进步。"某一天，金正日会下令将国家的主要粮食由大米改成土豆。接着他会决定饲养鸵鸟是解决朝鲜粮食短缺问题的良方。这个国家总是突然从一个愚蠢的计划转向另一个愚蠢的计划。

——芭芭拉·德米克：《我们最幸福》
（纽约：明镜与格劳出版社，2009 年版），第 65 页

小　结

- 历史证据不能证实或证伪经济学原则。尽管我们通过完美的推理，已经发展出一套精确的经济学原则和原理，但在实践中，若算上推理过程中忽略的其他因素，经济学原则的影响力可能微乎其微。因此，观察真实世界的案例是有益的，它可以补充我们对理论的评价。
- 比较一些起点相当类似的地区——如东柏林和西柏林，朝鲜和韩国，当其中一边实行纯粹的计划经济之后，两边的生活水平差

距急剧拉大。

思考题

1. 历史记录能否证明纯粹计划经济是有缺陷的经济运行方式?
2. 推崇市场经济的政府是否也曾经杀死过无辜的人?
3. 解释小标题“近似控制实验”是什么意思?

Section 4

干预主义：混合经济

INTERVENTIONISM: THE MIXED ECONOMY

干预主义者宣称纯粹的资本主义和纯粹的计划经济都是有缺陷的，而干预主义的经济政策旨在纠正这类缺陷。尽管干预主义政府不会放任纯粹市场经济的结果，却也不至于完全废除私有财产。干预政策的目标是，既要保留自由企业制度的显著优势，又要采用各种矫正措施来节制“过火”的纯粹资本主义。

第 17 课

价格管制

本课要点	
	· 干预主义的定义 · 最高限价和最低限价的例证及后果 · 如何运用供给－需求曲线来分析价格管制

干预主义的设想

在本书的第二部分，我们解释了纯粹市场经济的基本架构和运行机制。在第三部分，我们考察了纯粹计划经济的理论问题，并引用文献表述了由纯粹计划经济的实践造成的惨状。

在本书的最后一部分，我们要看一些常见的**干预主义**政策。干预主义者宣称纯粹的市场经济和纯粹的计划经济都是有缺陷的，而干预主义的经济政策旨在纠正这类缺陷。尽管干预主义政府不会放任纯粹市场经济的结果，却也不至于完全废除私有财产。干预政策的目标是，既要保留自由企业制度的显著优势，又要采用各种矫正措施来节制“过火”的纯粹市场经济。

接下来的课程将说明，政府对市场经济的干预会带来出乎预料的后果，即使从制定干预措施的出发点来看，“治疗方法”常常比疾病本身更致命。你可能会惊讶地发现，在政府的干预下，现代社会的许多问题变得更严重，甚至有些问题本身就是由政府干预造成的。本课以价格管制为例加以说明。**价格管制**即政府不允许市场出清，强制设定一个不同于均衡价格的价格。我们的讨论分为最高限价和最低限价两方面。

最高限价

最高限价是指政府用法律来规定市场上某一商品或服务的最高价格。政府的想法是，价格只能涨到“上限”为止，再涨就不合法了。设定价格“上限”的正当理由是为了确保穷人也能负担得起一些重要的物品。**租金管制**就是一个典型的例子，政府通过租金管制，强行限制某些类型住宅的租金额度。在特殊情况下，临时设定价格上限是为了避免公众在困难时期被“敲竹杠”。例如，发生自然灾害后，地方或州政府可能会对一些物品实施价格管制，如瓶装水、发电机、汽油等，以防商家“发灾难财”。

要不是深受民众欢迎，最高限价也不会如此普遍。尽管普通大众拍手称快，但市场运行机制告诉我们，最高限价实际上在帮倒忙，损害了大众的利益。下面的分析并不详尽，但足以揭示最高限价的破坏性后果。

近期的短缺

要想起到一定的效果，最高限价的价格必须得比市场价格低（回忆一下第 11 课）。在一般情况下，实际市场价格将趋近于市场出清价格，也就是供给量等于需求量时的价格。现在，如果政府规定价格“上限”来压低价格，将造成受管制的商品和服务短缺。

图 17.1 显示，在市区租一套公寓的均衡价格原来是 800 美元。在此价格下，消费者想租的公寓套间总数为 10 000 套，业主打算拿出来出租的也是 10 000 套。市场是出清的，在高价格的制约下，每个人都能完成他想进行的一切交易。

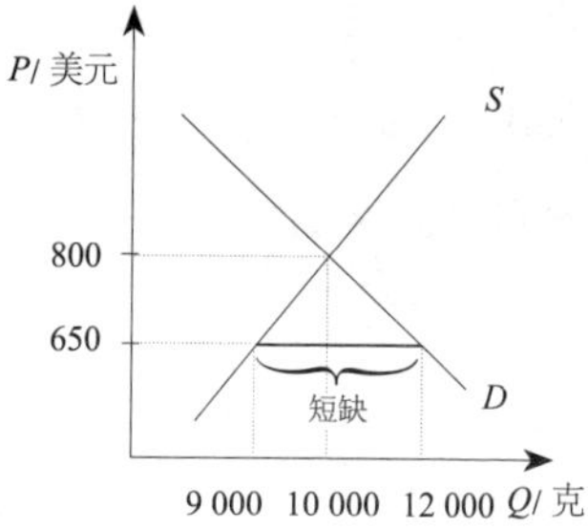

图 17.1 公寓套间市场

接下来，政府规定价格“上限”为 650 美元，它声称“老百姓负担不起”这么高的房租，并威胁一旦发现业主要价高于 650 美元，将予以重罚。价格降低后，公寓套间的需求量上升到 12 000 套，而供给量却下降至 9 000 套。[1] 现在有 3 000 套的短缺，也就意味着在现行价格下，周围有 3 000 人想租一套公寓，但找不到空置的。

---

[1]（在近期内）虽然公寓套间的实际数量不会减少，但在新租金条例的管制下，业主愿意拿出来出租的套间数量必然会下降。举个直白的例子，房东愿意按每月 800 美元出租一间空置的卧室，但如果只能收 650 美元，房东很可能宁愿让卧室空置（留给放假回来的孩子或其他远客）。公寓业主面对低价格，即使原来整栋出租，现在也可能只愿意拿出一部分套间，租给那些通过了严格背景调查的房客。

短缺的问题很严重，因为价格管制的本意是帮助一些人，但反而让他们得不到商品和服务。没错，那 9 000 个租到公寓的人可能会庆幸每月省了 150 美元租金（要是他们明白下面的补充说明，可能就高兴不起来了）。然而，社区里现在还有 1 000 人，他们本可以在市场价格下租到公寓，如今却因为最高限价而租不到了。我们知道，因为 800 美元下的需求量是 10 000 套，他们宁愿花 800 美元租公寓，也不愿意租不到房子。因此，由于租金管制，他们的境况明显恶化了。[1]

在第一步的分析中，我们必须权衡 9 000 个租户的收益（每月省下 150 美元）与其余 1 000 个租户痛苦的损失——尽管他们付得起 800 美元，但却租不到自己住的公寓。显然，租金管制也让房东的处境恶化。即使我们完全忽略房东的命运，只从帮助房客的角度来考虑，也无法确定最高限价是否在整体上改善了这一境况。

在另一些实行最高限价的情景下，这种得失的对比更加显著。例如，飓风袭击了一座城市，并摧毁了电力设施，由此引发的洪涝灾害污染了饮用水源。如果放任不管的话，由于需求大增而供给不变，瓶装水和罐头食品的市场价格将会爆涨。但如果当地政府立法惩处那些为应对危机而抬高“必需品”价格的商人，结果可不会是（包括穷人）人人都能得到这些物品。与此相反，真正发生的情况将是，极少数第一批冲到商店的人清空货架，满载着未涨价的瓶装水和罐头食品离开，而晚来几个小时的人们将空手而归。这些可怜的人，看着官方的“公道”价格就像望梅止渴。他们本来宁愿出 5 美

[1] 当然，另外还有 2 000 个因为住房短缺而沮丧的人，不过，如果不考虑找不到房子的苦恼和浪费的时间，他们并没有真正吃亏。即使允许价格回升到市场出清的水平，他们也无法按心仪的价格租到公寓，只能放弃寻找。

元的单价买10瓶水，也不想让一家人整个星期都喝可乐。

另举一个汽油的例子。一场飓风即将来临，在受影响的沿海地区，人们设法拖家带口逃往内陆。因此，这些地区对汽油的需求突然增加，通常这会导致汽油价格的急剧上涨，比如涨到每加仑7美元。极高的价格将迫使逃难的居民购买仅够开到洲际公路的汽油，然后再寻找价格更低的加油站。当新闻播报飓风迫近时，市场有效地通过高价格来限制汽油的配给，并分配给每一个试图驾车离开的人。

然而，如果市政府以罚款甚至坐牢来威胁加油站，禁止它们“哄抬物价”，那么第一波驾车人就会往油箱里灌满汽油，把加油站清空。来晚的驾车人四处兜着圈子，看到加油站全部挂着“卖光了”的牌子。油箱里的汽油所剩无几，可他们又不得不往州际公路上开，没准全停在半路上。如果目标是让尽可能多的人顺利躲开飓风，那么规定汽油的最高限价将是一个可怕的主意。

减少长期供给

除了短期供给量立即下降之外，最高限价也将抑制长期供给，因为企业家和投资者面对新的状况，会把精力和资源转移到不受价格管制的其他行业。例如，如果在大都市实施租金管制法律，将立即导致住房短缺。然而，随着人口的不断增长，投资者却认为廉价公寓项目无利可图。长此以往，问题会变得更严重。

另举一个例子，在遭受洪涝灾害威胁的小城里，如果商人们知道政府将规定价格“上限”，不允许把瓶装水和其他物品的价格翻两番，那么他们就不会囤积这些商品。因此，对价格管制的预期削弱了市场经济的主要特征——企业家能够预见潜在的（缺水）危机并知道如何缓解（在平时储备更多的瓶装水），但因为政府剥夺了市场对这种行为的奖赏，导致企业家即使预见到也不会采取行动。

非价格配给

（未受干扰的）市场价格的功能之一是给人们限量提供某种人们竞相争夺但存量有限的商品。从本质上说，想要更多的数量就必须出更多的钱，显然，这样的安排对富人有利，许多人自然会对这种不公正感到震惊。

然而，虽然设定了价格"上限"，但政府不可能消除稀缺的事实，供给量仍然不能满足人们的需求。结果就是，限量配给必须通过非价格机制来进行。实际上，与原先由价格配给带来的不公正相比，非价格配给的结果很可能更令价格管制的支持者们厌恶。

例如，实施租金管制让业主对房客的需求更加挑剔。他们可能坚持要看几个月的工资单，对申请者进行背景调查，并要求提供前房东的证明信。不管是因为彻头彻尾的偏见，还是因为潜意识里乐见房客和去同一所教堂，房东可能会偏向同一个社交圈子认识的房客，或同种族的人。在这样的环境里，少数族裔和新移民将处于劣势，特别是如果他们不会说当地的方言，可能连住处都找不到。这一结果与大多数租金管制支持者的愿望背道而驰。[1]

质量下降

最高限价的另一个潜在负面影响是，它降低了产品和服务的质

[1] 在美国社会的主流意识形态里，歧视的恶劣程度超过贫富差距。——译者注

量。最高限价强制压低一件商品的卖价，也就降低了卖家的动力，他们不再提供让顾客满意的商品或服务。

例如，租金管制法催生了**“贫民窟恶房东”**，把这一绰号送给低收入住宅区一些凶狠的问题业主。在正常的市场上，一个一贯待客粗鲁、不把契约责任当回事的商人将很快关门歇业。但在租金管制之下，业主们无须竞相取悦顾客。即使3单元A座的房客受够了房东的苛刻，干脆走人，房东也无所谓，他知道潜在的租户还排着长队等着搬进来呢。

从本质上看，最高限价使得卖家在不影响销售总收入的前提下，有了降低商品和服务质量的余地。在上面租金管制的例子中，如数值所示，只要房客仍愿意付650美元租金，房东就能够降低公寓的品质。他很可能磨磨蹭蹭，不及时更换烧坏的走廊灯，也可能不再定期刷新漆，任由建筑物上的油漆开裂脱落。当然，他更不会半夜起来为一位房客解决热水器坏掉的问题。因此，不能完全说那9 000个租户用650美元租了原价800美元的公寓，因而就改善了境况。这是因为他们在两种情况下没有得到“同等质量”的公寓套间。

最低限价

最低限价是指政府用法律来规定市场上某一商品或服务的最低价格，不允许价格降到“下限”之下。如果发现买家支付的价格低于“下限”，买家将被罚款或受到其他形式的处罚。实行最低限价的正当的理由是，比起纯粹的市场经济的价格，一些卖家的商品理应得到更高的价格。

在现代西方国家，最低限价主要针对劳动力，[1]特别是由政府来规定**最低工资**标准。如果雇主每小时支付的工资低于最低工资就违法了。由于最低工资是最普遍、最被认可的最低限价形式，我们将在这一课的下半部分集中讨论最低工资。[2]我们的分析也普遍适用于针对其他商品和服务的最低限价。

正如最高限价一样，最低限价也有很多意想不到的后果，应该促使最低工资的拥护者们重新考虑，那是否能真正帮到非熟练工人。最低限价的后果包括以下几点。

近期的过剩（或供过于求）

在市场出清价格（工资）下，非熟练工人的雇主需求量与供给量相等。如果政府制定的最低限价高于市场出清水平，那么将导致非熟练劳动力的供给过剩。供过于求意味着，在现行工资水平下，试图寻找工作的工人数量超过了雇主愿意雇用的数量。说白了，这就叫**失业**。图 17.2 说明了最低工资法的影响。

如图 17.2 所示，均衡工资为每小时 5 美元。雇主愿意按这一工资水平雇用 10 万名工人，同时也有 10 万名工人申请这类低技术含

---

[1] 政府担保一些农产品的最低价格，使得农民也成为**价格支持**政策的受益者。但是，政府通常会用纳税人的钱，人为地增加对农产品的需求以支持价格下限。政府并不惩罚那些用低于每蒲式耳（英美制容量单位，用于计量干散颗粒，1 蒲式耳等于 8 加仑。英制 1 蒲式耳合 36.37 升，美制 1 蒲式耳合 35.24 升）10 美元的价格购买小麦的人，而是当市场价格将要跌破 10 美元时，自己进入市场收购小麦（并储存在谷仓里）。这类"价格下限"的方法与本课讨论的情况不太一样。

[2] 我们的分析针对政府强制实施的最低工资标准，这种分析也适用于工会的情况。工会以暴力或毁坏财物为威胁，试图把工会成员的工资提升到市场出清水平之上。许多经济学家认为工会也是政府干预的形式之一，因为政府往往对工会的恐吓威胁袖手旁观，但却会严惩别人以同样的方式扰乱市场自愿交易（比如劳动谈判过程中的雇主）。然而，我们本课的讨论仅限于政府直接干涉市场的情况。

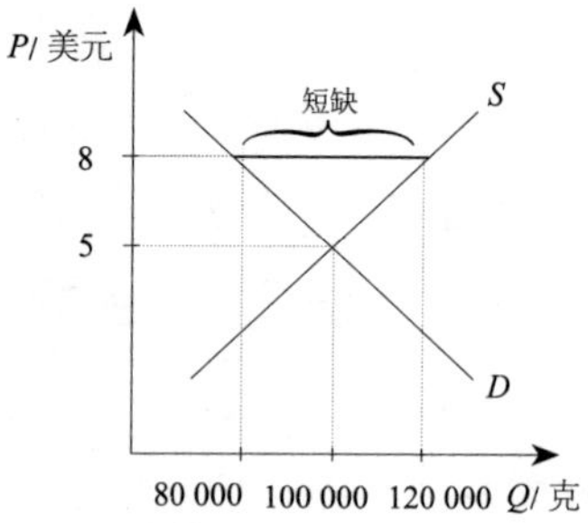

图 17.2 初级劳动力市场

量的工作。当政府干预将工资提高到每小时 8 美元时，寻找工作的工人数量将上升到 12 万人，但需求量却下降至 8 万人。这样，就出现了 4 万的缺口。这 4 万个无一技之长的人很愿意在每小时 8 美元的工资水平下工作，但无论填多少张申请表，他们都找不到工作。

分析至此，我们看不出最低工资法是否帮到了非熟练工人。没错，现在那 8 万个保住工作的工人每小时多挣了 3 美元，但却有 2 万人原本心甘情愿每小时挣 5 美元，可现在却根本找不到工作。此外，还有 2 万人因无法找到每小时 8 美元的工作而沮丧——他们压根不会有工作，因为每小时 5 美元的工资对他们没有吸引力。

关键是要认识到，最低工资法并没有强迫雇主雇用低技能的工人，而是用法律来约束雇主，不能用低于最低工资的价格雇用工人。最低工资法没有惩罚雇主，但实际上加重了雇主的负担。

排除慈善事业或其他非营利的情况，雇主之所以会雇用工人，是因为他们期待工人创造的额外收入能超过付给他们的薪水。如果雇主不认为工人能带来净收入，那么雇人就会带来损失，雇主也就没有雇人的动力。政府人为地提高最低工资的实际效果是那些生产率低于一定水平的人不可能找到工作。

请记住，一些低技能的工人不能每小时创造 8 美元的产值。假设某人的劳动力每小时只能创造 7 美元的产值，那么如果最低工资是 8 美元，此人每工作 1 小时，雇主将损失 1 美元。如果雇主希望获得最大利润，那么明智的做法是干脆不雇用这个工人。

减少长期需求

如果政府颁布的最低工资法让雇主很难做，他们会立即削减雇员数量来应对。[1] 至于长期影响，只要雇主认为最低工资法将持续实施，他们就会调整商业计划，以减少对劳动力的依赖。[2] 例如，雇主可以引进设备和改进工具，让每个（留下的）工人可以完成更多任务，也就是提高工人的边际生产率。工作场所的机械设备越多，工人每小时创造的产值也越高。

例如，现代快餐店只需雇用很少的工作人员，就可以在一轮班中提供数百份快餐，而 20 世纪 50 年代，快餐行业则需要更多的人手来完成同样的业绩。导致这种差异的原因在于，过去 60 年里自动化程度得到了极大提高。一个训练有素的工人可以一边按汽水机的按钮装满饮料杯，一边用特制的铲子把炸薯条扣进支架上的纸盒里，同时耳机里传来“得来速”的订单，她只需要敲击键盘上标识的定餐按钮即可。如果要给客户找钱，她甚至不用计算，收银机会自动弹出 25 分、10 分、5 分、1 分的正确组合。

因此，与其仍旧保留（假设）8 个工人，并在每小时支付 8 美元，餐馆老板宁愿花几千美元安装最新设备并优化楼层设计。这项

[1] 至少，只要合约没有限制，他们很愿意这样做。在现实中，可能还有其他限制，例如，如果老板为应对最低工资上涨而裁员 10%，这将会影响员工士气。但即便如此，对于一个企业，若其他条件不变，提高最低工资也将减少利润最大化约束下的（低技能）雇员数量。

[2] 也就是说，需求的长期下降意味着两件事情：首先，持续实施最低工资标准将减少能找到工作的工人数量。其次，即使政府最终取消最低工资，在那时能达到的均衡就业人数，也将少于实施最低工资前的水平。

投资让他只需要雇 5 个工人，就能达到同样的产值，且每小时为他节省 24 美元工资。这样日夜不息地忙碌一段时间后，他最终将收回翻修餐厅的投资成本。[1] 但餐厅经过翻修，却永久减少了对人工的依赖。

非工资竞争

最低工资法试图解决的问题是，由于对劳动力的需求不足，不能给每一个想找工作的人提供一份待遇优厚的工作。尽管政府制定了最低工资，但它不能改变根本的现实。工人仍然要互相竞争每一个空缺的职位，最低工资只不过拿走了一个谈判的筹码。讽刺的是，最低工资法伤害的，恰恰正是那些最脆弱、最需要就业的群体。

例如，一个 20 岁的移民既不会说当地方言，也没有工作经验。如果非得挣同样的工资，他不可能与本地中产阶级家庭的大学生竞争同一份工作，没准暑假回家的大学生还与工厂老板的家人去同一所健身房呢。但如果允许这个移民降低工资来竞争，他便很有可能得到这份工作。雇主也许想尝试一下，比如说，用每小时 4 美元的工资雇用这个说着蹩脚英语的移民，看他是否工作刻苦，并能否快速上手。但是，如果政府要求所有新员工从第一天开始就得领取每小时 8 美元的工资，那么这个移民就永远不能踏出（合法）工作生涯的第一步，而他本可以沿着工资的梯级往上走。

最低工资法剥夺了低技能工人通过降低工资来竞争职位的能

---

[1] 注意，按原先每小时 5 美元的工资计算，装修后每小时只能节省 15 美元的劳动力成本。根据装修费用（正确核算贷款利息和设备折旧后），最低工资法就成了是选择 8 个员工还是 5 个员工的餐馆运营方案的决定性因素。

力。雇主因此会根据其他标准来填补（更少的）职位空缺。为了得到一份工作，你“需要认识某人”，或者是公司老员工的亲属，等等。最低工资的支持者自认为能帮到的往往正是不具备这些条件的工人。

工作条件的恶化

通过强制雇主每小时支付更高的工资，并确保有排着长队等待顶替的工人，最低工资法减少了对雇主的激励，他们不再努力让工作的方方面面都更有吸引力。例如，雇主可能减少休息时间，停止供应免费食物，夏天调高空调温度（冬天则调低），雇主将迟迟不更换头顶上的日光灯，并且在办公设备的花费上精打细算，也许在洗手间里改用廉价卫生纸和难闻的洗手液。

有悖常理的是，最低工资法剥夺了一些能够使雇主和工人都更满意的安排。假设有 3 000 个工人在一个炎热的、仅有电风扇降温的工厂里干活，他们每小时的工资是 8 美元。工厂主对工人进行调查，工人们一致同意，如果雇主能安装中央空调，他们宁愿每小时只挣 7.5 美元。工厂主计算了一下，一个班次有 1 000 个工人，消减工资的提议将每小时节省 500 美元的劳动力成本。她考虑到安装中央空调的全部因素，做了一些调研，结论是每小时将多支出 450 美元的电费。

显然，这听起来是一个双赢的建议。是的，工人们的薪水减少了一点点，但他们宁愿少挣点工资，也不愿意每天大汗淋漓地干 8 小时。另一方面，工厂主将不得不先掏出几千美元安装空调，随着时间的流逝，节省的工资开支将抵消初始投资（和更高的水电费）。

但是，如果最低工资设在每小时 8 美元，这个明智的建议将无法实现，因为它是非法的。因此，工人将长期穿着汗湿的衣服苦干，而工厂老板则每小时少赚 50 美元。虽然最后一个例子有点牵强附会，但却说明了最低工资法的主要缺陷：一份工作的吸引力来自各个方面，薪水只是其中之一。政府独断专行地设置最低工资标准，结果可能反而引起其他方面的工作条件下降，如此一来，即使保住饭碗的工人最终也将受到伤害，更别提那些根本找不到工作的人了。

小　结

- 干预主义是计划经济和市场经济的结合，它允许个人保留多数资源的所有权，但由政府来管制人们怎样使用“自己的”财产。
- 最高限价导致短缺、长期供给下降、非价格配给和质量下降。最低限价导致过剩、长期需求下降、非价格竞争以及买方提供的非货币条件恶化。
- 供给需求曲线有效地说明了最高限价和最低限价分别导致的短缺和过剩。

术　语

干预主义：混合经济的理念，即政府严重干预资本主义制度，管制个人怎样使用私有财产。

价格管制：一种由政府规定合法价格范围，并惩罚不按范规定交易商品和服务的政策。

最高限价：价格管制的一种，针对某一商品或服务设定最高价格水平。

租金管制：为公寓租金设定的最高限价。

贫民窟恶房东：给不维修公寓并普遍不讲道德的一类房东起的绰号。

最低限价：价格管制的一种，针对某一商品或服务设定最低价格水平。

最低工资：为工人薪资设定的价格下限。

价格支持：政府维持最低价格政策的一种手段，不是威胁出价太低的买家，而是由政府直接出手购买那些市场价格即将跌破价格下限的商品和服务（价格支持的影响不同于最低限价）。

失业：劳动力市场过剩或供大于求的情况。一些工人即使工资要求和工作表现与有工作的人一样，却找不到工作。

思考题

1. 混合经济中的“混合”一词是什么意思？
2. 为什么公寓的近期供给量会下降？一定时间内的公寓数量是不变的吗？
3. 当飓风即将来临时，设定汽油的价格上限将怎样妨碍一个城市的疏散？

*4. 最低工资法（除了降低短期需求量以外）怎样降低对劳动力的长期需求？

5. 最低工资怎样伤害到那些保住职位的人？

第 18 课

销售税与所得税

本课要点

- 政府开支的总体影响
- 政府为开支筹钱的三种典型方式
- 销售税与所得税的特有影响

政府开支

政府的开支项目将给自由市场经济的运行结果带来深远的影响。本课我们根据学到的纯粹市场经济的运作原理，来观察这些措施是如何扭曲经济运行的。要记住，经济学分析本身不能断定一项政府政策是好是坏。然而，客观的经济学分析能够证明，为干预政策正名的理由是无效的。原因是，即使用干预主义者自己提出的标准来看，干预也带来了更坏的结果。

不管政府如何筹措资金，一旦政府花钱，一定会抽走私营部门的资源，并把它们投入到政治当局选择的项目上去。例如，如果政府花费 1 亿美元修建一座桥，不管这笔钱从何而来，我们知道它将对经济产生影响。为了建造桥梁，政府必须雇用工人，购买混凝土和钢材等物料。稀缺的劳动力和材料一旦用于造桥，就不能被私营部门使用。一旦建筑工人去为政府造桥，他就不能再分身为一家私营企业修建厂房；一旦钢筋和混凝土注入桥梁，也就不能用于私营企业家的建筑。

如果政治当局索性宣布，他们把政府资金花在官员们的尽情享乐上，经济学家也就没什么可说的了。毕竟，如果迪斯尼乐园的业主决定修一座连接两个主题公园的桥，他们也会占用别的经济部门的可用资源，那么政府做同样的事又有什么问题呢？

关键的问题是，迪斯尼乐园的业主在自发市场经济中经营，因此要接受盈亏检验。如果他们不把 1 亿美元消费掉（如买豪宅和酷车），而是花钱把乐园建得更好玩，他们将得到客观的反馈。没多久会计师就能计算出来，新安装的游乐设施（或其他投资项目）是否带来了更多的游客，有没有增加总收入。[1] 记住，正是依靠市场价格进行的盈亏检验，引导着企业家尽职地管理社会上的稀缺资源。

相反，政府却不能依靠市场价格的客观反馈，因为政府（至少

[1] 严格地说，会计师不能把盈利（或不盈利）归因于管理者的某个决定。例如，假设赌博丑闻毁了米老鼠的美名，恰在同时，乐园里建好了新的游乐设施。那么，也许本来营业收入会下降 20%，可在新游乐设施开放后，门票总收入仅下滑了 10%（新游乐设施部分抵消了米老鼠丑闻的影响）。即便如此，会计师仍可以客观地判断生意是赚钱还是亏本。

部分地）运行在市场之外。显然，干预主义混合了市场经济和计划经济，因此它（部分地）继承了计划经济的缺陷。政府限于权力，只能从私人业主那里购买资源——而不是简单地下令工人无偿劳动修建桥梁，它也没法没收混凝土和钢材归政府所用——政府预算限制了它能从私营部门抽取的资源数量（在纯粹的计划经济下，经济体中的一切资源都由执政者支配）。

然而，因为政府不是企业，它筹来的钱并不是由政府服务的“消费者”自愿给的。因此，尽管在干预主义经济中，政府购买的每一单位资源都有市场价格，它也因此能够得知资源在经济体中的相对重要性，但其仍然无法客观地衡量国民从政府开支中受益多少。缺少这样的反馈，即便政府想全心全意为人民服务，它也会像“无头苍蝇”一样。

举个例子，假设政府决定建一座公共图书馆，为社区提供免费借书和互联网服务。因为预算有限，政府当然不会做一些离谱的规划，比如给图书馆镀上一层金，也不会拿斯坦贝克和海明威小说的首版珍藏堆满书架。假设政府尽心尽责，[1]向几个信誉好的承建商招标，用40万美元建造了一座中规中矩的图书馆。

然而，即使外部审计和记者调查找不出一点腐败丑闻，问题仍然存在：花40万美元在这一位置建图书馆值不值？关键在于，我们确切知道的事实是：光靠收取借书费无法赚到足够的总收入，没有一个企业家认为这项事业有价值。我们从何得知？因为在政府耗资

[1] 我们承认自己违反了“只有个人才会行动”的规定：在现实中，“政府”不会建立一座图书馆。实际情况是，做出这一决定的是一些决策人，因为他们的身份和辖区人民的顺从，才导致了一个意料之外的后果。但为了简洁起见，我们常常会说“政府”花钱、征税等。

建造图书馆之前，并没有人去建图书馆。

对于政府开支的一种观点是，政府开支创造出的商品和服务，一定是私营部门认为不值得生产的。[1] 当政府花钱时，它会把资源抽离那些本来应该由私人决策的项目，改投到其他项目中。而如果依靠私人企业的自愿筹资，这些项目本无利可图。[2]

因此，干预主义经济当局继承了一半的计划经济计算问题。即使我们本着“资源的使用不必考虑富人偏好”的精神，把上边的顾虑抛诸脑后，政府仍然处于困境，无法弄明白怎样帮助穷人和弱势群体。是把 40 万美元花在公共图书馆上还是购买流感疫苗免费提供给贫困儿童？在这样的情形下，本质上政府成了一个庞大的善款分配者。即使那些认可政府扮演这一角色的市民，也应该扪心自问：为什么一定要通过政治途径决定捐款的去向？为何不能分散决策，允许个人捐钱给他们自己认为最值得捐助的慈善机构？

毫无疑问，支持政府干预的人能针对这些问题提供（有一点技术含量的）答案。[3] 即便如此，他们充其量只是把问题变成如何寻找最不差的解决方案。不管政府开支是否有益，它同样为社会的计算

[1] 这种说法有一个微妙之处：正是因为私人预计政府会介入，所以他们才克制自己不投资。比如，如果政府投资建一座新体育馆，人们常常会说：“没有政府的帮助，体育馆是建不成的。”然而，私人投资者“需要”政府帮助的原因很可能是，他们知道自己的一部分费用将转嫁给纳税者。

[2] 记住，私营机构可以依靠慈善捐款，而不仅仅是商业销售收入。一个纯粹的市场经济完全可以包容救济站、收容所等机构。关键的问题是，在纯粹的市场经济下，这些机构的所有者需要募集自愿捐款，而不是接受政府的资助。政府资金的最终来源不是自愿的。

[3] 例如，有些事情可能不适合私营企业去做，比如提供军事防御。我们也可以想象另一些情况：只要人人都是被迫的，可以认为多数人是同意“被迫”捐钱的。比如，市政府提供“免费的”垃圾箱（放在热闹的街角）和路灯，为此向市民每人每年收取 10 美元，大概多数居民都不会认为这是“盗窃”。考虑到这些情形，许多经济学家明知政府开支有缺陷，但仍然坚持应该对政府采购保留一定的余地。

问题所困扰。人们本来可以自主决定（一部分）私有财产的用途和资源的流向，但干预主义赋予一群特选的政治精英去推翻私人的决策。对于任何支持用干预主义增进公共福利的人来说，不管怎样定义“公共福利”，都是一个严重的缺陷。

官僚们为何如此声名狼藉

官僚与其他人的本质区别在于，在官僚的工作领域里，不可能用货币来评价一个人努力的结果。

——路德维希·冯·米塞斯：《官僚体制》，第 53 页

政府怎样为开支筹钱

政府开支除了会扭曲经济以外，政府的各种筹钱方式也会造成相应的扭曲。传统上，政府主要通过三种手段筹钱：**征税**、**预算赤字**和**通货膨胀**。征税是政府命令个人和企业根据税法付钱给政府。预算赤字是指当政府陷入赤字时，它通过出售债券向个人、企业或别国政府和机构借钱，并还本付息。通货膨胀是指政府“凭空”创造新钱，并用来支付政府开支。

财政赤字和通货膨胀留到后面的章节讨论。在本课的下半部分，我们集中讨论政府税收的两个主要来源：销售税和所得税。

前面我们讨论了政府开支造成的扭曲，政府开支从（受制于盈亏反馈机制的）私人企业家手中抽走资源，并改由政治程序决定其使用途径。在继续讨论之前，我们应该再次强调，下面的内

容将讨论的是，不仅政府的开支会扭曲经济，而且当政府为开支筹钱——征税时也同样如此。

为了表现出差异，让我们想象一个极端情况，如果政府征收200%的所得税，也就是说，你每赚1美元必须依法给国税局寄一张2美元的支票。很明显，这太荒唐了，几乎没人愿意工作，至少没人愿意“光明正大”地工作并向政府纳税。结果，政府将征不到多少税，它也没钱能把资源抽离最有利可图的用途。然而，如果说政府干预没有扭曲这一假想的经济体，那就错了。在这种情况下，人人都将辞去正式工作，回归原始生活，或藏在**黑市**里工作以躲避当局。尽管政府筹不到什么钱，也拿不出多少预算，但因为这种惩罚性的税法的实施，经济将跌入极度贫困的深渊。

概括地说，比起纯粹市场经济的结果，政府花钱和筹钱都会扭曲经济。现在我们具体研究一下由征收销售税和所得税所导致的扭曲。

销售税

销售税是由政府下令，针对某些交易，要上缴一部分交易金额给政府。例如，如果餐馆里的一餐饭要收5%的销售税，那么如果食客点了100美元的食物和饮料，他除了要付100美元给餐馆外，还得另付5美元给政府。顾客实际结账时餐馆总共收取105美元，然后拿出5美元定期汇总上缴政府。

销售税强迫消费者接受不真实的价格，这就是它扭曲经济的地方。在餐馆的例子中，顾客最终为享用的食物和饮料支付了105美元，但实际上餐馆只要收 100 美元，就能抵消制作这顿饭的劳动力、生肉、苏打水等资源的开支。如果让我们考虑这样一种情况，扭曲就显而易见了：政府对某些物品，比如酒类，征收高比例销售税，而对其他物品统统免税，比如水果。倾斜的销售税率使“受罚”的商品显得特别昂贵，这会刺激消费者减少消费高税率的商品，转而消费更多不收税的商品。

当然，许多社会改革家会说：“那正是我们想要的结果。我们要劝阻人们饮酒。”这类社会改革家显然是把自己的看法凌驾于消费者之上，他认为自己比消费者更有权决定应该如何在市场上花钱。经济学不能评判这种**家长作风**是好是坏，它只是指出，至少从狭义的角度来看，应该由消费者自己来判断处境是否变坏。对酒征收重税只会剥夺消费者的选择权。就算政府没有人为提高酒类价格，想要健康饮食的人也会选择不买酒。

许多务实的经济学家建议政府降低边际税率，采用统一的销售税率，以减少对经济的扭曲。例如，多数经济学家建议，与其对市场上的一半商品征收 10% 的销售税，不如对全部商品征收 5% 的销售税。这个改变不会影响政府的征税总额，[1] 却能消除强加给一些经济部门的不利影响。

然而，我们应该谨记，价格在纯粹的市场经济中是有意义的：

---

[1] 其实，试图“拉平”销售税的举措有可能增加政府总收入，因为降低的税率将带来更多的买卖交易，而原来征收不同的销售税时，消费者的购买对象会从税率 10% 的商品转移到零税率的商品上。因此，在 5% 的统一税率下，应税商品的实际销售量很可能超过一倍，足以抵消销售税率减半带来的影响（请注意，我们只是在讨论总体趋势，当然也可以虚构一些具体数字来解释相反的情况。例如，假设一开始食品和香烟的税率是 10%，而游艇和钻石的税率为零，当改成一律按 5% 征税时，总税收很可能会变少）。

价格是衡量真实稀缺程度的指标。因此，即使政府对全部商品和服务“公平地”征收单一销售税率，也还是会扭曲经济，因为消费者还是有动机从一开始就少挣钱。为了看明白这一点，让我们举一个荒唐的例子，假设政府对市场上的全部物品统一征收 100% 的销售税。尽管每一个部门都因此受到打击，但显然还谈不上“灭顶之灾”。消费者最终将节衣缩食减少消费总量，并通过减少工作（多享受休闲）来降低自己的货币收入。除此之外，还有一些微妙之处——不可能真正统一销售税率。例如，征收 100%的销售税后，每包 1 美元的口香糖将涨到 2 美元，而 5 万美元的跑车则会涨到 10 万美元，在这种情况下，口香糖销量下跌的幅度要比跑车小。

至止，我们一直假设社会上人人遵纪守法，依法纳税。但在现实中，随着销售税日益加重、征收对象越来越广，越来越多的商人和消费者将选择去黑市做买卖。也就是说，他们会私下里偷偷相互交易，既不向政府汇报，也不依法缴纳税款。香烟一类物品比汽车等物品更容易在黑市上交易。黑市效应是销售税造成的另一种扭曲。

所得税

所得税是指政府要求个人和企业定期上缴一部分收入给政府。所得税通常用百分比表示，并且往往是**累进**的，也就是说，税率随着个人收入等级的上升而递增。假设所得税有两个**等级**，1 万美元以下的收入税率是 10%，超过 1 万美元的部分收入税率是 20%。一个税前收入 10 万美元的人应缴所得税为 19 000 美元

（10% × 10 000+20% × 90 000）。[1]

如果政府对一些收入来源免征所得税，那么在免征的范围内将导致相关部门的扭曲。例如，对购买地方市政债券的利息收入免税，而对购买公司债券的利息收入则征税。在其他条件不变时，这将导致投资者更多地借钱给地方政府，更少地借给企业，因此扭曲了投资基金的分配。

另一个例子是医保问题。根据美国现行税法，公司提供的医疗保险补贴不计入员工的应税所得。但是，如果雇主不把钱花在购买医疗保险上，而是直接加到工资里支付给员工，就会被征税，这意味着员工没法把多给的工资全部装进腰包。也就是说，雇主为员工购买医疗保险比员工自己购买便宜。这就是医疗保险总是和工资紧紧绑在一起的主要原因，而通常汽车和房屋保险却是人们自己掏腰包购买的。

不仅所得税法对某些收入来源免税会造成扭曲效应，它的另一个主要扭曲效应来自应税所得中的费用**抵扣**。例如，购房者可以从联邦所得税中扣除自己支付的按揭贷款利息。因此，如果有人税前收入 10 万美元，但他要付 5 000 美元的按揭利息给银行，那么他只需向国税局申报 9.5 万美元的**应税所得**。应税总额的降低将让此人适用较低的税率等级，而不再按 10 万美元的收入级别计算。有人认为，税法的“漏洞”（限制了所得税的扭曲范围）使得总体经济运行较接近市场的结果。但它显然造成了行业之间的极大扭曲，尤其是当边际所得税率很高的时候。以抵押贷款利息抵扣税款为例，它会

[1] 注意，20% 的税率仅适用于第 2 等级范围的 9 万美元，而不是全部 10 万美元收入。这就是为什么通常涨工资后，尽管你上升到更高的纳税等级，但不可能看到实际工资下降。

人为地激励人们延长按揭期限，把钱用于其他投资，而不像原先那样选择尽快还清银行贷款。[1]

税法最大的扭曲效应是，它影响人们从一开始决定挣多少钱。最明显的扭曲是，如果对工作报酬（货币收入）课以重税，人们将会减少工作。大学生将延长在校时间，而老年人则会提早退休。从整个经济体来看，由于激励的改变，工作的总时长数将会下降——特别是在“工资翻倍”的假期加班的时间。这是因为，一方面人们确实工作时间更少了（享受更多休闲），另一方面他们将“私下里偷偷”或“不登记在案”地工作，这样就不用向政府汇报收入了。因为某些形式的收入比别的收入更容易隐藏，所以比起纯粹市场经济的结果，重税政策对黑市活动的“鼓励”也将扭曲经济。

最后，我们将讨论所得税法中一个被忽视的效应。有些人认为，加税只要适度，就不会对经济活动产生显著影响，因为“人们反正还是得工作”。例如，如果政府起初完全不征收所得税，但后来因收入不够而开征新税，只对高于 8 万美元的那部分收入征 20% 的税。许多观察家会认为这对经济没什么影响，年收入超过 8 万美元的人肯定不会因此而不工作。

然而，这种分析忽略了一个事实：货币报酬只是一份工作的吸引力的一部分。假设在中西部一个寂静的小镇上，一家知名公司雇用一位首席会计师，年薪是 8 万美元。会计师已经得到了纽约市一

---

[1] 人们通常认为，按揭利息抵扣税款的政策将激励人们买房，而不是租房，但租金的调整将消除这种影响。如果企业家购房用于出租，那么借款利息，即业务支出，也能抵扣税款。租房市场上企业家之间的竞争将压低租金，但此时的房价却很可能高于之前利息不能抵税时。因此，尽管人们通常认为按揭抵税政策大大有利于买房自住而不是租房，但这一扭曲并没有乍看起来那么严重。

家更大的公司里的职位，年薪是 14 万美元。然而，去纽约工作的活他必须举家搬迁，大公司的工作压力更大，并且每天上下班也得多花两个小时。在没有所得税的情况下，会计师要判断的是，多挣的 6 万美元的年薪能不能弥补在大城市工作的缺点。

当开征所得税后，纽约市的那个职位的优势大大降低了。现在，如果他接受这份工作，税前年薪依然会增至 14 万美元，但却不得不交 1.2 万美元的税。因此，他的实际税后收入为 12.8 万美元，但目前的这份工作的年薪是 8 万美元（正好在缴税标准之下）。现在，他必须判断，每年多挣的 4.8 万美元——而不是 6 万美元——能否弥补搬迁的麻烦、昂贵的住房、更大的压力和更长的上下班时间。即使会计师最终决定换工作，但在一个拥有数百万工作人口的经济体中，高额所得税明显扭曲了人们挑选工作的决定。市场经济本来能用高薪把人们吸引到适当的领域，然而所得税妨碍了市场的这项功能——尤其是当最高税率变得越来越高时——税法干扰了企业家对劳动力开价更高的“信号”。

税收抑制生产

当个人所得被征收 50%、60% 或 70% 时，就出现了“阻碍效应”。人们开始扪心自问，为什么每年要为政府工作 6 个、8 个甚至 9 个月，却只有 6 个、4 个或 3 个月的工作是为了自己和家人。投资失败时，他们一无所有；而投资一旦成功，（因为税收）他们却只能得到收入的一部分，他们会认定自掏腰包去冒险太愚蠢了。此外，风险资本在累积之前就被课去了一部分税，因此规模大大缩小。简而言之，首先，提供私营部门就业的资本被阻断；然后，积累的一点资本又不能创建新企业。正是挥霍无度的政府创造了它声称要解决的失业问题。

——亨利·黑兹利特：《一课经济学》，第 38 页

小　结

- 无论如何筹钱，政府开支一定会从私营部门决定的项目中抽走物质资源，并将之投入到政治程序选择的项目中。
- 政府为开支筹钱的典型方式是征税、借债和通货膨胀。
- 比起自由市场的结果，一切税收都会扭曲经济。在非统一销售税率下，将有利于一些商品而不利于另一些商品。即使实施统一销售税，也会降低工作报酬，人为地鼓励人们获得更多休闲。所得税更是对工作的直接惩罚，它人为地鼓励人们选择具有非货币优势的职位。

术　语

征税：政府拿走私人的一部分收入或其他资产的过程。

预算赤字：政府的开支超出征税收入的那部分。赤字是指政府在一定期限内，为应付开支而必须借钱的金额。

通货膨胀：原指创造新货币的术语，但现在通常指价格膨胀。

黑市：违反政府管制的非法交易系统。

销售税：销售商品和服务时征收的一种税。销售税通常按税前价格

的百分比征收。

家长作风：认为有些人没有能力做出正确的选择，因而否决他们的愿望。

所得税：对个人或企业的收入征收的一种税。通常按税前收入的百分比征收。

累进所得税：一种税率随着收入等级的增加而上升的所得税。

所得税等级：不同所得税率的起征和截止范围。例如，纳税的最低等级是从0到1万美元，对这一范围内的收入征收3%的税；接下来的纳税等级是从1万美元到2万美元，对此范围内的收入征收5%的税。

税前抵扣：税法中的条款，允许特定的开支（如医疗费用或购买节能设备的开支）从个人的应税所得中扣除。这就意味着，抵税的物品是用“税前收入”来支付的，促使个人用收入更多地购买这类物品。

应税所得：应按所得税等级条例正式征税的实际收入。应税所得是经最初的收入扣除全部抵扣额，并做一些调整后得出。

思考题

*1. 经济学是否断定政府开支是坏的？

2. 我们如何得知政府开支挤占了私营部门的资源？政府的筹钱方式是否有影响？

**3. 如果政府修建一座图书馆，我们能否因此得知私营部门本不该这么干？

4. 如果政府征税的金额适中，我们能否确定税赋较轻？

5. 只要人们继续工作，所得税就不会对经济有什么影响吗？

第 19 课

关税与配额

本课要点

- 重商主义的定义
- 自由贸易的一般性论证
- 关税与配额怎样让国家变穷

重商主义

重商主义是一种经济思想和学说，它认为一个国家能够通过鼓励**出口**（将商品和服务卖到国外）和限制**进口**（从国外购买商品和服务）来致富。根据重商主义的观点，**贸易顺差**（出口大于进口）有利于一国的经济，**贸易逆差**（进口大于出口）则相反。如果重商主义是正确的，那么一个国家只有奉行**以邻为壑政策**才能致富，因为一个国家的贸易顺差必定来自他国的贸易逆差。换句话说，不可能每个国家出口的商品都比进口的少。[1]如果政府官员受到重商主义理念的驱使，他们就会认为他国是本国利益的潜在威胁。在这种心态下，国际贸易变成**零和游戏**，即一国的收益一定来自对别国的损害。

16～18世纪，重商主义思想在世界各主要国家占统治地位。那时，国际贸易结算以金银为基准。贸易盈余让一国富裕是一种直觉。因为进出口的多少是用金银的价值来衡量的，而持续地使出口大于进口将增加一国的金银存量。[2]所以，从表面上看，通往财富之路是积累越来越多的货币。这太合情合理了，尤其是当货币还是真金白银的时候。

以大卫·休谟和亚当·斯密为代表的英国古典经济学家们，著书推翻了重商主义政策的正当性（下面我们将检讨重商主义的一些问题）。当你得知世界上的主要国家曾遵循古典经济学家们的教诲时，可能会感到惊讶。19世纪，各国政府基本取消了以前限制进口、鼓励出口的政策，那一段相对的**自由贸易**时期让全世界受益。

可能你已经认识到了，今天的美国政府并不真正支持自由贸易，尽管他们签署贸易协定，口头上承认贸易的益处，但妨碍全球商品流动的障碍依然存在。虽然政治领导人并不公开主张重商主义，但

[1] 当然，国家是不能进出口货物的，只有具体的人才能从事进出口贸易。但在讨论贸易问题时，如果不把国家作为集体来看，就很难体现出重商主义的本质。

[2] 例如，如果法国向英国出口价值为100盎司黄金的葡萄酒，却只从英国进口价值为80盎司黄金的书籍，那么（如果没有别的交易）将有20盎司黄金从英国流入法国。

却支持类似的**贸易保护主义政策**。这些政策特别照顾（某些）国内产业，对外国竞争者不利。由于各国已不再用黄金和白银作为货币，所以如今为受保护的国内产业“保留工作岗位”成了掩饰贸易管制的借口（而不再是积累物质财富）。

自由贸易的一般性论证

1776 年，著名的英国古典经济学家亚当·斯密在《国富论》中驳斥了重商主义思想，并开始为自由贸易理论建立强有力的论证体系。多年来，经济思想家们对这些论点进行了概括，并构建了更简单直观的方法来解释国际自由贸易的优势。在本节中，我们先回顾自由贸易的理论基础，然后再具体探讨贸易管制的两种形式——关税和进口配额。

从经济学上看，划分“外国”和“本国”商品的政治边界是没有意义的，就像美国人与美国人交易食品、服装、汽车修理和医疗服务一样，从总体上看，与日本的贸易对美国来说也并排“不经济”的。

事实上，贸易保护主义者的错误根源在于，他们认为货物是“美国”向“日本”进口的。他们搞混了，在现实中，是一个个的美国人从一个个的日本人那里购买商品，“美国进口”不过是个人购买的加总而已。当我们说“美国对日本的贸易逆差”时，意思仅仅是指，从总体上看，美国人购买日本人的商品所花的钱比日本人花在购买美国人的商品上的钱多。这种情形本来没有任何危险可言，就跟“德州人向佛罗里达州人买的东西，比佛罗里达州人从德州人手里买回去的多”没什么两样。我们可没听说德州人因为对佛罗里达州存在“贸易逆差”而坐立不安。

没错，保护主义者为贸易壁垒政策辩护的技巧各有高下。例如，有人压根不关心美国境内各州之间的贸易逆差，却担心美国对中国的贸易逆差——理由是中国特有的货币政策或相对薄弱的劳工法律。在本书中，我们不考虑这种支持贸易管制的特殊理由。我们只想让你了解自由贸易的一般逻辑，并理解为什么贸易逆差（这是一个误导性的名词）本身没有问题。[1]

回想一下第8课中学到的专业化的好处与比较优势的概念。这些原理既适用于纯粹市场经济中的每个人，也同样适用于国际自由贸易。为了给底特律的美国工人“创造就业机会”而限制进口日本汽车，就像一个人为了给妻子“创造就业机会”而不去看牙医，却让妻子为自己检查蛀牙一样荒唐。

我们在第8课中探索了常识的洞察力，如果每个人只专门从事一项或几项任务，并同其他专业人士交换剩余产品，那么人人都能享有更高的生活水平。集中精力发挥自己的（比较）强项，通过自发交易的好处，人人都能享受更多的商品和服务。

同样的逻辑也适用于国家。每个国家的人都可以通过与外国人的自由贸易变得富足，而不需要在（地理边界的）国内生产全部种类的产品。由于自然资源禀赋的不同——如油田和钻石矿床、平均降水量和阳光等，世界不同地区在不同的商品生产上具有各自的比较优势，比如有的盛产原油，有的盛产小麦，等等。除了自然资源

[1] 贸易逆差也称作贸易赤字，不要和政府的财政赤字搞混。财政赤字是对市场的扭曲，而贸易赤字却是正常的市场现象。——译者注

之外，还有一些不那么明显的地域差异。例如，由于历史原因，纽约和伦敦成为主要的金融中心，吸引了一些世界上最大的金融机构。因为这一既成现实，世界上大部分的金融交易在这里进行——就像沙特阿拉伯向世界其他地区输出石油一样，都是自发且有效的。

由于不同的地区在自然、历史、文化上的巨大差异，当每个地区专注发挥自己的比较优势（石油、橘子、小麦、汽车、电脑芯片等）时，全世界的总产出（和人均产出）将最大，并且各地区的产量将远超本地居民的需求。多余的部分出口到别的地区，那些地区也出口剩余的产品。虽然国与国之间可能存在贸易逆差，但全球范围的贸易是平衡的，彼此之间的逆差和顺差一定会相互抵消。从总体上看，全球所有国家购买的商品和服务正好等于他们卖出的量。[1]

我们想象一下，一开始全球实行自由贸易的情况，接着假设一个国家决定开始“保护”国内产业，并为了“保留工作岗位”而阻止外来商品进口，那么居民（人均）将会变穷。[2]原因很明显：就像原本好端端的一家人，如果父亲突然发神经，宣布禁止花钱向外人买东西，无疑这一家子将陷入极端贫困的境地。

有时人们看不到国际贸易和国内贸易的联系。没错，一国实施

---

[1] 对于高级读者，我们应从严格意义上指出，一个国家（如美国）可以在对一个国家（如中国）存在贸易逆差的同时，对另一个国家（如澳大利亚）维持贸易顺差。然而，一个国家的逆差和顺差不一定能完全抵消。比如，美国对其他所有国家保持净贸易逆差，这是完全有可能的，因为其他国家的人可以投资美国的资产。例如，如果日本投资者购买了 IBM 公司的债券，这就让“美元回流美国”，并有利于平衡因商品和服务的贸易逆差流到日本的美元。（注意，像股票和债券这样的金融资产不属于一国的出口。）（在国际收支中，有形商品和服务的贸易记在经常项目下，而像债券和股权这样的交易则属于资本项目。——译者注）

[2] 我们添加“人均”这一限定词是因为，严格地说，贸易壁垒能让一国的某些人受益，即与那些受限制的进口商竞争的本国厂商。但是，正如我们将在下文中看到的，该国受到保护的生产者所获得的收益，远远不足以抵消其他人遭受的损失。

进口限制的破坏性远不如父亲限制别家的商品那么大，但那只是程度上的区别，本质上并无差异。从某种意义上说，一个国家的人民生活在一个巨型家庭里，所以当“父亲（政府）”不再允许他们与外人贸易时，后果只是没有那么严重而已。

换个方式看，我们假想的父亲阻止孩子与所有地球人交易。相比之下，如果美国总统封锁边界禁止进口，他只能阻止国民与外国人进行贸易，而国境之内的上亿人仍然能够通过彼此交换、专业化和比较优势获得收益。这就是为什么一个国家的贸易管制再极端，也决不会像对一个家庭实施同样的政策那样具有破坏性。不过，如果你能明白，一旦那个古怪的父亲允许孩子们与其他美国人交易，那将带来多么惊人的收益。你也就不难理解，为什么一旦美国政府不再阻碍公民与外国人贸易，将带来的极大好处。[1]

在谈及具体的保护主义措施（关税和配额）之前，我们必须强调一点：自由贸易的经济学论证[2]是单边的。换言之，自由贸易的论证并没有说“只有别国对等地开放贸易，允许进口商品时，一个国家才能从减少贸易壁垒中受益”。不，上面的讨论已经很清楚地表明，政府设置的贸易壁垒减少了本国人民的交易选择。因此，消除这些障碍——给予公民更多互惠贸易的机会，能让他们（人均）变得更富裕。如果外国政府也取消限制，允许消费者选择进口商品，那当然更

[1] 澄清一下，我们关注的是支持或反对自由贸易的一般经济学论证。如果有人争辩说，不应允许美国弹道导弹制造商与朝鲜人进行贸易，那可不是从经济学角度看问题，而是军事上的观点。此处，我们针对的是广受欢迎的——但却是误导性的——贸易保护主义观念，它认为制造贸易壁垒能刺激国内经济，并让一个国家致富。

[2] 我们称之为自由贸易的经济学论证，是为了区别其他类型的论证。例如，精通自然法理论的人也许会论证说，就算自由贸易使国家更贫穷，也仍然是正确的政策，因为政府无权限制人们使用私有财产。

好。但无论外国政府如何制定贸易政策，一旦本国政府消除全部贸易壁垒，单边实施自由贸易政策，也能让本国人民变得更富裕。

诚然，如果某些国家继续对美国出口实施贸易壁垒，这会使美国人更穷。但是，这与美国减少对这些国家的进口贸易壁垒毫不相干。如果美国独自颁布自由贸易政策，美国人（人均）会变得更加富裕，世界上的其他人也会如此，因为那将给他们带来更多贸易机会。[1]不管他国政府是否跟着解除贸易管制，这个说法都成立。美国单方面地消除贸易壁垒可能会给其他国家施加强大的外交压力，这会让其仿效，但如果这种情况发生，对于美国人来说，也像是天上掉馅饼。其实，在论证自由贸易的合理性时，并不需要别的国家"投桃报李"，因为减少美国的贸易壁垒根本算不上"恩惠"。没错，外国人的境况因此改善了，但美国人也一样变得更好。

上面我们已经概述了自由贸易的一般性论证。现在，让我们研究政府限制商品跨境流动的典型方式。

关　税

关税是政府对外国进口商品征收的税。尽管政府征收关税可能

[1] 我们一定要加上限定词"人均"，因为从理论上看，取消贸易壁垒将损害一些人的利益。我们知道，如果这些国家的奉行自由贸易政策，这些国家的总产出和总消费将上升，也就意味着平均起来这些国家的人将因这一政策而受益。但一些原先受益于贸易壁垒的生产者如今受外国进口冲击而破产，可想而知，尽管他们买东西时面临更多选择（和更低的价格），但他们作为生产者的损失远远大于其作为消费者的收益。我们强调这一点，主要是为了让你更好地理解自由贸易在经济学上的论证。在现实世界中，彻底实现自由贸易（而不是一点点地消除壁垒）很可能会令每个人境况变好，尤其是从长期影响来看。

仅仅是为了增加总收入，但当开征一种新关税或提高已有的关税时，官方辞令通常声称那是为了帮助本国生产者。我们在这一节要考察的，正是后一种主张——进口关税能够保护本国产业工人。

为了方便分析，让我们举一个具体的例子，这个例子涉及美国和日本两国。假设一开始，两个国家之间实施自由贸易，此时一辆普通小轿车的市场均衡价格是1万美元。在这一价格下，美国制造商可以获利，但产量不足以满足美国消费者的需求，缺口则由日本厂商提供。这样一来，美国消费者可以用1万美元的单价买到想要的小轿车。

美国汽车制造商派说客们来到华盛顿。他们宣称说，日本劳动力成本低，日本政府不公平地为汽车厂商提供补贴，等等，并要求华盛顿“确保公平竞争”。只要联邦政府对日本进口汽车开征10%的关税，美国制造商就能扩大经营，并为美国工人提供更多的就业机会。

政客们求之不得，立马对一切进入美国市场的日本小轿车征收10%的关税。这意味着，如果美国消费者想买日本车，现在总共要支付11 000万美元：跟以前一样，10 000美元付给日本汽车制造商，[1]另外1 000美元成了华盛顿的关税收入。现在，美国消费者被迫为日本小轿车支付11 000美元，也就意味着美国制造商一样可以提价了。瞧，说客们说的没错！在11 000万美元的高价格下，美国

[1] 一项技术性的说明：从日本厂商的角度来看，美国人对他们生产的小轿车需求下降。也就是说，日本小轿车每辆1万美元的价格保持不变，但突然之间，美国人不再像关税设立之前那么想买车了。为了简单起见，让我们假设，美国对进口车的需求减少不会降低日本小轿车在世界市场上1万美元的均衡价格。如果你继续深入学习高级经济学，将学到一个微妙之处——这一假设使得理论上有可能存在“最佳关税”，它能让一个像美国这样的大国可以战略性地利用低关税来稳赚一笔（当然是以损害他国为代价）。在现实中，这是一种不靠谱的论调，就算不考虑其他因素，也不能指望政客们会坚持这一“最佳”关税结构。但如果你打算继续深造经济学，应该注意这一技术性细节。

制造商们沿着供给曲线向上移，美国工人在美国工厂里生产出来的小轿车更多了。正如说客们所预测的，底特律和其他汽车工业城市的就业增加了。那么，开征新关税带来了经济上的成功吗？

大多数经济学家会说不。的确，美国的汽车产业工人和投资者因新关税而受益，但事实上，美国的汽车消费者却因此而受损。毕竟，美国人先前买一辆小轿车只要花 10 000 美元，而现在却不得不花 11 000 美元——他们的境况明显恶化了。即使那些忠实地“只买美国货”的消费者也受到了损害，因为美国国产小轿车的价格也上升了 1 000 美元。公平地看，汽车制造商得到的好处不能抵消汽车消费者遭受的损失。[1] 因此，关税的净效应是让美国人变穷。

在基础教程里，我们不会做出面面俱到式的论证。相反，我们通过三种直观的方法来说明，从总体上看，新关税会让一个国家变穷。

关税是向本国公民征的税

要想弄明白为什么关税让一个国家变穷，最简单的方法是认识到，关税实际上不是对外国生产者，而是对本国公民征收的。在上例中，“美国政府对日本汽车制造商征税”的说法其实是一种误导，因为税收事实上落在了美国汽车消费者的头上。美国政府的一切关税收入都是美国人自己掏的钱。[2]

---

[1] 下面我们将看到，新关税也损害了美国的其他生产商。

[2] 在现实中，如果新关税导致日本汽车的（税前）市场价格下跌，那么在一定程度上，关税将由美国消费者和日本制造商共同支付，因为一辆进口车的价格上涨幅度低于征收的关税。尽管如此，仍然值得强调这一点——关税来自美国消费者的开支。

因为关税就是一种专门针对海外商品的销售税，所以我们可以沿用第 18 课的分析，一切销售税的扭曲效应也同样适用于关税。小轿车的初始市场价格是每辆 1 万美元，消费者和生产者在这一市场信号的指导下以最有效的方式来使用资源。关税干扰了这一信号，它让美国人误以为世界其他地区的汽车产能下降了，并依据此信念而行动。那些鼓吹关税壁垒能够“保护”美国工业的人其实是在说，增加美国国民的税收是通往繁荣之路。

关税不会增加就业，只会改变就业结构

或许，贸易保护主义者最大的错误，就是相信新关税能提高总体就业水平。然而，这一信念是错的，因为一项新关税不可能凭空创造出新的工作。在我们的例子中，如果新关税使美国汽车产业扩大生产并雇用更多工人，那么一定会减少美国其他行业的产出和工人数量。[1]

那些认为关税可以有效刺激经济的人，往往只是把目光局限在受保护的部门“创造”出新工作上，顶多再算上这些新就业人口去商场、饭店消费等“创造”出来的额外工作。不可否认的是，在我们的例子中，关税不仅提高了美国汽车产业的就业，也提高了其他相邻行业的就业水平。

然而，这种短视的分析忽视了全国范围内其他行业失去的工

---

[1] 有一个例外情况有可能让失业率下降。也就是说，如果新雇用的工人来自失业人口（或虽然来自其他行业，但为那些行业腾出岗位并雇用了失业人口），那么就有可能一个行业在扩张时，其他行业还保持原先的就业水平。我们将在第 23 课探讨经济周期，到时你会看到这一复杂性不会改变上面的结论。

作。首先，比起征税之前，如今购买一辆新车要多付 1 000 美元。购车者将削减在邻近的饭店、电影院等处的开支，周边的商家就会跟着遭殃。

一些聪明的贸易保护主义者可能会指出，我们谈论的都是些微不足道的事情。据他们声称，把大笔生意从日本厂商手里转交给国内生产商，将带来巨大的财富。换句话说，美国的汽车消费者因此“损失”了 1 000 美元，但国内的汽车制造商却获得了同等金额的利益[1]。所以，我们不应该关注汽车价格上涨 1 000 美元所带来的损害，而应该关注这一事实：美国工人每多生产出一辆小轿车，就意味着有 10 000 美元被保留“在国内”，而不是“送给日本”。所以，理所当然，这一影响才是至关重要的，并显示出一个国家整体上如何从新关税中受益，难道不是吗？

事实并非如此。在我们聪明的贸易保护主义者的分析中，还是忽视了关税的一个巨大的影响：在惩罚进口的同时，关税也在惩罚美国的出口。具体来说，美国消费者每少买一辆日本汽车，就使得日本人少了 10 000 美元用来购买美国商品。因此，美国汽车制造商的业务增加，会被小麦、软件等其他出口部门的销量下跌抵消。

要记住一个关键的原理：最终，一个国家的进口是用出口来偿付的。正如从长期来看，一个家庭如果不生产一些东西作为回

---

[1] 至于那些仍然决定购买日本汽车的美国人，他们每辆将上交 1 000 美元关税给美国政府，怎么考虑这笔钱呢？如果政府花掉这笔钱，那将对市场造成额外的扭曲，原因我们在第 18 课已经探讨过了。贸易保护主义者能想到的最佳论证方式是，假设政府可以利用关税收入来减少对美国人的其他税收。因为我们的重点是新关税造成的其他扭曲，所以本课我们忽略这种复杂情况。

报，就无法一直从外界购买商品和服务。同理，一个国家如果不输出商品和服务到外国，就不能持续进口汽车、电子产品、毛衣和其他外国人生产的东西。[1]坦率地说，贸易保护主义者无疑是在假设：日本汽车制造商是群傻瓜，他们坐烂屁股并耗尽稀缺资源去为美国佬生产漂亮的新汽车，只是为了换来一堆印着美国总统头像的绿色纸片。

在结束这一节的讨论之前，我们要强调一点：把注意力集中在美元的数量上很容易误导人，因为最终决定人民生活水平的是真实的产品和服务。我们之所以在上一节“追踪货币”，是为了说明贸易保护主义者的陈词滥调中一贯忽视了些什么，以及常被他们抛诸脑后的其他生产商。事实上，关税的重要性不在于其对美元钞票的影响——关税法不能改变美元的数量，从根本上说，那些“绿色纸片”不能让美国人变穷或变富。不，能让美国人变穷或变富的，是用劳动力和其他资源可以生产多少东西，以及总共有多少东西可供美国人消费。不管那些东西是购自国内厂商，还是用多余产品与外国人交易的。

新关税转移了美国的劳动力与其他资源，使它们从那些具备比较优势的行业转移到不具备比较优势的行业，也阻碍了国际分工和专业化带来的好处。正如互惠贸易会使双方收益，自由贸易也让每个参与国的境况更好。当政府开征新关税以干预纯粹的市场经济时，

---

[1] 我们添加“长期来看”的限制，因为如果一个家庭的消费在短时间内多于生产，结果将造成债务的累积。同理，如果外国人愿意投资于一国的金融资产（如购买企业股票和债券），那么这个国家也能够负担净贸易逆差。但即便如此，真正发生的情况是，贸易逆差国是在向自己未来的产出借贷。

结果不仅损害了别国的利益，也伤害到了本国国民。

关税壁垒若是好主意，海上封锁岂不更棒

亨利·乔治想出一个最简单的论证，能够说明关税壁垒有多么荒谬。他注意到，在和平时期，各国开征关税以图把外国商品堵在国门之外；而在战争时期，各国却对敌国实施海上封锁，目的也是阻止他们接受海外商品。如果贸易保护主义者的观点是正确的，那么海上封锁岂不是在帮敌国通往繁荣之路？[1]

进口配额

进口配额是政府干预国际贸易的另一常见方式。在这一政策下，政府不直接干预进口商品的价格，而是规定进口商品的数量限额。

例如，美国政府不对日本小轿车征收 10％的关税，不允许（扭曲的）市场来最终决定进口总数量，而是限制进口车的配额为 100 000 辆。只允许日本制造商在美国市场销售 100 000 辆小轿车，他们可以按照（扭曲的）市场价格卖车，不用另外交税给美国国库。一旦配额用完，销售日本进口车将是非法的。

进口配额的主要影响与关税相同。如果美国的国会议员们事先知道在征收 10% 的关税影响之下，美国人将进口多少辆日本汽车，那么立法者可以按照这一预估来制定进口配额，基本上也可以对美国经济造成同样的影响。配额的主要经济后果大致与关税相同，也

[1] 亨利·乔治是美国 19 世纪末期知名的社会活动家和经济学家。——译者注

适用于我们上一节的分析。

然而，在现实中，进口配额可能比关税更危险，因为配额的负担看似施加在外国生产商头上，并非本国国民，与纯粹的市场经济结果相比，它带来的破坏不那么显而易见。所以，政客们很可能更倾向于实施极其繁冗的进口配额政策，而不是相应地增收关税。

为了理解这一可能性，让我们这样思考：在 50% 的关税税率下，能够一目了然地看出政府对外国生产商的重罚，以及给予国内厂商的奖励。人们可以对比原来的进口商品价格，弄明白现在多付了 50%给美国政府。但是，如果政府只是简单地规定进口配额，那就不太容易看出这种方式对生产的扭曲，以及其结果与纯粹市场经济有什么不同，尤其是随着时间的推移事过境迁之后。例如，如果外国制造商通过技术革新来降低价格，那么即使存在关税，税后价格还是会跟着下跌，美国消费者依然会因此受益。但如果有严格的进口配额，那么美国消费者几乎不会从外国人降低成本的创新中得到什么好处。

小　结

- 重商主义是一种经济思想，它认为积累货币是一个国家通往繁荣的途径。重商主义为了将货币留在国内，极力鼓励出口并限制进口，来为国内产业提供就业。
- 国际自由贸易的论证仅仅是自由市场一般原理的应用。只有更多选择才能给人们带来更多收益。自由贸易并不强迫人们购买进口商品，它仅仅消除了进口的障碍。人人从事专门的职业，并相互交换剩余产品，这再合理不过。同样的道理也适用于世界不同地区，它们应该分工从事专门的生产活动，并彼此交换多余的产出。

- 关税与配额是政府对外国进口商品采取的人为限制措施。与支持者的宣称相反，以人均来看，关税和配额会让一个国家的国民变穷（关税或配额很可能会让一个国家中的某些人受益，但这些人得到的利益小于其他人遭受的损害）。从长远来看，关税和配额不能“创造就业机会”，他们只是改变了就业结构，把工人从效率高的行业转移到效率低的行业。

术 语

重商主义：一种鼓励出口、限制进口的经济学说，它认为积累货币是一个国家通往繁荣的途径。

出口：一个国家的国民卖给外国人商品（和服务）。

进口：一个国家的国民向外国人购买商品（和服务）。

贸易顺差：用货币来衡量的出口超过进口的数额。

贸易逆差：用货币来衡量的进口超过出口的数额。

以邻为壑政策：为了让本国致富而制定的使他国变穷的政策（通常包括对货币和贸易的管制）。

零和游戏：一个人（或国家）的收益是另一人（或国家）的损失的情况。在零和游戏中，互利双赢的结果是不可能的，有赢就有输。

自由贸易：各国政府不对商品和服务的跨国流动施加人为限制的一种环境。

贸易保护主义：一种试图利用政府的贸易管制来帮助本国工人的思想。其基本原理是，政府通过限制外国进口来鼓励消费者购买国货，并为国内工人提供就业。

关税：对外国进口货物征收的税。

进口配额：政府允许一种商品在一定时期内的最大进口限额。

思考题

*1. 政府是否都能成功地推行重商主义政策？

2. 在重商主义的思想史上，亚当·斯密扮演了什么样的历史角色？

3. 解释这一陈述的含义（而不是原因）："美国去年对日本的贸易存在逆差。"

4. 解释："自由贸易在经济学上的论证是单边的。"

5. 解释："关税只能改变就业结构，不能增加就业。"

第 20 课

关于禁毒的经济学分析

本课要点

- 禁毒的定义
- 为什么禁毒助长腐败和黑帮暴力
- 为什么禁毒降低产品安全

禁　毒

禁毒是指各国政府对吸毒，特别是毒品的生产和销售所施加的严厉惩罚。禁毒的性质不同于美国联邦政府和地方政府现行的**罪恶税**。罪恶税是为了限制人们购买酒和香烟而征收的一种非常高的销售税。在当代美国的禁毒体制下，若有人私藏甚至贩卖可卡因和海洛因一类毒品，就是彻底的犯罪，不仅会被处以巨额罚款，还将面临长期的监禁。

正如这一课的标题所示，本课将进行禁毒经济学研究。我们利用书中的经济学工具，将理解为什么禁毒的结果是符合经济学规律的。相反，那些不懂经济学的人将茫然不知。在他们看来，禁毒的后果就好像随机发生的一样，与政府政策毫不相干。

首先，我们应该强调，经济学的分析本身不能判断禁毒政策是好还是坏。最终，公民和政策制定者必须先引入（伦理）价值判断，然后才能认定政府严惩毒贩——比如判刑25年，是好还是坏。然而，公民和决策者必须先了解禁毒的全部后果才能做出决策。

当我们提到毒品时，问题不在于：有毒品的社会和没有毒品的社会哪一个更好？这个问题无关紧要，因为政府不可能完全杜绝吸食毒品。关键的问题应该是：一个禁毒的社会是否比不禁毒的社会更好？为了想象出这两种社会各是什么样的，有必要学习在经济学领域人们是如何看待禁毒的。记住，我们说一件事情不道德并不等于我们认为这件事情违法。如果有人主张对妻子不忠的人不应当入狱，那并不意味着此人纵容通奸。

在分析开始之前，有一个最后的警告：在本课余下的部分，我们讨论的重点是（通常被忽视的）禁毒的消极后果。因为禁毒的积极面是一目了然的：很多人相信吸毒对个人生活和社会的破坏极大，因此他们得出结论，政府的禁毒政策是有益的（其他情况不变时）。以下分析的目的是为了指出，禁毒将如何导致其他情况的改变。遏制吸毒既能给个人和社会带来益处，但也同样带来警察腐败、黑帮斗殴、吸毒过量致死等危害。我们必须权衡利弊两方面因素。[1]

禁毒与政府官员

政府官员因收受毒贩的贿赂而不履行与毒贩斗争的法定职责便会产生越来越多的腐败。墨西哥和哥伦比亚政府存在广泛的腐败，美国人对此大多有所耳闻，但令人震惊的是，虽然没有其他国家那么严重，腐败问题也同样困扰着美国的法院和警察局。

禁毒与腐败的关系解释起来很简单：禁毒给毒品产业带来巨大的利润，使得毒品生产者有更大的财力（当然还有动机）向政府官员行贿。简单的经济学分析能阐明其中的原因。

政府为了杜绝毒品贸易，对制售毒品者的惩罚通常远比对吸毒者重。制定这种倾斜政策有两个主要原因：（1）如果制定政策的目的是限制毒品的总消费量，为了充分利用有限的警力，政府应该打击主要供货商而不是千千万万个潜在的顾客；（2）公众并不介意严打职业毒贩，但很难接受严惩普通吸毒者。上面两条理由解释了，为什么政府通常严惩毒贩，而不是那些被抓到携带少量毒品的吸毒者。

除了对制售毒品者的惩罚远远超过吸毒者之外，我们还必须考虑到一点，职业毒贩被逮捕的可能性大大超过普通顾客。[2] 毕

[1] 本课我们同样用分析其他类型政府干预的方法，通过观察禁毒的后果，来做出实事求是的论证。我们忽略道德方面（支持或反对）的论点，也不从财产权的角度来考虑，更不涉及政府行动的合理界限。当然，上面这些角度也很重要，但它们超出了一本基础经济学教材的范围。

[2] 我们应该澄清，职业毒贩如果不定期付“保护费”给警察，那么被捕的可能性远比他的客户高。我们试图理解禁毒是如何改变市场原本的结果的，接下来再看腐败的问题。

竟，职业毒贩，尤其是当他的生意做大后，必须与其他同行接触，比如高一级的供货商或低一级的零售商。例如，毒贩的经营模式可能是这样的：从哥伦比亚的“批发商”那里买进可卡因，雇用墨西哥卡车司机把货物偷运过美国边境，再分销给加利福尼亚地方贩毒黑帮的老大们。如果哥伦比亚、墨西哥或美国的缉毒部队潜入这条漫长的流通渠道的任一环节，那么这个毒贩很容易就被捕了。他的工作无时无刻不在违反禁毒法。与此相反，普通吸毒者只有在购买毒品时才面临风险，而且只需要和那些“小鱼”打交道，比如邻街的毒贩。普通吸毒者与毒品行业这样打交道的话是，不太可能被政府的刑罚毁掉一生的。

警察腐败：不只是墨西哥的问题

下文摘自2008年的一则新闻报道，内容是关于联邦调查局在芝加哥地区卧底行动侦破的一起案件，它说明了打击毒品和警察腐败的联系。

一项联邦调查指控，包括15个南部郊区警官在内的17人涉嫌为大规模毒品交易提供武装保卫。显然这些警官以为当时自己保护的是一掷千金的毒贩，想不到他们竟然是联邦调查局的特工。

据联邦检察官办公室透露，这17个人在周二清晨被逮捕后，将面临8份独立的刑事起诉书，指控他们合谋持有并分发千克级的可卡因和海洛因。

10 名地方狱警受到刑事犯罪指控。据联邦调查局说，在卧底行动中一起被抓获的还有 4 名哈维的警官和 1 名芝加哥巡警。[1]

“与联邦调查局的卧底交易的人，可不是一两个，而是 15 个来自各执法部门的官员，他们为了金钱出卖国家荣誉，为毒贩们大开方便之门，”美国联邦检察官帕特里克·菲茨杰拉德这样说。

检察官说，这些官员收取 4 000 美元的报酬，为一桩大规模毒品交易担任警戒和保护工作。

据透露，8 份诉讼书中的 7 份附有一份长达 61 页的联邦调查局证词，证词概括了这次的秘密调查行动，其中提到政府官员不仅为毒品交易提供例行保护，他们还保护大额赌博、掩护大量现金运输等，并且有两个警察已沦为白粉贩子。

据一份消息称，一架六座、双螺旋桨的直升飞机在 5 月 13 日抵达西郊的杜佩奇机场，等待接应的有 3 个人。其中两人是护卫……他们以为自己保护的是大毒枭，然而，那些人其实是联邦调查局的卧底。他们登上由另两名特工驾驶的飞机，并开始清点封装好的毒品。据称，4 个行李袋里至少装了 80 千克可卡因。

联邦调查局的证词说，库克郡的两名狱警和卧底探员从飞机上卸下行李袋，并携带其穿过机场大厅，来到停车场，放进探员的汽车后备箱。两名警官开着另一辆车，跟随该探员来到附近的停车场，探员停下车，自己坐进警官的车。3 个人一起望风，直到另一名卧底探员出现，并拿走行李袋，开车离开。假扮成毒

[1] 哈维是伊利诺伊州库克郡的一座小城，靠近芝加哥。——译者注

枭的联邦调查局探员付给警官每人 4 000 美元。据说，自从一年前被卧底探员拉拢以来，这是他们赚的最大一笔。

在 17 名被告中，有 10 名被告是库克郡司法局的狱警，4 名被告是哈维的警官，还有 1 名被告是芝加哥的警官。据证词称，他们不止一次为毒贩担任警戒护卫，每次获利 400～4 000 美元不等，一旦真正的警察或其他毒贩企图干涉毒品运送，他们随时准备介入。

“一般来说，逮到一个执法犯法的警官就够匪夷所思了，更别说这么轻而易举地抓到 15 个。”联邦检察官帕特里克·菲茨杰拉德在发布会上说，“一些人还协助装卸和递送空运来的大量毒品，这太令人震惊了。”

资料来源：哥伦比亚广播公司 2 台，“联邦调查局卧底行动调查贩毒，15 名警察落网遭指控”，2008 年 12 月 2 日 http://cbs2chicago.com/local/harvey.police.raid.2.877798.html

由于毒品生产者和消费者实际面临悬殊的惩罚，比起一开始不受管制的市场，毒品的供给下降程度远大于需求下降程度。这提高了毒品的均衡价格，意味着它的货币“加价”——制造毒品花费的钱和消费者最终支付的钱之间的差额，变得极高。图 20.1 对比了假想中禁毒前后的可卡因市场。

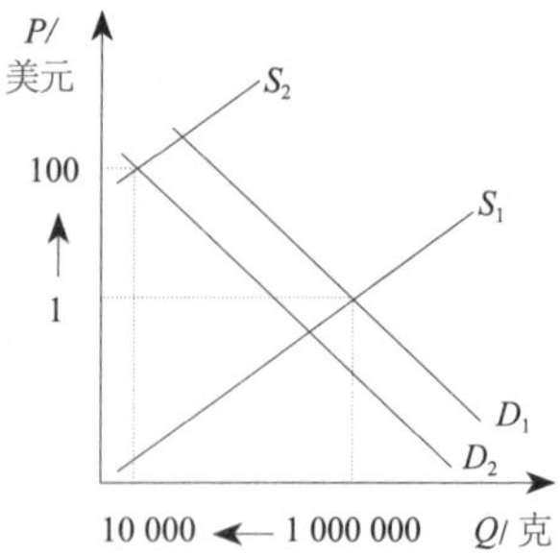

图 20.1 可卡因市场

我们从图 20.1 中看到，在没有管制的市场上，可卡因最初的价格是每克 1 美元。在这个价格下，生产者要出售的可卡因和消费者想购买的可卡因都是 1 000 000 克。

实施严厉的禁毒法之后，可卡因的供给和需求曲线都往左移。也就是说，在每一个给定的价格下，生产者愿意供给的数量比之前要少得多（因为他们现在冒着蹲大狱的风险），而消费者也会减少购买量。然而，供给面的数量变化比需求面大得多。这就是为什么禁毒后，新的市场均衡价格变成每克 100 美元，在这一均衡价格下，生产者要出售的和消费者想购买的可卡因都是 10 000 克。

关键的一点是，货币利润将保持高水平，甚至在实施禁毒政策多年后依然不变。图 20.1 中的供给曲线之所以向左移，是因为继续从事贩毒生意将带来非货币性风险。顾客支付的高价格并不会造福哥伦比亚种植古柯的农民。不，一定要维持巨额利润，才能让毒贩们继续从事这一行业，即使面临严重的刑罚也在所不惜。

在新的均衡条件下，并不是说“如今毒贩这行当比之前更有吸引力了”。人们选择职业的原因多种多样，通常赚钱多少只是其中一项考虑因素。更准确地说，由于新的政府惩罚（很可能还有相应的名誉损害），为了弥补从事这一行业的负面影响，毒贩的“薪水”不得不猛涨。这一原理不仅适用于毒贩，煤矿工人和（经常被抢劫的）出租车司机也会得到隐性的**危险津贴**。不同之处在于：毒贩面临的危险不是天灾人祸，而是司法系统。

“无受害人犯罪”的重要性

注意，比起谋杀和抢劫这样的传统犯罪，禁毒带来的腐败规模要大得多，这一点很重要。事实上，在美国，“黑警察”几乎就是指收取毒贩保护费的警察，没人认为这个词会是指一个定期收受职业杀手贿赂、任由杀手明目张胆行凶的警察。然而，付钱给警察和其他政府官员却是贩毒黑帮的行规，为的是在官方的保护下（小心谨慎地）经营毒品买卖。

为了理解这种差别，我们需要思考为什么人们通常认为毒品交易是“无受害人犯罪”。当然，支持禁毒法令的人会认为这是不正确的废话，因为如果一位失业父亲吸毒成瘾，暴虐无常，显然他的孩子将是受害者。但一个明确的认识是：制毒、吸毒对他人的危害比起谋杀、强奸、抢劫等传统犯罪要小得多。本质区别在于：在“无受害人犯罪”——在美国不仅包括毒品，还有赌博、卖淫等活动中，交易双方都是自愿参与的。这有助于解释禁毒和腐败的密切关系。

首先，一个简单的事实是，当买卖双方两厢情愿时，警察、法官和其他政府官员不会因为“装作看不见”而感到愧疚，这与导致强制性人身和财产侵害的渎职行为完全不同。

其次，毒品交易毕竟是大买卖。在美国，有好几百万人经常购买毒品。据美国全国禁毒办公室透露，2007 年的一项调查显示，6% 的年轻人在过去一年内曾用过可卡因，2% 的人在过去一个月内用过。[1] 显而易见，毒品交易赚的钱比职业杀手甚至抢劫银行赚的钱要多得多。正如我们在上文给出的重要界定，由于这种犯罪是“无受害人的”，毒品贸易更容易悄无声息地进行，而在那些有明确受害人的犯罪中，受害者会喊警察——很可能找来一个没被贿赂的警察，

[1] 见 http://www.whitehousedrugpolicy.gov/drugfact/cocaine/cocaineff.html # extentofuse 至于大麻，2006 年和 2007 年间的一项调查发现，超过 10% 的被调查者过去一年内吸食过大麻。见 http://economix.blogs.nytimes.com/2009/08/11/drug-use-across-the-united-states-or-rhode-island-needs-more-rehab/。

就算报警行不通，他也可以向媒体曝光。

我们提出的这些区别是针对为禁毒辩护的标准说词：“如果因为腐败问题而让毒品合法化，为啥不干脆连谋杀也合法化？”正如我们前面所说的，区别在于：毒品犯罪本质上“无受害人”，使得禁毒导致的腐败程度远远大于传统犯罪。当然，仅有这种区别并不能证明毒品应该合法化，但它确实说明了禁毒存在的问题，那就是毒品远远没有其他犯罪那么极端。

腐败：既是起因也是后果

多数人痛恨制度性腐败，因为腐败破坏了法律的尊严，并且让公民更有可能去犯罪。然而，在禁毒的情况下，更特殊的力量在起作用。政府的腐败既是毒品走私的后果，也是它的起因。

这一反馈机制的原理如下：我们已经看到了，因为供给曲线左移的程度远远超过了需求曲线，通常禁毒将提高（新宣布为非法的）毒品的市场价格。暴涨的价格给企业家带来每年数百万美元的利润，让他们有充裕的资金贿赂政府官员，让自己免于被捕。这就是为什么说腐败是非法贩毒带来的后果。

然而，另一个事实是，腐败是贩毒行当必不可少的一部分，从这个意义上说，腐败也是导致非法贩毒一个原因。在像阿富汗塔利班政权那样真正的极权政体下，政府可以彻底杜绝贩毒。只要惩罚足够严厉并能贯彻执行，那么供给和需求将极度萎缩，以至于生产和消费可卡因的新均衡数量为零。然而，在现实里这种情况很少发生，因为当渎职的官员能够真金白银地每年收取几十万美元的贿赂时，政府是无法监督自己的公职人员的。

广泛的腐败让毒品犯罪分子能逃避法律的严惩，因此在贪污的帮助下，毒品的供给曲线移动没有那么大。直截了当地说，在相对自由的社会里，禁毒会让供给曲线左移，直到在新的市场均衡价格下，继续从业的毒贩能够负担得起发“工资”给缉毒官员和法官。

禁毒助长暴力

大家都知道，非法贩毒弥漫着极度的暴力，常常演变成黑帮间的火拼。更糟的是，毒贩们争夺地盘的战斗常常打死无辜的旁观者。不经意的观察可能得出这样的结论：可卡因和海洛因一类毒品本质上是坏的，它们与暴力为伍。然而，这种解释是错误的。无论是经济理论还是美国历史都表明，导致暴力的不是毒品本身，而是对毒品的管制。

美国禁酒令

考察一下禁酒令的案例，历史证据很清楚。1920～1933 年，根据宪法第十八修正案，在美国，（饮用）酒的销售、制造和运输是非法的。[1] 尽管官方公布了禁令，但私下酿酒和**走私者**大有人在，酒鬼们仍然聚集在**地下酒吧**里畅饮。

虽然禁酒令没能杜绝饮酒，但却将酒业置于有组织犯罪的控制之下。禁酒常被称为“高尚的实验”，在实施禁酒令时期，像芝加哥的阿尔 · 卡彭帮一类歹徒从非法贩酒中赚取大量金钱，用来贿赂政府

---

[1] 实际上第十八条修正案于 1919 年通过，但直到 1920 年禁酒令才生效。

官员以及招募“打手”和喽啰加入黑帮圈子。

在我们看来，禁酒令的重要性在于，贩酒的暴力程度可以与今日的贩毒相当。1929 年发生了一起臭名昭著的黑社会火拼——情人节大屠杀，阿尔 · 卡彭帮策划屠杀了敌对帮派疯子莫兰帮的 7 名成员。虽然历史学家们对凶案的动机看法不一，但他们的共识是，私酿酒市场上的竞争是卡彭帮和莫兰帮彼此敌对的部分原因。

如果你看过禁酒年代的黑帮电影或阅读过真实的黑社会犯罪记录，会很熟悉这些历史事件。然而，竞争的企业家们竟然为了酒而相互屠杀，这足以令人震惊。你能想象明天一打开电视，看到百威啤酒的经销商下令袭击喜力啤酒的经销商吗？这简直太不可思议了。

酒已不再由犯罪组织控制，而是改由合法的商人主导。如今，酒的销售是合法的，生产者通过提高产品质量和降价来获取市场份额。他们绝不可能使用暴力来赢得更多客户。

另一方面，我们看到犯罪组织手中控制着哪些项目？海洛因和可卡因一类的毒品、卖淫、赌博、**高利贷**。[1] 自从禁酒令废除之后，酒已被排除在犯罪组织项目外，剩下的是所有那些仍然被政府禁止或严厉监管的领域。

禁酒令的历史提供了非常有说服力的证据，表明了我们当前面临的毒品暴力，其根源在于政府的禁令，而不是毒品本身的性质。在本节的剩余部分，我们将用经济学的推理来解释这一不可否认的关系。

---

[1] 高利贷是指（不顾**高利贷法**的规定）发放极高利率的短期贷款，并常常诉诸暴力惩罚，以确保收回贷款。

禁毒提高了暴力行为的边际收益

我们已经演示了禁令如何提高毒贩的货币收入。这一效应的独特之处在于：价格的上涨凸显了增加销量、扩大零售市场份额带来的收益。

在一个正当合法的市场上，竞争趋向于压低价格，直到货币回报与其他项目相当。由于零售价与生产费用之间的“加价”通常很小，对于大多数合法经营业主来说，他们不能指望从竞争对手那里“偷”几个客户来大幅增加货币利润。

与此相反，在毒贩看来，如果他们可以多招揽一些毒瘾重的老主顾，就能大幅增加总货币收入。因为贩毒行业存在**固定费用**，这意味着不管他们每天卖10克还是100克可卡因，开销是相同的。注意，禁令放大了这一特性。当贩毒变得非法之后，其主要“业务开支”是精神上的，即冒着蹲大狱或者被敌对毒贩打死的风险。

为什么被禁止的行业里往往充斥着暴力，而合法商人却几乎从不将暴力作为竞争手段？一个主要的原因是，因为毒贩从每个客户身上都能大赚一笔，所以禁毒增加了用暴力恐吓或索性杀死竞争对手的（边际）收益。

在讨论禁毒经济学时，有人往往会这样解释：在被禁止的行业里，生产者不能指望警察保护自己或让对方履行合同，因此他们必须诉诸暴力来保护自己的商品。这种解释往往认为毒品产业的问题是“政府忽视”造成的，并将其归咎于无政府状态的黑帮暴力循环。

这种解释正好把真相说反了。在日常生活中，不依赖政府法庭保护的商业关系多得是。美国人通过eBay（易贝）、亚马逊和其他途径，每年花费数十亿美元从世界各地的陌生人手上购买贵重物品。原则上人们可以起诉欺诈事件，但在实践中，这些交易基本上都由私营部门“自我监管”，并往往依赖由私营部门精心开发的信誉评级系统。[1]

被政府禁止的行业里问题丛生，真的是因为没有警察和司法监督吗？这种观点倒“因”为“果”了。恰恰相反，政府最关注的正是这些行业。难道在中心街区，警察也放任毒贩不管吗？这是完全不正确的。如果这是真的，那么在这些地区，毒品的市场价格将下降到（接近）货币成本。十几岁的青少年将发现，贩毒还不如送报纸更有利可图呢。在那些毒品泛滥的街区里，警察当然不会被看成友善的人民公仆，但他们绝对在执行禁毒法，只是执法次数少了点，这就是毒品的市场价格居高不下的原因，它让毒贩能够买得起豪华轿车和昂贵的珠宝。

实事求是地说，考虑到毒贩们个个心狠手辣，又不能指望警察的保护，要是有人大胆进入贩毒行业并试图大赚一笔，他必须全副武装，并杀出个残酷无情的威名。但是，这样的观察只看到了枝节，却不能解释为什么毒品行业从一开始就充斥着暴力。普通的干洗店主不用担心邻镇的竞争对手会用机枪扫平他的店铺，他的信心可不

---

[1] 事实上，如果主要的毒品交易可以通过一个广泛认可的第三方电子支付平台来进行，暴力的“坏”毒品交易数将直线下降。毒贩们不用再提着装满现金的手提箱，带着全副武装的保镖，来到夜深人静的停车场交易。毒品零售商可以存入 100 万美元到一家知名金融机构，并同意一旦收到商品，就转账给哥伦比亚的批发商（如果哥伦比亚人想确保自己不被骗，这个过程可以分阶段展开）。毒贩并不是因为担心银行偷钱时无法向警察求助，才不采用这种交易方式的。要是银行真的偷了钱，那家银行将再无人光顾，甚至那些与毒品毫不相干人也不敢再跟这家银行打交道了。在现实中，毒贩为什么不能采用我们提出的简单机制？原因正是政府没收“贩毒黑钱”的风险。于是我们看到，不是政府的忽视，而是政府执行的禁毒法，使得暴力在毒品交易中频发。

只是因为他可以打电话给探员，而侦探会在事后找到并惩处那些驾车射击者。

干洗店主们不会诉诸暴力竞争的真正原因在于：那不值得。与此相反，禁毒让毒贩之间的互相残杀变得“值得”。

禁毒降低了暴力的边际成本

禁毒与暴力的另一个联系是：禁令降低了个人暴力行为的边际成本。这样来考虑：一个百威啤酒的总经销商不会为了争取合同而要了竞争对手的命，主要原因之一是这一举动将彻底改变他自己的一生。他作为一个合法的商人，可以参与体面的社交圈活动，只要他依法纳税，将不会受到终生监禁的威胁。在这种情况下，买凶杀人的恶劣罪行将是极其危险的。

与此相反，一个贩毒网络的头头早已犯了足够终身监禁的罪行，一旦失去受贿警察的照顾，或被无法贿赂的高级官员盯上，他随时会玩完。因为他必须与其他惯犯打交道，所以他一点也不担心暴力行为会毁了自己的社会地位——在他立志成为大毒枭的时候，就已丧失了这一选择。

另一个重要的考虑是，毒贩必须和罪犯们发展出关系网，以利于招“兵”买马或安排职业杀手对敌人进行暴力攻击。相比之下，合法的商人不大可能知道如何谋杀别人又不让自己被逮到，那可不像上谷歌搜索“合约杀手”，然后相信高排名的搜索结果那么简单。

最后，黑市的性质使暴力成为更现实的选择。如果可以合法销售可卡因和其他毒品，那么即使在最混乱的地区，零售店铺也可以利用安全措施来确保经营，比如用防弹墙来隔离员工和顾客。与此相反，禁毒常常逼得贩毒的“打工仔”们上街销售毒品，这使得竞争对手可以用更少的代价来消灭他们。

暴力的恶性循环

由于腐败，在（被禁止的）毒品交易中，形成了“暴力激起更多暴力”的动力。通过讨论暴力的收益和成本变化，有人可能会觉得，不管禁不禁毒，贩毒的都是同一帮人，仅仅因为政府政策的改变，就把彬彬有礼的高层主管变成了冷血无情的犯罪主谋。

显然，这不是真实情形。实际发生的情况是，禁毒驱逐了那些诚实、非暴力的人。随着离开的人越来越多，毒品的供给一步步地缩小，价格一级级地升高。这给新兴企业家们进入市场创造了新机会。他们不一定是传统标准上的好商人，在正常的市场竞争中，他们很可能无法脱颖而出。然而，他们只要比竞争对手更善于强取豪夺，更精通如何腐蚀政府官员，就能成功。在被管制的毒品行业里，这些都是必不可少的技能。那些在各行各业无用武之地的人突然有了一个机会，能够利用他们的“才能”赚取数百万美元。

由于禁毒吸引那些只图眼前回报，不顾长远后果的暴徒。所以经年累月之后，禁令培养帮派战争的次文化也就不足为奇了。

消费者的暴力行为

到此为止，我们把重点放在毒品交易中毒贩一方的暴力行为上。值得一提的是，在禁令之下，吸毒者的暴力程度也将趋于上升，原因很简单，就是价格的巨幅增加。有的瘾君子为了得到毒品而不惜付出一切代价，可政府的政策却让可卡因贵了 1 000 倍以上，公民在赞扬这样的政策之前应该三思而行。

禁毒降低产品安全

禁毒带来了另一个意想不到的后果，那就是增加了因产品杂质或消费者的失误而受伤或死亡的人数。例如，在美国开始实施禁酒令的1920年，喝酒中毒的死亡人数是1 064人。5年后，喝酒中毒的死亡人数多达4 154人，差不多是原来的4倍。这样的结果导致威尔·罗杰斯说："政府以前用子弹谋杀，现在改用夸脱了。"[1]

这一后果的经济学解释很简单。禁令颁布之后，毒品将改由相对非专业的生产者来生产（视毒品种类而定），生产场地常常在他们自己家里。这就导致毒品质量难以控制，也降低了毒品的纯度。另一个问题是，为了掩人耳目，非法毒品通常用普通塑胶袋包装运输，他们没法把毒品装在一个贴着"泰诺"标签的密封瓶里，以确保里面的"药品"安全，更不能明确说明适当的剂量。由于极难建立品牌知名度，在禁令之下，真正注重产品安全的（非法）毒品生产者无法像在正常市场里那样争取市场份额。因此吸毒者要想不被买来的毒品杀死，就只能指望老天爷了。

另一个容易导致吸毒过量的因素是，为了尽量减少购买非法毒品的次数和更方便地隐藏毒品，吸食非法毒品的人往往寻求更有效地满足毒瘾的方式。就像在禁酒令时期，喝啤酒的酒鬼可能会改喝

---

[1] 死亡统计和威尔·罗杰斯的话引自马克·桑顿：《禁酒令的失败》。卡托研究所政策分析第157号，1991年7月17日，网址是：http://www.cato.org/pubs/pas/pal57.pdf（夸脱是美国度量酒的单位，1夸脱等于0.94升。威尔·罗杰斯是20世纪二三十年代美国知名幽默作家。——译者注）

威士忌。这一效应同样会影响生产者，而且影响的程度可能更大。例如，如果有人种大麻，但只有储物间大小的空间可以利用，那么他将挑选那些效力最高的品种来种植，这才能让每一个单位产出都卖出最高的市场价格。打一个比方，在合法的市场上，零售商可以用大型冷库来存储所有的虾，而一旦政府决定禁止销售和食用虾，大型冷库不能用了，黑市上“巨虾”的比例很可能会增加。

禁酒带来意想不到的效果

欧文·费雪是芝加哥大学著名的经济学家，他极力主张禁酒。可是他自己声称：“我有可靠的消息表明，非常保守地估算，私酿酒的毒性比起医用酒精至少高10倍，也就是说，比起禁酒令颁布之前酿造的酒，私酿酒只要喝十分之一的量就能让人酩酊大醉。原因嘛，当然是私酿酒的酒精浓度太高了，且不可避免地含有酒精以外的致命毒素。”

——欧文·费雪，引自马克·桑顿：《禁酒令的失败》，
卡托研究所政策分析第 157 号，1991 年 7 月 17 日

小　结

- 不道德的事和违法的事之间有重要的区别。就毒品的问题而言，我们从个人道德立场上谴责吸毒，与从法律上支持毒品合法化，这两个立场是前后一致的（如果有人认为出轨者不应该坐牢，并不意味着此人纵容通奸）。

- 禁毒提高了毒品的市场价格，给贩毒行业带来巨大的货币利润。因为非法贩毒有利可图，毒品又是“无受害人犯罪”，禁令导致了警察的腐败。
- 禁毒提高了毒贩的边际收益，降低了毒贩对竞争对手实施暴力的边际成本。此外，禁令激励制毒者和吸毒者转向“更刺激”的毒品，从而带来更多的吸毒过量和其他健康问题。

术　语

禁毒：政府对吸毒、特别是制毒和贩毒所施加的严厉惩罚。

罪恶税：对香烟和酒一类商品征收的高额销售税，不仅为了增加政府收入，而且还要鼓励人们减少购买这些不良物品。

腐败：从贩毒的角度看，腐败是指警察和其他政府官员因为接受毒贩贿赂，或者干脆自己当毒贩，而不履行法律规定的职责。有时，警察知道毒贩无处求救，就用枪指着毒贩抢黑钱。

危险津贴：为了吸引工人从事危险行业而必须额外支付的薪水。

高利贷：以高息放贷，并用非法手段索偿的做法。

高利贷法：规定最高利率上限的法律。

固定费用：在企业经营中，不随着业务量的扩展而增加的那部分货币开支。例如，一家理发店不管每天理发 1 次还是 100 次，每月支付水费大致相同，所以水费就是固定费用。[1]

---

[1] 美国的理发店是不帮客人洗头的。——译者注

思考题

1. 对于禁毒的分析，经济学起到什么作用？

2. 从什么意义上说，禁毒让毒贩得到危险津贴？

*3. 腐败与“无受害人犯罪”（比如贩毒）的联系是什么？

4. 禁毒如何提高毒贩们实施暴力的边际收益？

5. 禁毒如何导致吸毒过量？

第 21 课

通货膨胀

本课要点

- 货币通胀与价格膨胀的区别
- 政府干预怎样造成价格上涨
- 通胀的危害

货币通胀与价格膨胀

一直以来，对于“通货膨胀”一词，人们耳熟能详，不过大家对这个词的意思看法不一。历史上，**通货膨胀**是指经济体中货币数量的增加。[1] 但在 20 世纪，这个词的意思却渐渐变了，它演变成经

[1] 一些经济学家认为，通货膨胀是经济体中货币和信用数量的扩张。这个话题的技术性很强，它与一个事实有关——银行可以合法发放超过现金储备额的贷款。这样一种安排被称为部分准备金银行制度。我们将不考虑这一复杂的情况。

济体中商品和服务价格的普遍上涨。为了避免混淆，本章我们分别用**货币通胀**和**价格膨胀**两个专有名词。

老一套的调包计

"通货膨胀"一词原本仅指涉货币数量，意思是货币数量的增加、膨胀和过分扩张。我们坚持这个词只能用原义，可不是在咬文嚼字。如果把它的意思改成"价格上涨"，那么人们的注意力就会被转移开来，从而忽视通货膨胀的真正原因和对策。

——亨利 · 黑兹利特：《一课经济学》

纽约：迪 · 范 · 诺斯特兰德，1965 年，第 2 页

货币存量的上涨[1]和价格的普遍上涨——这两种现象总是密切相关的。经济学家米尔顿 · 弗里德曼研究了几个世纪以来世界各国的文献资料，发现里面记载了两者非常密切的历史相关性。他把这一研究结果总结为一句著名的结论："无论何时何地，通货膨胀总是一种货币现象。"

按照弗里德曼的说法，无论何时何地，只要他在研究中发现长期迅猛的价格上涨，一定伴随着货币存量的快速增加。人们经常把价格膨胀归咎于贪婪的企业、嚣张的工会或债台高筑的政府。但弗

[1] 在这一章中，我们为了避免混淆，将使用**货币存量**一词，而不采用更常见的说法——货币供给。当人们比较货币与价格时，他们的意思几乎总是指经济体中实际的货币数量，而不是指"货币的供给曲线"。在现代经济中，政府极力干预货币领域，结果是甚至很难去定义什么是货币供给。

里德曼已经明确指出，根据历史事实来看，只有当经济体中的货币存量增加时，才有可能发生持续的价格膨胀。

为了理解弗里德曼和其他经济学家理论的相关性：（1）货币存量的增加与，（2）大多数商品和服务的价格上涨。下一节我们将学习价格膨胀的基本经济学理论。我们必须强调，货币与价格之间不存在精确的对应关系。例如，如果在一年之内，货币存量增加了10%，我们不能机械地认为，所有商品和服务的价格都将等比例地上升10%。大多数商品和服务的价格不会这样变化。我们是在概括地阐述，无论何时何地，每当经济体中出现长期的价格上涨时，一定伴随着货币存量的长期扩张。

图21.1显示了在50年里美国货币存量和价格的关系。

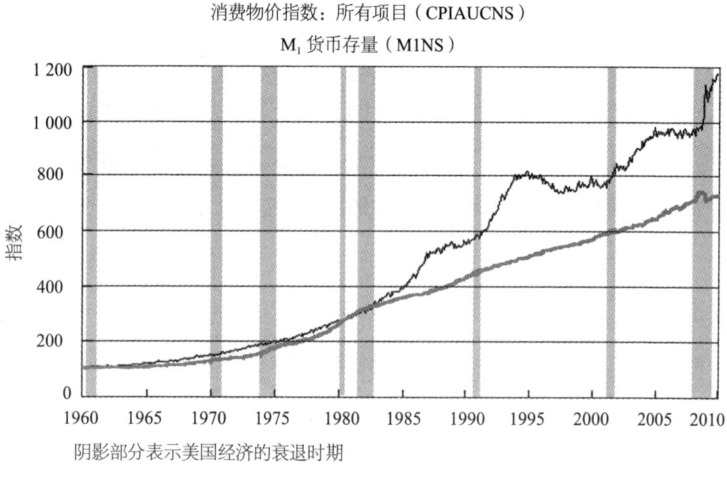

图21.1　美国经济中货币存量和价格的关系（1960—2010）

资料来源：圣路易斯联邦储备银行

2010 research.stlouisfed.org

图 21.1 中的 CPI（灰线）是消费物价指数，它是一项衡量价格变动的标准指标。**消费物价指数**可以计算美国消费者购买的典型项目（如食品、汽油等）的平均价格，并大致比较不同年份的“价格水平”。图 21.1 中的黑线是 M_1。M_1 是一个衡量货币供应量的指标，它包括美国人持有的全部纸币加上支票账户上的全部余额。

图 21.1 的纵轴是指数单位，第一点设为 100，即 1960 年 1 月消费物价指数和 M_1 的值。该图显示，在前 24 年里（1960～1984 年）消费物价指数和 M_1 的增长比例非常接近。货币存量的增长稍快一点，到 1975 年年底已经翻了一倍，而价格水平直到 1977 年年初才翻倍，但看起来两者密切相关。

特别要注意的是，在 20 世纪 70 年代后期，价格的快速上涨与货币存量的增长幅度相吻合。具体来分析，从 1975 年 1 月到 1980 年 1 月，CPI 上升了 49%，而 M_1 上涨了 40%。为了让你明白这些数字的含义，我们具体解释一下，普遍看来，一些在 1975 年初你花费 10 美元能买回来的东西，在 5 年之后涨到了 15 美元，这 5 年每年的平均通胀率超过 8%。[1]

现在，假设在 1983 年，有一个精通（由 M_1 表示的）美国货币和价格史的经济学家。他从 1983 年往前研究，一直到 1960 年，他会确信 M_1 和 CPI 密切相关。当然，有时 M_1 涨得快点，有时 CPI 升得快一点，但增长速度的差异趋于互相抵消。这样，23 年之后，两者的增长比例几乎完全一致。如果抱持着经济学就是小心测量并

[1] 如果你是数学高手，要顺带提一句，我们计算的是每年的复合增长率。换句话说，我们并没有简单地拿总增长率除以 5，而是按照指数计算（用百分比乘以百分比）。

寻找统计相关性的观点，他很可能会认为自己发现了像电子电荷那样的经济常量。

然而，图 21.1 告诉我们真正发生了什么。自 20 世纪 80 年代中期开始，至少由 M_1 和 CPI 衡量来看，（以百分比计算的）货币存量的增长速度远远超过价格。当然，2008 年爆发金融危机时，两个指数之间的联系完全中断，当时 M_1 暴涨，而 CPI 却大幅下跌。

通过讨论图 21.1，你应该会明白对货币通胀和价格膨胀进行实证研究的教训和局限性。纵观历史，每当发生严重的价格上涨，尤其是价格以不可思议的速度上涨的**恶性通货膨胀**，如每年涨 1 万倍（或更多）时，我们总会发现，同时期货币存量显著上升。

然而，图 21.1 非常清楚地表明，货币存量和价格之间不是机械的对应关系。经济体中发生的一切，最终由个人的行动所决定，而引导人们行动的，是他们的主观价值和信仰。如果人们对某些事物的价值观和信仰在几年内基本保持不变，那么统计人员有可能会发现各项经济活动指标之间会有明显的“规律”。然而，一旦实际生活里的人改变自己的偏好或对未来的信念时，这些规律就会瞬间消失。

在这样一本基础教科书中，我们不会试图解释图 21.1 的精确规律。但是在下一节中，你将学习如何把基本经济学工具用于分析货币和价格，至少可以为深入理解这一问题提供分析框架。

政府怎样造成价格上涨

在第 7 课，我们总体上解释了纯粹市场经济中的货币。我们看到，当黄金和白银那样的商品成为广泛接受的交换媒介——货币时，也能用同样的经济学原理来对其进行分析。

你可能并不会感到惊讶，历史上，政府的统治者们也不肯放过“货币市场”。古往今来，各国政府有规律地让货币**贬值**，也就是降低单位货币的市场价值，来让自已致富。

举个例子，古罗马的统治者是这么做的：他们把征税得来的金币融化，然后加入一些贱金属，让铸币厂生产数量比原来更多的硬币，但却打上一样的法定标记。随着时间的推移，这一过程导致商业流通中的金币的含金量逐渐降低。[1] 商人们意识到这一现象，并相应地调整价格，使得以前价值“一个金币”的东西最终涨到了“几个金币”。

当然，这一过程的关键是，一开始，至少在商人们完全意识到货币的贬值程度之前，罗马政府可以购买得起比原来更多的东西。举例来说，政府的税收是 1 000 个金币，如果不降低货币成色，他们能买得起价值 1 000 个金币的商品。但如果政府用上面的把戏把原来的金币融化，重新铸造出 1 100 个表面上看起来一样的金币，那么很明显，政府可以从社会上的生产者手里买到更多商品和服务。

一旦商人们开始明白这个花招，类似军备竞赛的情况就开始出现了。商人预期政府会进一步让货币贬值，便开始提高价格，但什么也挡不住罗马政府加快稀释黄金的步伐。其必然结果是，罗马帝国的物价飞涨。

[1] 注意：因为纯金的硬度不够，即使没有人为降低货币成色，金币也不会由 100% 的纯金铸造。适量添加贱金属可以增加金币的耐久性和可用性。

法定货币的崛起

你可能已经认识到，世界各国政府逐渐摆脱了与贵金属挂钩的货币体系。今天，世界所有主要经济体都建立在法定货币之上。**法定货币**是指由政府发行的、没有任何市场物品“支持”的货币。例如，美国的官方货币为美元。美国政府和央行**美联储**严格控制面值各异的绿色纸片的数量，以及（控制程度较轻的）全部美元支票账户存款，但美元的价值却没有任何东西“担保”。

美元就是纸片而已，并不赋予持有者任何价值，它对美国政府没有任何法律约束力或索偿权。如果你走进美国财政部或一家联邦储备银行，掏出一张 20 美元钞票说：“现在，我能得到什么？”他们会告诉你：“两张 10 美元或 4 张 5 美元或 20 张 1 美元，你要哪一种？”

仔细想想看，这是一个非常奇怪的安排。人们愿意在一间炎热的工厂里精疲力竭地长时间工作，也有人愿意抢劫银行甚至互相残杀。这一切都是为了多拿一些本质上毫无用处的“绿色纸片”。也就是说，除了当书签，即使 1 张 100 美元的钞票，本身也是没什么用的，就算勉强能当书签用，恐怕也是张沾满细菌的书签，而这些“绿色纸片”居然是地球上最令人垂涎的东西。从表面上看，这件事太奇怪了。

当然，工人愿意放弃休闲挣美元，而商家也愿意出售商品换美元，理由很简单——他们希望未来其他人也会做同样的事情。换言之，一个人之所以会服从一个他无法忍受的人的指令，每周工作 40 小时，是因为他提供的服务能换来一沓美元。接下来他会认为，因为拥有这些美元，其他人会听从他的命令。当他走进一幢建筑，人们将立即注意到他，为他清理一张干净的桌子，然后端上来各种美味的食物和爽口的饮料。服务员将谦卑地介绍自己，并将为他服务。这位老兄开口说：“给我拿几个鸡蛋来。”哎哟看看，整栋楼里的人任由他指使，“绿色纸片”让他成了老板。出于同样的原因，他自己在工作时也得听从大嘴巴老板的指令。

显然，那些负责印制这些“绿色纸片”的人，可真是捞到了一件肥差。美国政府要想印刷更多的美元，简直太容易了，不过是花几个美分买纸张和油墨而已，印刷费用微不足道，而政府可以在钞票后面多印几个零，想印多少钱就能印多少钱。这么棒的权力竟然落入一个小集团的手里，看看事情是怎么发展到这一步的，应该很有趣。

尽管法定货币是一切现代经济的根基，但事情并不总是如此。我们在第 7 课学习了市场商品（如黄金和白银）如何自然而然地在易物经济的早期脱颖而出，并最终成为货币的。确实，人们为挣 1 盎司黄金而努力工作的部分原因，正是未来其他人也会努力工作来挣走这 1 盎司。但除此之外，黄金、白银和其他商品货币本就是市场上的实物商品，甚至在它们成为货币之前，就被赋予了主观价值。在纯粹的市场经济中，没有一个单独掌管“货币”的机构。不，金矿的所有者各式各样，经济体中的货币存量由公开市场上的供给与需求决定；就像决定自行车生产总量的方式一样，不是由哪个政府机构规定的。

从历史上看，政府接管货币的第一步是发行与金银挂钩的纸币。例如，1834～1933 年（除了少数例外），美国人知道 20.67 美元可以兑换 1 盎司黄金。这可不是他们一厢情愿的猜测和愿望，政府有法定义务向纸币持有人交付实物黄金。因此，美元纸币本身并不是真正的货币，而是对真正货币（黄金）的索取凭证。[1]

1933 年，富兰克林 · 罗斯福总统在大萧条中就职，他正式结束了政府兑换黄金的承诺。接下来的几十年，只有其他国家的政府（和中央银行）仍可以用美元兑换黄金，但在 1971 年，理查德 · 尼克松切断了美元和黄金的联系，正式终止了这条仅有的纽带。自那时起，美元真正成为没有任何东西支持的法定货币。因为所有其他主要国家的货币都与美元挂钩，这也就意味着，现在整个世界的经济都由法定货币来掌管。

从基础经济学的角度来看，法定货币与商品货币的重要区别在于，增加经济体内的法定货币数量是件再容易不过的事了。如果大家都用实物黄金作为货币，那么价格的大幅上涨是极不可能发生的，理由很现实——很难挖出更多黄金。另一方面，政府有能力轻而易举地把法定货币的数量扩大 100 万倍。事实上，他们要做的，只是在现代电子银行里按几下按钮。当货币因为贬值太快而被摧毁时，我们说发生了恶性通货膨胀。历史上发生的所有恶性通货膨胀都是因为政府陷入了恶性循环：价格持续上涨，于是，政府继续印刷越来越多的钞票以应付开支。

应该实行什么样的“货币政策”？围绕这一主题进行的辩论，忽视了自 1971 年以来我们这个世界最重要的特征：各国那些掌控货币的人真正具有在一夜之间摧毁货币的能力。当然，在现实里这并

[1] 美国早期的黄金和白银立法史相当复杂，超出了这本基础教科书的范围。要点是，早在宪法起草之前，殖民者就已经使用金银币了。美国人之所以开始使用这些政府发行的纸片，仅仅是因为这些纸片原本是对现有商品货币的索取凭证。

没有发生，因为摧毁本国经济不会给政府官员带来什么好处（尽管从他们的所作所为中不一定能看出来）。但大多数人不会愿意赋予一个人或一小撮人这种能力：只要按几个按钮就能毁灭一个国家的全部藏书，或全国所有电脑硬盘的全部内容。然而，对于可能是唯一重要的商品——货币，我们却把它置于这样的危险境地。

货币的价格由供给和需求确定

不管是像黄金那样的商品货币，还是像今日的美元一样的法定货币，货币的市场价格是由供给和需求确定的。当然，商品货币的市场供给是由全部私营部门生产者各自的供给组成的。与此相反，现代法定货币——美元、欧元、比索等的数量，则由各国政府（或其指定的机构）决定。[1] 尽管有一些差别，但供给和需求工具既可以解释黄金盎司的价格，也可以解释绿色的长方形的本杰明 · 富兰克林的肖像的价格。

在本课应用供给与需求分析法的一个主要难点是，货币“价格”的展示方式与你惯于思考的其他价格正好相反。例如，我们来分析某城市的汽车市场。在初始的供给和需求下，假设均衡价格是 20 000 美元，均衡数量为 1 000 辆。接着，一家新经销商开门营业，导致汽车的供给曲线向右移动。在新的均衡条件下，价格下降到 15 000 美元而汽车数量翻倍，达到 2 000 辆。以上我们简要地复习了供给与需求分析法。

---

[1] 严格来说，如果把支票账户余额也算作供给的一部分，那么美国政府和美联储不能完全控制美元的数量。商业银行的放贷意愿和个人的借款意愿，也在其中扮演一个角色。但实际一点看，美国政府和政府机构——美联储，控制着“美元的供给曲线。”

现在，如果我们从货币的视角来分析同一个市场，会发生什么情况呢？毕竟，法定货币也是一种经济物品，所以应该能够应用我们的分析工具。但当我们要给美元“标价”时，问题就来了。在汽车市场上，我们可以说，起初，1 美元的价格为 1 辆汽车的 1/20 000，但在新经销商开张后，1 美元的价格升高到 1 辆汽车的 1/15 000。

因此，我们看到，货币的价格正好与汽车的价格反向变动。换句话说，如果买一辆车花的钱少了，就等于说买 1 美元钞票花的车多了。这种语言乍听起来很古怪，但从本质上看，汽车经销商卖车是为了买进美元。而客户则站在交易的另一边，他们卖美元是为了买车。

如果美元和汽车是商品经济中仅有的商品，那么我们的分析就结束了。不过，货币存在的全部意义就在于，在涉及成千上万种不同商品的交易中，货币在每一笔交易中都是不可或缺的。所以说，货币的价格是一辆汽车的 1/20 000 或 1/15 000 是不准确的。我们还必须考虑口香糖的盒数、汽油的加仑数、木工的小时数等情况。

例如，假设原来买一颗口香糖需要 25 美分，但随后涨到 50 美分。我们可以说，1 美元钞票起初的价格是 4 颗口香糖，后来下降到 2 颗口香糖。这就是问题的关键：当（以美元计价的）一件普通商品或服务的价格上涨时，也就等于在说，美元的市场价值在下降。当“货币的价格”下降时，意味着其他商品的美元标价在上涨。

在现实世界中，各种商品和服务的价格并不会同涨同跌，事实上在某些价格下跌的同时，另一些价格却在上涨。所以甚至连如何定义“货币的价格”，都有非常大的争议。经济学家们设计了各种

“一揽子”商品，来初步衡量货币的价格。CPI 就是这样一项指标。对于我们来说，重要的是要懂得（以货币衡量的）价格上涨等价于货币的贬值或“丧失购买力”。

一旦我们理解通常意义上的商品价格与货币的“价格”之间的联系，就很容易看出导致价格上涨的原因：所有商品导致了货币价格的下降。用标准的经济学工具来分析，这意味着有两种原因导致经济体中商品和服务的普遍价格上涨：（1）货币的供给量增加；（2）对货币的需求下降。

有了这种认识，我们可以回头解释本课前面提到的一些观点。例如，当政府开始创造数量惊人的新货币（增加货币供给）时，将导致某些货币的彻底崩溃——货币的购买力或价格快速下跌到几乎为零。一旦这个过程开始，公众就会质疑未来货币购买商品和服务的能力，因此他们不愿意持有货币，如此一来，对货币的需求开始下降。这个过程像滚雪球，直至货币的价格降到几乎为零，意味着成堆的货币（如德国马克）在市场上什么也买不到了。

另一方面，我们也可以解释 20 世纪 80 年代中期美国的情况。正如图 21.1 所示，（按 M_1 计算的）货币存量增长速度非常快，但（按 CPI 衡量的）价格几乎没有上升多少。换句话说，20 世纪 80 年代中期以后，美国的货币数量大增，但货币自身的价格下跌却小得多。这一模式的概括性解释很简单：美元的供给增加，但需求也同样增加了。需求增加的具体原因可能包括美国经济表现强劲，以及成功地平抑了 20 世纪 70 年代末处于危险水平的价格膨胀等，这些已经超出了我们的讨论范围。重点在于：货币的市场价值是由供给和需求确定的，你不能点着美元钞票的数量机械地计算出价格会如何变动。

制造通胀的危险性

价格膨胀不是政府干预的唯一产物。即使在以黄金为货币的纯粹市场经济里，黄金的大量涌入（来自新发现的金矿或新拓殖的领地）也能引起大多数商品和服务（以金盎司计算的）价格上涨。在理论上，如果中世纪的炼金术士们成功地想出把铅炼成黄金的办法，那么，黄金的市场价格将会大跌——直到炼金术的回报与其他行业相当（视具体的炼金过程而定）。换句话说，黄金价格可能会下跌到和铅的价格差不多。在这种幻想的场景中，纯粹市场经济里的人将会改用别的货币。原因嘛，正像历史上从来没人把铅当作商品货币来用一样简单。[1]

然而在现实中，对保持物价稳定的最大威胁不是来自市场上的商品货币，而是被控制的货币，尤其是法定货币。[2] 例如，当美元与黄金固定在 1 盎司兑 20.67 美元时，在相当长的时期内，美元的购买力非常稳定。战争时期有可能下跌，经济危机期间也可能上涨，但从总体上看，美元在每一年内的购买力都与之前的几十年相当。例如，1922～1929 年可以算是美国历史上最繁荣的 10 年，CPI 在此

---

[1] 即便发生了这样的情况，货币黄金的“崩溃”也并非一场彻底的灾难，而是利弊并存。确实，如果因为炼金术士的发现，使得货币黄金的价值突然大幅下跌，那将对世界经济造成很大的破坏。但从另一方面看，这事再好不过了，如果因为炼金术士的发现而带来了大量新的黄金，那么，不仅漂亮首饰的价格会下跌，消费者还将受益于更便宜的牙科手术（镶金等）、关节炎治疗（往体内注射黄金）以及其他工业应用。除了用于交换媒介，市场上的商品货币还有实际的用途，这点与法定货币不同。因此，从这一方面看，供给量的大增是有益的。

[2] 我们应该指出，经济学家们甚至从技术上想象过在纯粹市场经济下运作的法定货币，并著书写文章描述这一系统的运行机制。在前面的课中，我们忽略这一复杂性，并假定法定货币总是政府干预市场经济的结果。虽然那样的想象在理论上是否成立仍然是经济学家们争论不休的话题，但即便如此，政府与法定货币之间的实际联系是千真万确的。

期间几乎持平。尽管经济蓬勃发展，但美国消费者并没有看到牛奶、鸡蛋和肉类价格的大幅变动。

然而，这一切早已成了过眼云烟。特别是自 1971 年理查德·尼克松"关闭黄金窗口"，正式切断美元与黄金的联系之后，美元的购买力几乎持续不断地下跌。换言之，随着美元与商品货币（黄金）的脱钩，并变成法定货币后，美国的商品和服务价格不断上涨。如今的年轻人一定要体谅父母和祖父母们无聊地讨论，"在我小时候东西有多么便宜"。这些年轻人，甚至可能连他们的父母和祖父母们都没有意识到，美元购买力的不断下降不是自然因素造成的，而是政府干预经济的结果，是政府垄断货币存量，并不断往经济体内注入新美元造成的。

除了勾起爷爷无聊的往事以外，持续的价格膨胀的危害还在于其部分地违背了最初使用货币的目的。请记住，货币的一个伟大的贡献是，它有助于人们做出计划并协调各自在市场上的活动。企业家把购买要素的货币价格进行加总，并与销售商品的总货币收入相比较，就可以知道企业运营是否成功。是否接受外地的一份新工作：员工可以对比工资差异和两地的主要物价差别（如食品和住房），了解情况后做出决定。正在计划豪华欧洲度假游的退休夫妇，可向财务规划师咨询，确保留出足够的投资以支持以后的生活，避免在 20 年后挨饿。**健全货币**让这一切活动安排得井井有条。在健全的货币下，货币的价值不会无规律地反复波动，也不会随着时间的推移而丧失其购买力。不健全的法定货币（通常）虽然聊胜于无，但在极端情况下，政府可以让法定货币一文不值，以至于公众只能放弃货币并用其他东西作为交换媒介。

由美国政府设立的中央银行——美联储的官方职责之一，就是保持价格的稳定。但自美联储于1913年成立以来，美元已经损失了大约95%的购买力。也就是说，1913年市场价格为1美元的东西，今天的要价约为22美元。但比美元（对大多数商品和服务的）“价格”的持续下跌更严重的是，事实上价格体系一直极其不稳定。第一次世界大战期间价格疯涨，1920年和1921年价格体系却垮掉了，接着在整个20世纪20年代再一次稳定下来，然后在大萧条的早期又垮掉了。自第二次世界大战结束后，美国的物价节节攀升，但上涨速度一直不规律。尤其是在20世纪70年代末价格疯涨，到20世纪80年代增长率又大幅放缓。

目前（2010年），美国投资者对未来价格膨胀的看法存在分歧。一些人预计价格崩溃，堪比大萧条初期；另一些人则预想价格飞涨，赶得上津巴布韦了（也许没那么极端）。[1]因为没法确定未来美元的购买力的发展趋势，使得美国人和世界其他地方的人们不能专心创办企业，与孩子玩耍，看功夫电影……因为他们必须研究美联储的会议决议，不断修改自己的金融投资组合，以决定购买更多黄金还是更多债券。鉴于美联储差劲的历史表现，所有这些活动在个人层面上是有意义的，但从整个经济体系来看这是极大的浪费。在拥有健全货币的纯粹市场经济中，人们可以专注于生活中更重要的事情（比如看功夫电影）。

[1] 津巴布韦央行最终发行了100万亿元的钞票，使得国内的情景变得荒谬不堪。在2010年春季的一次会议上，有人幽默地付给本书作者“小费”——由津巴布韦储备银行发行的一张“50万亿元”的纸币。开玩笑的人在eBay上超便宜地淘到这张货币，上面印了1个“5”后面跟了13个0。据史蒂夫·汉克的资料，2008年11月津巴布韦严重的通胀率达到每月百分之七百九十六亿。按这一不可思议的速度，津巴布韦的物价每25小时翻一倍。（见http://www.cato.org/zimbabwe）

正确的预测能够包容价格膨胀吗？

有些人对价格膨胀的害处不以为然。他们承认，如果价格上涨出人意料，那么将带来问题。但仅此而已，接下来他们会说，大家都知道美元（或其他法定货币）的购买力将随着时间的推移而丧失。借钱的企业和年老的退休工人已经考虑到这一影响。更何况，在现代经济中，投资者可以利用复杂的金融工具等多种手段来保护自己，防止物价上涨的损害。总之，在混合经济之下，当政府干预货币供给时，人们不会坐以待毙。他们会运用市场经济的其他特性做出应对，保护自己。

他们说的一切都是事实，但是请注意，如果政府随意给人注射病毒或纵火焚烧民宅，我们也可以说同样的话。人们不会坐以待毙，相反，他们将积极地采取应对措施（如打疫苗、装烟雾报警器等），也会通过购买医疗保险和火灾险得到更多财务保障。但是，如果说这些防御措施彻底抵消了我们假想的政府注射病毒和纵火的危害，那就是胡说八道。

同样的原理也适用于由政府造成的价格膨胀。确实，市场的防御机制可以减轻伤害，但比起把货币交还给私营部门的结果，法定货币仍然让社会变得更贫穷。

无论如何，与纯粹市场的结果相比，政府制造的货币通胀一定会扭曲经济。这是因为政府和中央银行总归要用新创造的货币购买东西，不管它们是购买实物（如战争用的坦克和轰炸机）还是金融资产（如在 2008 年的金融恐慌后购买的资产抵押证券）。

我们在学习第 18 课时已经看到了，政府通过夺取私人手上的资源，并把这些资源交由政府官员支配，从而扭曲了经济。当政府创造新货币，即进行货币通胀时，必然会引发这一有害的进程。

只要政府控制印钞机，无论公众如何应对，都不能阻止政府抽走实物和资产（如一桶桶石油、一张张企业债券等）。在法定货币制度下，政府新印的百元大钞与普通老百姓钱包里的钱一般无二，都是法定货币。出于这个原因，即使某一轮货币通胀没有立即导致物价上涨，[1]但对比纯粹的市场结果，政府干预仍然扭曲了经济。

小　结

- 货币通胀是指货币数量的扩张，在美国经济里特指美元总数量的增加。价格膨胀是指用单位货币计量，商品和服务的价格普遍上涨。
- 干预会导致系统性的通货膨胀。世界主要国家的政府用各种手段强迫人们摆脱基于市场的商品货币（如黄金和白银），并用一纸法定货币取而代之。从地下挖掘黄金白银是很困难的，相比之下扩大法定货币的数量却是极其容易的。
- 大范围地持续价格上涨能够摧毁一个经济体。当货币的购买力迅速被削弱并无法捉摸时，就限制了使用货币的益处，并迫使社会退回易物交换的境地。缺少了健全的货币，人们就没有多少储蓄的动机，也不愿做出长期的投资决策。

[1] 记住政府注入的新货币可以支撑本来将下降的价格。例如，政府印钞票购买（私营部门）需求下降的商品。在这种情况下，货币通胀仍然造成了价格膨胀，但因为通胀的起点较低，观察到的价格很可能没有上涨，但如果认为货币通胀对价格没有影响，那却是错误的结论。

术　语

通货膨胀：一个原指创造新货币的术语，但现在通常指价格膨胀。

货币通胀：经济体中货币总量的扩大。

价格膨胀：以单位货币计价，商品和服务价格的普遍上涨。价格膨胀与货币购买力下降是一回事。

货币存量：在某一个特定时刻，经济体中的货币总量。

消费价格指数（CPI）：劳工统计局用来衡量影响普通家庭“价格水平”的指标。CPI 是汽油、食品和其他常见物品价格的（根据相对重要性的加权）平均值。

M_1：一种常用的、衡量经济体中货币总量的指标。M_1 包括公众实际持有的现金（在钱包里、皮包里、收银机里等），以及全部支票账户余额。（由于部分准备金银行制度，M_1 的数量比实际印刷的绿色钞票多。如果每个人都试图从银行支票帐户上提出所有美元，那么没有足够的现金能满足所有人的需求。这就是为什么 M_1 表示的货币总量多于纸币的总金额。）

恶性通货膨胀：极其严重的通货膨胀。通货膨胀和恶性通货膨胀之间没有精确的区分，但在恶性通货膨胀下，人们开始买任何东西，目的只是为了花掉每小时都在贬值的货币。

贬值：政府削弱货币的政策。当硬币的价值来自所含的贵金属时，贬值的意思是熔化硬币，混入贱金属并重新铸造硬币；在法定货币下，贬值的原因是快速创造新的货币，因而降低单位货币的价值。

法定货币：没有任何东西“支持”的纸币。人们在交易中接受法定货币的唯一原因是期望它未来能有购买力。

美联储：1913 年成立的美国中央银行。美联储掌管美国的货币政策，并被赋予提供稳定的经济增长（意味着充分就业）和低价格膨胀的双重使命。

思考题

1.“通货膨胀”一词的两个含义是什么？
2. 货币数量增加和物价上涨之间是否有严格的联系？
3. 为什么工人会出售自己的劳动时间去交换本质上毫无用处的法定货币？
4. 如果其他条件相同，货币存量增加，那么“货币的价格”将发生什么变化？这又必然导致商品和服务的价格如何变动？
5. 政府制造价格膨胀的危害是什么？

第 22 课

政府债务

本课要点

- 政府赤字与债务的区别
- 政府债务与通胀的联系
- 政府债务如何让子孙后代变穷

政府赤字与债务

政府与私营公司一样，用总收入来支付其开支。私营公司有时会入不敷出，政府当然也会有这样的情况。当政府在预算期内花在社保项目、军事等领域的总金额超过征税与公共设施使用费等收入时，就会出现预算赤字。

在多数财经新闻和评论中，政府赤字按年度计算。例如，批评里根的人可能会说："美国联邦预算赤字在 20 世纪 80 年代几乎增加了两倍，从 1980 年的 740 亿美元上涨到 1990 年的 2 210 亿美元。"[1]严格地说，这句话只讲述了两个不同年份的联邦政府的财政情况，1980 年和 1990 年的预算赤字是 10 年间的收支差距。

记者在报道政府的新项目时往往用语草率。例如，他们会说："由于新医改法案将增加 9 000 亿美元联邦政府开支，同时联邦税收仅增加 8 000 亿美元，这将在未来 10 年增加 1 000 亿美元赤字。"但由于大多数人说的赤字是指一年内的收支差距，所以记者的话令人莫名其妙。听起来好像棒球解说员在说，击球手在大联盟的前 10 年平均击球率是 3 000 击。

政府赤字能衡量一个特定时间段的收支差距，它是在一段时期（如一年）内发生的**流量**。与此相反，政府债务是指政府欠组织或个人的总金额。[2]债务是**存量**，它的数值在任一时期都是明确的。举例来说，如果有人问"截至周一中午，政府的总债务是多少"？那么这句话是有意义的。但是，如果有人问："截至周一中午，联邦政府的预算赤字是多少"？那就什么意义也没有了，除非你在脑海中预设了开始的时间，于是你真正的问题是："从开始的时间到周一中午，政府花钱和收税的差距是多少？"

运行赤字的政府也像公司一样，通过发行债券来弥补差额，发

[1] 美国联邦政府财政通常按财政年度记录，与日历年不吻合。例如，1990 财政年从 1989 年 10 月 1 日到 1990 年 9 月 30 日。因此 2210 亿美元的预算赤字是联邦政府在这两个日期之间的收支差距。

[2] 这个数字有可能包含不同的项目，不同的计算项目将使"联邦债务"扩大或缩小。例如，如果只计算美国财政部的实发债券，得出的债务数字较小。广义的数字则不限于债券，还包括联邦政府预期的负债，如社会保险。在未来某个时刻，社保的预计开支将超过工人的"缴款"，从而冲减未来的税收，并增加政府的整体负债。

行债券的意思是政府出售国债给外部投资者。[1]

国债的利息

如果政府出售债券募集资金，则必须支付利息。具体表现是，投资者购买债券的价格低于**债券的票面价值**，[2] 价差即债券内含的利息回报（或收益率）。例如，如果投资者向美国联邦政府购买一年后担保支付 10 000 美元的借据，但投资者只需支付（约）9 524 美元，他的回报就是 5%，因为 9 524 × 1.05≈10 000 美元。

随着联邦预算赤字的增长，（通常）债务的利息支付也一同增长。[3] 当人们谈及巨额**国债**时，几乎总是针对美国联邦政府债务。人们会抱怨说，利息支付是开销最大的类别之一，扣除利息支付，其他政府项目的可用资金就没剩多少了。

表 22.1 展示了一个假想的政府 3 年的财政状况。仔细研究表格后，你将能更好地理解政府的赤字、债务和利息支付。

---

[1] 美国财政部掌管联邦政府的财政大权。财政部负责征税和付款。联邦政府的赤字开支依靠财政部向投资人出售国债。

[2] 我们在本课关注的是“零息”债券，即到期日为一年或更短时间的国债。如果政府（或其他实体）发行长期债务，通常要定期支付利息（附息）。在附息的情况下，因为利息是单独支付的，所以投资人需要按票面全额购买（但对于零息债券，投资者只能通过最初购买债券时的贴息来挣得利息）。

[3] 如果利率下降，即使债务增加，政府仍可以从较低的利息中受益。

表 22.1 一个假想的政府 3 年财政状况 单位：美元

2010	2011	2012
税收：10 000 万亿	税收：10 000 亿	税收：10 000 亿
开支：11 000 万亿	开支：10 000 亿	开支： 9 750 亿
赤字： 1 000 亿	赤字： 0	盈余： 250 亿
年初债务：0	年初债务：1 000 亿	年初债务：1 000 亿
年末债务：1 000 亿	年末债务：1 000 亿	年末债务： 750 亿
开支	开支	开支
军事：3 000 亿	军事：2 800 亿	军事：2 700 亿
社保：8 000 亿	社保：7 150 亿	社保：7 000 亿
利息： 0	利息： 50 亿	利息： 50 亿
筹资	筹资	筹资
（政府上一年无未偿付债券）	政府必须按 1 万美元面值偿付 1 050 万张债券，共支出 1 050 亿	政府必须按 1 万美元面值偿付 1 050 万债券，共支出 1 050 亿
政府销售（发行）1 050 万张（面值 1 万美元的）债券，筹资 1 000 亿美元	政府再次发行 1 050 万张债券，每张筹资 9 523.81 美元，共计 1 000 亿美元	政府再次发行 787.5 万张债券，筹资 750 亿美元，清偿 250 亿美元债务

表 22.1 包含了很多信息，如果你花几分钟时间研究一下表的原理，将能够很好地掌握政府债务的融资机制。以下是一些基本要点：

- 所有年份（表的每个竖列）的税收都是 10 000 亿美元，但每年的开支不同。然而，开支始终等于当年的军事开支、社保方案与债务利息的总和。
- 如果税收大于开支，则带来盈余；如果税收低于开支，则产生赤字；如果收支相等，那么预算是平衡的。
- 政府债务随着每年的盈余和赤字情况变化。
- 当政府负债运行时，必须拿出税收的一部分支付利息。即使某一年的政府预算是平衡的，但如果要负担前几年欠下的债务，仍将减少可用于军事和社保方案的开支。

- 当政府简单地再次发行到期债务，或称债务转期时，不能算作政府的开支。这发生在表 22.1 中的 2011 年，即使从技术角度看，政府总共必须付出 11 000 亿美元而税收只有 10 000 亿美元，但政府的预算是平衡的。在政府必须支付给债券持有人（2010 年购买债券者）的 1 050 亿美元中，只有 50 亿美元是政府的开支，即 2011 年的利息开支。其他 1 000 亿美元只是重新发行等额的一年期债券，进行债务转期。
- 在任何时候，政府的总债务就是公众当前持有的政府债券总市值。这一数字比所有流通债券的总面值低，因为直至债券的实际到期日，政府才有义务支付全部面值。在到期日之前，政府的契约债务要用利率来折现（在例子中是 5%）。

在我们举的例子中，政府的债务全是为期一年的债券。而现实世界中的政府发行多种期限的债券（1 个月、3 个月、6 个月、1 年、5 年等）。政府借钱时通过"锁定"利率超过一年以上，能够更准确地规划财政状况。

政府债务与通胀

普通人，甚至连高级金融分析师们也往往认为政府债券与价格上涨有关。例如，每当美国政府运行巨额财政赤字时，许多人会说，"这将损害美元的购买力，并造成通胀。"

这一流行的看法当然有一部分道理（尽管谈不上紧密相关），美

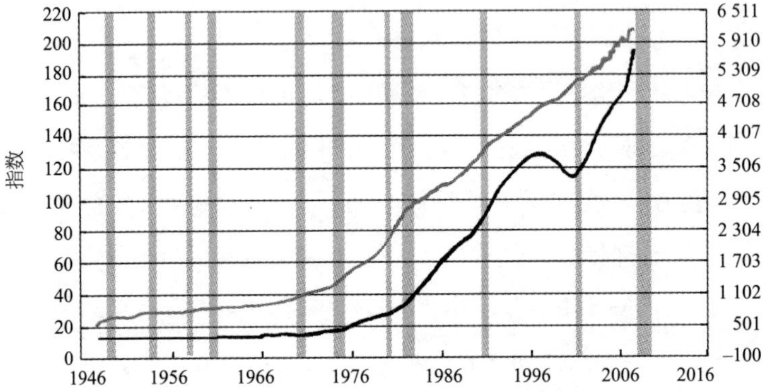

图 22.1 美国联邦债务与 CPI 的历史相关性

国联邦债务和 CPI 之间确实有相当程度的历史相关性（见图 22.1）。

然而，即使政府债务和价格上涨之间有着明显普遍的联系，但重要的是，我们需要用正确的经济理论来理解为什么会产生这样的联系。首先，政府的预算赤字本身不会引发通胀。当政府运行赤字和发行债券时，就不会在经济体中创造新的货币；相反，如果政府运行（比如说）2 000 亿美元赤字，就等额地减少了其他人可支配的货币。人们拿出 2 000 亿美元交给政府，以换取美国财政部打的欠条，政府债券是流动性（市场接受度）非常高的金融资产，但债券和美元不是一回事，债券可不是货币。从狭义上看，联邦政府的预算赤字与私营公司向公众借债的决定一般无二，都不会造成通胀。

但是，故事并没到此结束。我们真正确定的只是政府的预算赤字本身并不创造新的美元，因此它不应该直接影响美国商品和服务的价格。然而在实践中，政府的预算赤字强有力地激励着美联储创造更多的美元。首先，价格膨胀趋于减轻“真正的”债务负担。美联储通过创造新的美元，将提高包括工资在内的整个经济体的价格水平，这可以间接地增加联邦政府的税收。这使得政府更容易负担用固定金额支付的美元债务，尤其是多年前发行的长期债务。[1]

政府债务和通胀的基本关系很简单：就像在世界大战期间那样，当政府想花费令人难以置信的巨款时，通过税收和借贷筹集的钱是有限。如果政府不满足，仍然想花更多的钱，只有开动印钞机一条路。

假设政府想花 60 000 亿美元，但税收仅有 20 000 亿美元。原则上政府可以用借债来筹集剩余的 40 000 亿美元，但投资者将对这么一大笔巨额借款心存疑虑，很可能会要求比正常情况高得多的利率。此外，公众很可能会阻止如此庞大的赤字（占预算总额的一部分），并坚持要求政府削减开支。那么，政府在这样的困境之下只能借 10 000 亿美元，然后凭空创造出另外 30 000 亿美元以支付开支。政府这种伪造货币的行径与假钞团伙无异。

在当今的美国金融体系中，政府其实不敢这么明目张胆。相反，如果政府想利用自己控制的印刷机来弥补赤字，过程非常复杂。首先，美国财政部向私营部门发售足以满足预算赤字的新债券。接着，美联储将迅速介入，从私营经销商手里买走新发行的国债。因此使得私营债券经销商乐意用极低的利率承销财政部的大笔贷款生意。美联储购买债券的钱并非来自储蓄，而是它凭空创造出的新美元。

当一切都搞定后，新发行的国债最终出现在美联储的账户上，而

---

[1] 投资者借钱给政府时，确实会考虑这个因素，他们知道美元的购买力会随着时间的推移而降低，便会要求较高的收益率（利率）。即便如此，事实仍然是，美联储制造的通胀使联邦政府更容易支付国债的利息。如果美联储突然完全停止通胀，那么政府将更难负担债务的利息。

私营债券交易商又退回原先的位置（另外多赚了一点交易佣金）。如果我们后退一步，忽略中间人（私营债券经销商），从全局上看，就是美联储创造新美元并借给财政部，然后财政部把钱花到各个项目上。[1]所以尽管整个过程错综复杂，但政府对货币和银行系统的控制，赋予了它自己创造新美元并用以弥补预算短缺的能力。这就是政府赤字引发货币通胀，并最终导致物价上涨的一个重要机制。

政府债务与子孙后代

反对政府赤字的人经常在大众媒体上声称，赤字代表对子孙后代的盗窃。他们的想法是，如果政府额外花费1 000亿美元讨好选民，却没有“付出加税的代价”，那么当代人已经多享受了1 000亿美元，而未来的纳税人将不得不为此买单。这种想法真的正确吗？

关于这种对政府债务和通胀关系的流行看法，答案是很微妙的：是的，政府赤字确实让后代变穷，但原因却不像大多数人想当然地那样一目了然。

当我们讨论债务问题时，不管是政府债务还是私人债务，请记

[1] 如果你是一个敏锐的读者，可能认为印钞票来弥补预算短缺的说法并不准确，因为联邦政府仍然欠着利息和本金，要返回给债券持有者。但你猜怎么着？这些钱付给了美联储（因为美联储从私营经销商那里购入债券）。美联储的标准操作流程是把多挣的钱全部还给财政部。换句话说，美联储在付完电费、工资等开销之后，把一切多余的钱都退还给财政部。因此，尽管从技术上看，财政部借的钱并不是天上掉馅饼，但因为财政部付给美联储的利息支付（绝大多数）又退还给了财政部，又因为美联储将沿用借新债还旧账的方法来进行本金转期，所以实际上钱确实是白借的。打一个比方，当你入不敷出时，总是可以（按约定利率）向父母借钱；如果你知道从来不用偿还本金；如果你知道父母总是给你买好多生日和圣诞礼物，把你付的全部贷款“利息”退还给你；那么，你和父母签订的贷款合同就是一场闹剧，你将会花天酒地，大手大脚地花钱。这正是华盛顿的政客干的好事，而且他们会继续这么干下去。

住生产商品所耗费的全部资源只能来自当前，并不存在能从未来 50 年的人手里偷比萨饼和 DVD 的时间机器。如果政府多花 1 000 亿美元给每一位选民寄一笔钱，让人们去商场消费，那么无论这笔开支是通过加税还是借贷来筹措的，最终都是由（全体）当代人来买单的。

当然，实际上的负担并不是平均分摊到每一个当代人头上的，这就是为什么政府如此热衷于搞预算赤字的原因。如果政府只是为了开支票把收来的钱全数退回，那么征税将是毫无意义的。但如果政府从一小群投资者手里借 1 000 亿美元，然后把这笔钱分发给大家，那么普通的选民们都感觉变富了。

“我们的生活是以牺牲孩子为代价的”，这种看法错在什么地方？顺着下面这个思路你就能看明白，请注意今日的投资者们将把他们拥有的政府债券传给自己的孩子。今天的政府赤字越高，意味着（为了还本付息）未来的美国人将负担更高的税收。这当然是千真万确的，但同样的道理，今天的高赤字也将让未来的美国人从父母那里继承更多金融资产（正是这些政府债券），能让他们得到利息和本金的现金流支付。[1]

---

[1] 如果我们考虑到美国政府的债务可能是由外国投资者资助的，那么情况就变得复杂了。在这种情况下，当代的美国人确实是在透支未来，这个过程迫使未来的美国人节衣缩食。但是，如果我们把“当代”看成全人类，用“后代们”指代所有未来人，那么仍可以适用上文的分析。【2012 年，本书作者墨菲在与克鲁格曼和贝克论战后改变了看法。作者在博客中更正这节内容有误。债务确实会直接导致子孙后代变穷。简单解释如下：（1）不能认为债务是直接交给下一代而没有代价的，债务其实是“卖”给下一代人。后一代人在接受前一代的债务时必须牺牲当前的消费。（2）即使假设债务不用偿清，只是代代传递，后一代人牺牲的当前消费由再后来的一代补偿，也就是说，假设一代人的总消费量不变，只是时间上推迟；即便如此，人由消费获得的满足（效用）仍然低于没有发生债务传递的情况。原因当然是 12 课讲到的：人有时间偏好。这个例子带给读者的启示是：尽管奥地利经济学的理论来自逻辑推理，可以认为是永真的，但将这些理论应用于现实时，需要极其谨慎小心。——译者注】

那么，这一切意味着什么呢？巨额政府赤字真的无害吗？不是这样的。批评者是正确的，政府赤字确实会让后代人变穷。正如我们刚才解释的，因为后代们支付的利息直接进了他们自己的腰包，所以后代人变穷的原因比“前人欠债，后人还钱”这样显而易见的事实更微妙。从长期看，政府赤字让国家变穷的原因如下：

- **挤出效应**。当政府实行预算赤字时，可贷资金的总需求向右移动。这将推高市场利率，不仅使得一些人多储蓄（沿可贷资金的供给曲线移动），而且减少了其他借款人可用的资金。[1] 实际效果是，政府在与其他潜在借款人争夺稀缺的可用资金。经济学家说，政府的借款**挤出**了私人投资。在较高的利率下，企业家投入建设新工厂、购买设备等的资源减少，所以只要我们非常合理地认定，政府不可能像私人借款者那么有效地运用资金，那就意味着后代们继承了一个工厂和设备数量较少的经济体。这就是政府赤字让后代们变穷的主要原因。
- **政府转移支付是一个负和游戏**。政府为了还债必须在未来征税，而征税将带来有害的激励效应，这是政府债务让后代变穷的另一个方式。举例来说，如果政府实行赤字政策，30 年后将偿还 1 000 亿美元给债权人，到那时国家确实将变穷。但问题不在于支付的 1 000 亿美元，这笔钱来自纳税人的腰包，进了债券继承者的口袋。相反，问题是政府为了筹集 1 000 亿美

[1] 一些经济学家认为，理性的纳税人将意识到他们要留出更多的资金来支付未来的债务利息，因此从大局着眼，政府赤字基本上是无关紧要的。换言之，这些经济学家认为，当政府向右移动可贷资金的需求曲线时，私营部门的人理性地做出反应，也向右移动供给曲线。政府左手从纳税人手里借钱，右手又付给了纳税人，因此，市场利率保持不变。然而在实践中，这种观点不可能是正确的，否则赤字开支就不会如此大受欢迎了。

元，很可能会提高税率（而不是削减开支），这一行动将导致经济混乱，而不仅仅是从纳税人手里拿走钱那么简单。[1]

- **能借能花。**政府赤字的另一个危险是，赤字诱使政府多花钱。回忆一下第 18 课的内容，无论政府用什么方式筹钱，一切政府开支都将把稀缺资源从企业家那里抽走，并投向政府官员选择的用途。当政府用高赤字来支付开支时，公众往往不会那么强烈抵制，所以如果不能始终强迫政府平衡预算，那么举债将导致更高的政府开支（因而比纯粹的市场结果带来更多的资源配置不当）。

因此，我们看到，（平均起来）政府赤字确实让每个人都变穷了，但其机制却比让联邦政府添上几笔欠债更微妙。不过，正如上述要点所示，缓解赤字问题的途径不是向当代人多征税，而是削减政府开支。换言之，如果赤字真正的问题是它挤占了当前资本市场的可用资源，导致政府很可能将在未来提高税率，那么现在就增税以填补赤字是无法解决问题的。那将是一个比治疗疾病更糟糕的方法。

小　结

- 政府的预算赤字是指在一定时期内（如 2010 年全年），政府开支超出税收的金额。政府总债务是在一个时间点上（如 2010 年 5

[1] 回忆一下第 18 课我们进行的思想实验：如果政府立法征收奇高无比的销售税和所得税，那将把几乎所有经济活动赶进黑市，而政府几乎什么税也收不到。尽管税单上的负担没有那么高，但显然这些政策对经济非常有害。这一原理解释了，真正的危害是为偿还政府债务而增税 1 000 亿美元，那可比简单地从纳税人手里拿走钱危害更大。

月 14 日）政府的欠债总金额。债务是之前历届赤字和盈余累积的结果。

- 政府赤字本身并不创造新的货币，也不直接导致价格上涨。然而，通过一个非常微妙的过程，政府赤字让美联储购买更多国债，这种做法带来通胀。
- 政府赤字让后代人受穷，但其原因却不像许多人相信的那么简单。如果政府现在借款 500 亿美元来建造坦克，这些资源（钢铁、电脑芯片、劳动时间等）是由当代人提供的，不是通过时间机器“由我们的孙子买单的”。然而，政府赤字真正地把资源抽离私营部门的投资，使得后代人继承的实物资产变少。从这个角度看，今天的赤字将使子孙后代变穷。

术　语

流量：一段时间内测量的概念。例如，一个灌溉管道的流量可能是每分钟 100 加仑。流量测量法不管整个管道内的总加仑数量，只测量每隔 60 秒有多少加仑流经一段管道。

存量：在一个特定时间点上测量的概念。例如，一个人在 2010 年 5 月 11 日早上 9 点的体重可能是 150 磅。这种测量方法不管此人最近是增重了还是减肥了，相反只关心他在那一刻的体重。

债券的票面价值：债券发行人承诺于到期日向债券持有人支付的金额。

国债、公债：通常指美国财政部未偿还的债券总价值。截至 2010 年 5 月，公共债务接近 13 万亿美元，但多数国债由其他政府机构持有

（如社保管理局的信托基金）。当经济学家比较各国政府的债务水平时，通常扣除政府内部持有的债务，仅汇总公众持有的政府债务。截至 2010 年 5 月，美国财政部的这一数额几乎达到 8.5 万亿美元。（见 http://www.treasurydirect.gov/govt/reports/pd/mspd/2010/opds052010.pdf）

挤出效应：由政府的赤字开支而导致私营部门投资的萎缩。政府的借贷增加了对可贷资金的需求，从而提高均衡利率。较高的利率减少了私营企业投资所需要的资金。

思考题

*1. 解释："政府赤字是流量，而政府债务是存量。"

2. 当政府的开支超过税收时，我们怎么称呼这样的财政预算？

*3. 政府有没有可能在有预算盈余的某一年，仍旧出售新债券？

4. 政府的预算赤字直接导致通胀吗？

*5. 现在就增税以填补补预算赤字，是否能帮助子孙后代？

第 23 课

经济周期

本课要点	
	· 经济周期的特征
	· 政府的干预怎样引起经济周期
	· 大规模失业的根源

经济周期

经济周期也称作商业周期或**繁荣与萧条交替的周期**，它是困扰市场经济的一种周期性的规律。不知为何，生活在资本主义经济下的人们交替经历繁荣和衰退，无法享受可持续的经济增长。在经济周期的上升期，企业扩大经营并增雇工人，工资和物价上涨，股市飙升，社会上弥漫着乐观的气氛。然而，由于某些原因，经济总会开始失控，最终处于低靡中，工人失业，商业销售额和工资大幅下降，股市下跌甚至崩盘。

大多数人认为，经济周期是纯粹市场经济固有的属性，甚至许多热爱资本主义的人也这样认为。事实上，由于这种普遍的观念，使得政府的**反周期政策**大受欢迎，据称这种反周期的政策能够平复剧烈的市场动荡。例如，很多分析家会说，社会福利项目与累进所得税不仅有许多其他优点，还有助于“防止”不受控制的经济大起大落。在经济繁荣时期，因为收入增加，人们被推到更高的税率等级，从而增加政府的总收入，并有助于建立衰退时期的缓冲，也有利于为“过热”的经济降温。[1]

然后，当经济萧条来临时，失业救济金和食品券一类政府项目就自动介入，为失业者提供必要的收入。流行的观点认为，这种政策让低靡的商业活动不会陷入恶性循环：一轮裁员导致消费者没钱消费，反过来又进一步损害商业销售，导致更多裁员，如此往复。反周期政策的概念反映了经济政策惯于讨论的主题之一，即政府（和美联储）应该运用它们掌握的种种权力，操控经济穿越繁荣与萧条的惊涛骇浪。据称纯粹的自由市场将导致发生经济的大起大落，而政府和美联储的目标和责任是避免这样的情况发生，并稳步提高人民的生活水平。

学习到现在，你应该会对这种典型的论调心存疑虑：政府干预能“修理好”经济吗？我们已经看到好几个例子，它们证明了根本不是自由市场，而是政府的干预导致了诸多社会问题。这些例子有

---

[1] 这里把经济比作引擎，“过热”意味着价格膨胀很高，股票和其他资产的价格明显非理性地上涨。

贫民窟恶房东、贩毒黑帮的暴力行为，还有大城市的公寓短缺等。

宏观经济学的研究对象是整个经济体，而不是单个的产品或劳工市场。事实上，宏观经济学有另一种观点，它指责政府干预造成了经济周期。根据这一学派的思想，[1]当政府人为地压低利率并使其低于自由市场原有的水平时，会将经济带入虚假的繁荣时期。但假象不能永久持续下去，总有一天，用纸牌堆砌的经济建筑将倒塌，导致我们所看到的与“衰退”有关的一切后果。

在这本基础教科书中，我们只能概述这一理论对经济周期的解释。因为要用到前面课程讲到的几个概念，所以我们的讨论保留到最后一课才进行。虽然本课的一些材料可能有点偏难，但我们希望你尽量理解吸收，因为让公民理解经济周期的起因是至关重要的。如果我们下面展示的理论是正确的，那就意味着经济周期不仅是由各国政府造成的，而且政府在经济衰退阶段给予的“解药”实际上是毒药。

政府怎样引起经济周期

政府干预如何造成人们熟悉的、大起大落的经济周期？为了弄明白，首先让我们回顾在纯粹的市场经济中，当消费者决定增加储蓄时发生的情形。

由市场推动的、可持续的经济增长

我们在第 4 课讲述了可怜的鲁滨孙 · 克鲁索的故事，他独自一

[1] 我们在这里呈现的是“奥地利商业周期理论”的基础知识，这一理论由经济学家路德维希 · 冯 · 米塞斯提出，由弗里德里希 · 哈耶克详细阐述。如果你有兴趣，不妨进一步阅读相关材料。

人生活在热带岛屿上，以及他怎样通过自律和远见来提高生活水平。克鲁索通过储存（而不是消费掉）每天用双手收集来的椰子，建立起储备，让他最终能够投入时间和利用岛上的其他资源来制作资本品，比如一根长杆子。在杆子和其他资本品的帮助下，克鲁索的劳动能力将大大增强。比起刚到岛上时，未来他能享受更多的椰子、鱼、住房、休闲等。

在第 10 课，我们把克鲁索世界的这些基本知识应用于现代市场经济。市场经济中的人也可以减少当前的消费，并用于储蓄和投资，未来他们将能永久享有更高的生活水平。

回忆一下利率在这一过程中发挥的作用：当经济体中的大多数人决定削减当前开支，以便为退休作准备（或为后代留下更多的遗产）时，他们的决定导致利率降低。[1] 低利率为企业家提供了一个信号，促使他们更多地借贷以投资于生产周期长的项目。这是因为对于一个给定的投资项目，在可以销售制成品“取出”钱之前，先要在一定年限内“投入”钱。如果用不同的利率来评估开支和总收入，将会导致不同的盈利状况。可以说，随着市场利率的下降，对长期项目的惩罚越来越少，为企业家们雇用工人、购买原材料、开发项目打开绿灯。

关键是，在一个可持续的、由市场推动的经济扩张期里，利率的下降是因为人们正在减少消费、增加储蓄。投入新项目的额外资源来自那些销售下跌的部门。例如，如果消费者为了每月多存些钱进储蓄账户而减少外出就餐和购买 DVD 的开销，那么餐厅将不得不

---

[1] 图中表现为可贷资金的供给曲线向右移动，压低均衡利率。

裁减服务员，一些生产 DVD 的工厂则有可能被迫关门。接着，“释放”出来的工人和其他资源可以被纳入那些因低利率而扩张的行业。

在可持续的、由市场推动的经济扩张中，真正发生的情况是，生产当前消费品的工人和其他资源被重新部署到资本品生产中去。用克鲁索来作类比，相当于他腾出一些采摘椰子的劳动时间，用于制作杆子。当然，这两个用途的最终目标都是要享受更多的消费品。但是，因为稀缺，短期内人们必须在两者间做取舍：一定要减少当前的消费才能资助资本品的生产。最终这种节约将带来超额回报。重要的是，可持续的繁荣和经济增长要依靠纪律和耐心。如果缺少了新的技术发明，或者发现不了新的可利用自然资源，那么没有什么神奇的办法能够增加劳动生产率，立即并永久地增加每个人的消费量。

不可持续的、由政府推动的经济增长

现在让我们假设，政府官员没有耐心去等待可持续的经济增长，他们想要投资带来的好处，却不想忍受储蓄（减少消费）的痛苦。为此，中央银行（美联储）人为压低利率，使其低于自由市场原来的水平。美联储的具体运作机制很复杂，但是为了方便我们的讨论，你可以简单地想象成这样：它印刷出新的百元大钞，投入贷款市场，并提供低于市场利率的贷款。实际上，美联储通过开动印钞机，把自己变成了新的可贷资金供给者，并使供给曲线向右移动（见图 23.1）。

从表面上看，这样运作的结果很像市场推动的扩张。低利率为企业家开启长期项目打开绿灯。他们雇用工人和购买原材料，并投入那些经营长期项目的企业。用市场原有的利率水平来衡量的话，这些企业本应亏损，但在美联储提供的“廉价信贷”之下，这类投资现在变得有利可图。

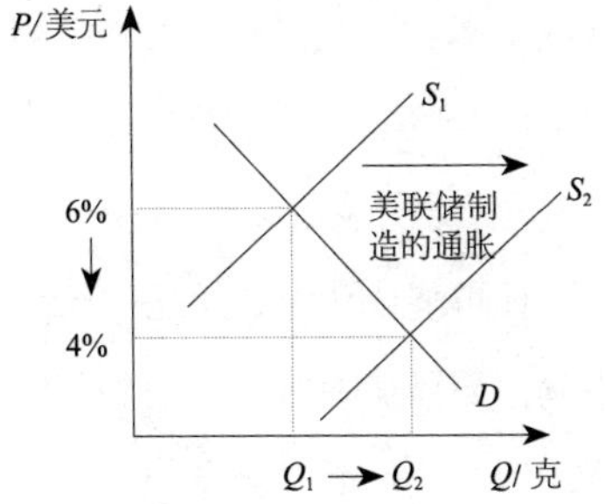

图 23.1　可贷资金市场

然而，与市场推动的经济扩张不同的是，在政府推动的版本中，消费者没有相应减少在餐馆、DVD 和其他零售行业的消费。相反，零售行业的销售额大增，原因是低利率削弱了人们的储蓄动机，使他们更愿意把钱花在一时的享乐上。换句话说，当制造资本品的企业家看到业务蒸蒸日上时，消费品行业也在经历同样的景气状况。因此，似乎每一个部门都在增长。它们竞相雇用新员工，导致工资水平上涨，这进一步助长了社会上普遍感觉到的繁荣景象。

但我们知道，这种愉悦的感觉无疑是假象。政府并没有做出什么新的科学发明，也没有碰巧找到一个未开发的油田，它所做的一切，不过是印刷了一些“绿色纸片”并把它们交给了企业家。这一行动本身并没有改变稀缺的事实。不增加工人、原材料和设备的数量，却要生产更多的拖拉机和电视机，这对经济体来说是不现实的。当市场推动经济扩张时，消费者不得不减少购买电视机（和其他消费品）才能生产更多的拖拉机。然而，在政府的推动之下，一开始似乎可以鱼和熊掌兼得。一点都不用等，就可以同时生产更多的资本品和消费品。这是怎么回事？

答案是：失真的利率误导了企业家。请记住，价格提供协调经济活动所需要的信号，这是自由市场价格的功能之一。大致上看，政府人为压低借款的价格是在愚弄投资者，让他们误以为储蓄比实际数量多。因此，一个经济部门的企业家在使用资源时，无法与其他部门企业家的计划相衔接，没有一个企业家的投资计划能符合消费者的薪水开支计划。

你可能会认为如此乱七八糟、脱离现实的状况会立即显露出来。毕竟，如果美国航空航天局用错误的物理或工程“定理”来建造火箭，那么他们很快会意识到自己的错误。但是，对于政府引起的虚假繁荣，有时要到数年之后真相才会显露出来。

资本消耗让延迟反应成为可能。换句话说，至少在短时间内，经济体有可能突然可以同时生产更多的资本品（拖拉机、钻床、木料）与更多的消费品（电视机、iPod、自行车）。[1] 如果企业家忽略现有资本存量的损耗，可以暂时不在资本品和消费品之间做出取舍。

不管是生产消费品还是生产资本品，企业家都必须使用现有的工具和设备。日常使用会导致折旧——工具和设备的磨损。尽管鲁滨孙·克鲁索最初的储蓄和投资已见成效，但他仍必须定期维修杆子，或者逐步制作一个新杆子，以备旧杆子用烂之后替换。现代市场经济也同样如此。仅仅为了维持现有生活水平，每年必须要有一些产量用于替换当年生产消耗掉的资本品。

为什么政府推动的虚假经济扩张和繁荣是有可能的？现在你

---

[1] 严格地说，如果虚假繁荣增加了消费，那么用正确方法衡量的总投资一定会下降，因为印钞机不会给社会带来制造更多商品和服务的能力。但是，“总投资”是一个微妙的概念，它需要用市场价格来计算。在人为的、不可持续的繁荣期内，尽管各种资本品的生产者看到产出增加，但从整体上看，经济体对资本结构的投入不足以抵消折旧。打个比方，工厂老板可能会推迟按惯例每月停产检修机械的做法，因为“从账面上看”，竭力生产客户订单赚的钱更多。然而，几个月后，超常规使用把设备拖垮了，当需要购买更换新设备时，工厂老板惊奇地发现设备价格竟然暴涨。在此之前，他还以为自己是在增加财富和“资本存量”呢，但因为新增的资本品产出（工厂的产品）不足以弥补没有维护设备带来的损失，他实际上是在消耗资本。

应该有了一个大概的了解（印刷新货币并将其注入金融市场所导致的）。虚假价格会误导企业家，让他们在不知情的情况下，开始进行没有足够真实储蓄支持的长期投资项目。并不是投入足够的资源“耕种”以维持现有的经济结构，而是通过“吃种粮”来让每个人看上去都享有更高的生活水平，这样的假象可以持续多年。当然，绝大多数人并没有意识到真正发生的情况是什么——商人们正在赚取创纪录的账面利润，企业的价值得以提升。但是，一旦萧条来临，市场价格迅速变回真实的数字。每个人都会意识到，自己在繁荣时期的表现有多么愚蠢。

虚假繁荣必然导致萧条

在典型的经济周期中，一旦价格膨胀促使央行提高利率，（貌似真实的）繁荣就渐渐褪色了。回想一下，我们在第 21 课学的，（其他条件不变的情况下，）货币通胀导致价格上涨。无论创造新货币的目的是什么，这一因果关系都成立。当中央银行（美联储）为增加可贷资金的供给而创造新货币时，将产生两个主要扭曲效应：（1）低利率让人们误以为可用储蓄增加，从而制造出虚假繁荣；（2）价格上涨。

随着繁荣地出现，如果央行希望经济“刺激”能够持续，通常需要持续不断地向信贷市场注入越来越多的新资金。一开始，比如说在一个星期内注入 10 亿美元，这种简单的一次性资金注入很快通过信贷市场进入整体经济。利率将下降，但它的影响只是暂时的。为了保持利率低于自由市场的水平，央行需要不断注入新资金。

然而，即使央行持续稳定地注入新资金，也会迅速丧失发动经济繁荣的能力。原因是企业家会适应新情况，在计算时抵消大部分货币注入的影响。另一个显而易见的事实是，随着时间的推移，货币存量渐渐增加。如果每星期固定注入新的10亿美元，那么每一次带来的影响将越来越少。最后，也许最重要的一点是，随着导致经济扩张不可持续的“真正”原因开始显露，政府必须制造越来越大的货币通胀，才能继续掩盖日益严重的生产结构失衡问题。

综上所述，央行希望维持的经济繁荣期越长，那么通常需要注入的新资金也越多。但最终，这将导致令人担忧的各种价格飙涨，首先可能发生在金融和大宗商品市场，但最终将体现在零售价格上。随着价格膨胀逐步加剧，越来越多的分析师，甚至普通市民也开始质疑央行的“放松银根”和“廉价信贷”政策。

因此，也许在货币扩张进行几年之后，在某个时候，央行害怕了，至少放慢了向可贷资金市场注入新货币的速度。利率开始上升，更接近自由市场的真实水平。随着市场价格变得更加准确，许多企业家意识到自己干了多么傻的事。企业家们审视着那些本不该启动的宏伟项目，拼命试图挽救糟糕的情况。有的项目需要立即关闭，遣散全部工人，并拍卖设备和库存，卖给那些没有彻底被虚假繁荣蒙骗的企业。其他企业则勉强继续经营，但它们蒙受了巨大的损失，要经历一段紧缩期。

大规模失业的根源

从政治和人道主义角度来看，经济周期的一个最重要的影响是伴随着崩溃和萧条而来的大规模失业。然而，具有讽刺意味的是，政府“救助”失业困境的政策却事与愿违。实际上，正是这种大受欢迎的政策延长了经济衰退，并为下一轮不可持续的繁荣播下种子。

虚假的繁荣是因政府的干预压低利率而发动的。“虚假”的借贷价格让企业家们借到的钱超过真实的储蓄。请记住我们在第 12 课中学到的内容，纯粹市场利率的功能是把储蓄定量分配给所有竞争的借款人。这个过程不只是分配货币，也涉及分配真实的物质资源。如果投入工人和材料建设一间需要两年才能完工的汽车厂，那么这些资源至少要被“锁定”两年，直到“开花结果”生产出轿车。

在虚假的繁荣期内，因为宽松的低利率，使得太多的长期项目同时动工。但是仅仅印刷新货币是不能创造更多的工人或其他资源来满足需求的。事实依然是，如果开工建造新的汽车厂，就会吸收本可以用于其他项目的资源。如果在繁荣的早期阶段，有太多的项目已经启动，那么物质现实决定了他们不可能全部完工。如果央行因为害怕而想让利率恢复到适当水平，那么应该越早越好，因为企业家越早发现自己的错误，就能越早停下来，就可以避免在失败的项目中越陷越深。

当经济繁荣、崩溃，再转变成萧条时，将经历一段混乱时期。市场中的每个人惊恐地认识到他们在繁荣时期制订的计划是错误的，有些计划甚至错得离谱。人人都需要重新评估自己的状况。让我们后退一步，想想怎样进行调整。要让经济返回可持续增长的路径，调整过程一定如下：那些在繁荣时期被投入无利可图的项目与行业的资源，现在需要转投到其他地方。至于劳动力资源也应一视同仁：一旦崩溃到来，那些不幸工作在不盈利（但在繁荣期似乎有利可图）的企业里的人必须失去工作。

例如，如果一间新汽车厂已经建造了 6 个月，工期还剩下 18 个月，但（依据新的信息）不会有足够的购车者支持汽车厂的生产。显然，正确的做法是立即停止建造。从整体经济角度来看，为了防止建筑工人被解雇，并“创造”就业机会去生产卖不掉的汽车，政府用纳税人的钱去补贴拥有那间工厂的公司，那可不是在做什么“善事”。正确的做法是，把这些工人和其他（可回收）资源投入其他真正有利可图的项目和部门。

至于这个“用心良苦”的建议有什么问题，当然是在虚假繁荣崩溃后，经济需要时间才能重新找到自我平衡，尤其是在多年的繁荣之后。因此，当经济体因萧条而精简紧缩时，一些失业的工人有可能要花数月甚至更长时间，去寻找适合自己的职位。许多人宁愿政府立即介入提供援助，也不愿意等待“自由放任之药”起作用。

然而，即使在这种情况下，我们也要认清像中了咒语一般的大规模长期失业，真正起到什么作用。还记得中央计划经济，即纯粹的计划经济的致命缺陷吗？如果没有市场价格和盈亏检验，中央计划者不可能知道如何有效利用自己掌握的资源。例如，在当代的美国，一个想进行中央计划的人不可能知道有多少人“应该”成为脑外科医生、建筑工人或者学校教师，更遑论应该如何向每一个美国城市分配各行各业的从业人员。

同理可知，没有任何一个人、甚至没有任何一组专家能够知道，应该如何在繁荣崩溃之后“正确地”调整经济。例如，想想看拉斯维加斯 2000～2006 年的房地产繁荣，在这些年里，显然有太多建筑工人（以及木材、钉子等其他资源）投入拉斯维加斯的房地产项目中，"正确"的做法是，应该把工人的劳动时间用在其他事情上。

但是，具体怎么操作？每个拉斯维加斯地区的建筑工人都是一个独特的个体，他们的技能、兴趣和个人情况各异。工人甲的"正确"应对可能是坐上巴士去德克萨斯州的一个炼油厂工作。工人乙没准回学校读研究生。而也许工人丙该做的，却是忍受大幅缩水的薪水去做汉堡包，以图留在拉斯维加斯等待楼市复苏，因为他的妻子有一份很好的工作——拉斯维加斯一位著名律师的私人助理。

现在，我们对问题有了一些整体上的把握，我们看到，纯粹的市场经济是最好的解决方式。当繁荣崩溃后，许多工人认识到，他们不能再挣到一贯以来的薪资。也就是说繁荣时期的景气是虚幻的，人们并不真的像他们自己认为的那么富有。接下来发生的事情就该是失业的工人开始找工作，希望能找到一份工资待遇与以前相当的新工作，而且不用搬家或者至少不用搬到讨厌的地区。

寻找新职位需要时间。失业者寻找工作的时间越长，越有可能找到更好的新工作。但是，长时间寻找的缺点是，失业者不对经济体系做出直接的贡献；他们在找工作期间必须依靠别人的产出来维持生计。

请注意，在纯粹的市场经济中，所有这些问题都得到了应有的重视。每一个失业者都可以基于个人的考量，自由地选择新工作，没有哪个政府官员能决定工人"现在该下岗了"。同时，因为没有政府的失业救济，个人也要自己承担过渡期的冲击，说白了，政府的失业保险其实是付钱让人不要去找新工作。[1]

---

[1] 别大惊小怪，这是 2010 年诺贝尔经济学奖获得者的研究成果。——译者注

正如我们在本书中一再强调的，经济分析本身不能决定哪些政府的政策是好的，哪些是坏的。但经济分析可以揭示出一项政策的后果，让市民和政府官员能够在了解情况后做出决定。对于大规模失业的问题，不能简单地感情用事，这不是谁有同情心或谁残忍的问题。举例来说，政府建立的失业保险金制度不仅减少了雇员的收入，而且还在经济衰退时打击盈利企业扩大经营的积极性。

政府并不创造资源或财富，它仅仅重新分配资源和财富。如果没有政府的失业保险计划（不用缴纳失业保险金），个人的工资、企业的利润会相对增加，人们仍然可以选择自己储蓄，来提供经济困难时期的缓冲。也许，实际上自由市场建立的缓冲期要比政府设立的失业补助期短，但经济学再一次告诉我们，这个问题涉及取舍。失业救济应该持续多久？显然，这是一个经济问题而不是工程学或化学问题。[1]

例如，如果政府规定，每一个失业者都能按以前工资额的95%领取失业补助，最长可达20年，直至找到新工作为止。这样的政策显然是在浪费资源。即使那些最热衷维护失业者利益的人都会承认，这种假想的政策将是灾难性的，而且（考虑到全部后果）实际上这会损害工人的利益。如果政府决定提供的救济超出纯粹市场经济下的自发补助，那么我们的基础经济学知识很难证明这一政策是正当的，我们也不得不承认救济可能是过分慷慨。

最后，如果政府真的想帮助失业者，那么就应该停止利用央行人为压低利率。如果政府和公众能够减少要求政府干涉经济衰退的

[1] 意思是失业缓冲期的长短应该由个人决定，不应该让社会统筹。——译者注

呼吁，并简单地让正确的市场价格重新引导工人和资源投至可持续发展的地方，那么就不会再继续制造经济混乱。不幸的是，在实践中，央行“治疗”经济衰退的方法，往往是简单地发动另一轮不可持续的繁荣。

小 结

- 经济周期是市场经济的一种周期性的规律。先有几年“繁荣”，其特点是低失业率、高工资、高企业盈利和许多企业扩大经营。繁荣之后，紧接着是“萧条”和衰退，其标志为：高失业率，工资和企业盈利停滞甚至下降，许多企业破产清算。
- 政府利用中央银行的运作干扰市场利率，导致繁荣与萧条交替的周期。通过创造新资金并注入信贷市场，中央银行人为地降低利率，并向企业家发出虚假的信号，让他们扩大经营并投资于长期项目。繁荣时期，人人觉得自己很富裕，但这样的繁荣景象其实是假象，因为那不是以真实储蓄为基础的，而是依靠通胀。无可避免的崩溃实际上是为回归基本现实而进行的必要的市场调整。
- 不可持续的繁荣是由信贷市场的通胀引发的，许多工人和其他资源被引导到错误的产业。当经济衰退开始后，市场必须重新把它们分配到正确的地方。工人的缓慢流动需要时间，这一点表现在高失业率上。政府的“救助”措施，比如向失业者发放补贴等，将延长高失业的期限。

术　语

经济周期、繁荣与萧条交替的周期：市场经济的一种周期性规律。先有几年“繁荣”，其特点是低失业率与景气高涨。繁荣之后，紧接着是“萧条”与衰退，其标志为高失业率与企业的破产清算。

反周期政策：政府和美联储逆自由市场趋势而推行的标准政策。举例来说，凯恩斯主义的经济学家认为，在经济衰退期间，政府的赤字政策能够刺激消费和增加就业，因而是正当的。

宏观经济学：一个经济学的类别，它重点研究整体性的经济问题，如价格膨胀和经济周期等。

资本消耗：通过减少对资本品维护的投入，来（暂时）达到高标准的生活。打个比方来说，就是相当于“吃种粮”。

思考题

1. 为什么经济周期往往也被称为繁荣与萧条交替的周期?
2. 解释这句话：“在一个可持续的、由市场推动的经济扩张期里，利率的下降是因为人们正在减少消费，增加储蓄。投入新项目的额外资源来自那些销售下跌的部门。”

*3. 央行降低利率的典型手段是实施（类似租金管制的）最高限价吗?

*4. 资本消耗是如何造成假象，让人觉得似乎经济体可以鱼和熊掌兼得?

5. 不可持续的繁荣怎样导致大规模失业?

术语对照表

绝对优势 absolute advantage（第 8 课）

无政府主义者 anarchists（第 15 课）

套利机会 arbitrage opportunity（第 7 课）

奥地利经济学派 austrian economics（第 2 课）

公理 axioms（第 2 课）

银行 bank（第 12 课）

破产 bankrupt（第 14 课）

以物易物 barter（第 1 课）

以邻为壑政策 beggar-thy-neighbor policies（第 19 课）

收益 benefits（第 4 课）

黑市 black market（第 18 课）

债券 bond（第 12 课）

举债、入不敷出 borrowing / dissaving（第 10 课）

预算赤字 budget deficits（第 2 课、第 18 课）

经济周期、繁荣与萧条交替的周期 business cycle / boom-bust cycle（第 23 课）

可赎回债券 callable bonds（第 14 课）

计算问题 calculation problem（第 15 课）

资本消耗 capital consumption（第 23 课）

资本品 capital goods（第 4 课）

资本主义 capitalism（第 5 课）

资本家 capitalists（第 5 课）

抵押物 collateral（第 12 课）

指令经济、中央计划经济 command economy / command-andcontrol economy（第 15 课）

比较优势 comparative advantage（第 8 课）

竞争 competition（第 9 课）

互补品 complements（第 11 课）

消费品与服务 consumer goods and services（第 4 课）

消费价格指数 consumer price index，简称 CPI（第 21 课）

公司股票 corporate stock（第 14 课）

腐败 corruption（第 20 课）

反周期政策 countercyclical policies（第 23 课）

信用卡 credit card（第 12 课）

信用记录 credit history（第 12 课）

信用额度 credit limit）（第 12 课）

信用中介 credit intermediary（第 12 课）

信用风险 credit risk（第 12 课）

信用评分 credit score（第 12 课）

挤出效应 crowding out（第 22 课）

信用交易 credit Transaction（第 12 课）

贬值 debasement（第 21 课）

违约 default（第 12 课）

拖欠债务 delinquencies（第 12 课）

需求 demand（第 11 课）

需求曲线 demand curve（第 11 课）

需求表 demand schedule（第 11 课）

储户 depositors（第 12 课）

折旧 depreciation（第 4 课）

直接交换、以物易物 direct exchange / barter（第 6 课）

折现 discount（第 12 课）

非均衡 disequilibrium（第 6 课）

劳动的负效用 disutility of labor（第 4 课）

股息 dividend（第 14 课）

劳动分工、专业化 division of labor / specialization（第 8 课）

禁毒 drug prohibition（第 20 课）

经济民主 economic democracy（第 15 课）

经济问题 economic problem（第 13 课）

规模经济 economies of scale（第 8 课）

经济地使用 economize（第 4 课）

企业家 entrepreneur（第 9 课）

均衡 equilibrium（第 4 课）

均衡位置 equilibrium position（第 6 课）

均衡价格、市场出清价格 equilibrium price / market-clearing price（第 11 课）

均衡数量 equilibrium quantity（第 11 课）

汇率 exchange rate（第 12 课）

预期 expectations（第 4 课）

开支 expenses（第 9 课）

出口 exports（第 19 课）

债券的票面价值 face value of a bond（第 22 课）

美联储 Federal Reserve（第 21 课）

法定货币 fiat money（第 21 课）

固定费用 fixed costs（第 20 课）

流量 flow variable（第 22 课）

部分准备金银行制度 Fractional Reserve Banking（第 12 课）

自由企业 free enterprise（第 5 课）

自由贸易 free trade（第 19 课）

贸易收益 gains from trade（第 6 课）

上市（ Going public ）：向普通民众开放销售公司股票，而不是局限于公司老板特邀的人。（第 14 课）

物品 goods（第 3 课）

累进所得税 graduated income tax（第 18 课）

毛利、会计利润 gross profit / accounting profit（第 13 课）

行会 guilds（第 5 课）

危险津贴 hazard pay（第 20 课）

恶性通货膨胀 hyperinflation（第 21 课）

进口配额 import quota（第 19 课）

进口 imports（第 19 课）

收入 income（第 4 课）

（企业）收入、所得 income / earnings（ business）（第 10 课）

（个人）收入 income（ individual）（第 10 课）

所得税 income tax（第 18 课）

所得税等级 income tax brackets（第 18 课）

成立股份公司 incorporation（第 14 课）

间接交换 indirect exchange（第 6 课）

通货膨胀 inflation（第 18 课、第 21 课）

首次公开募股 initial public offering，简称 IPO（第 14 课）

制度 institutions（第 5 课）

利息 interest（第 10 课）

利率风险 interest rate risk（第 14 课）

干预主义 interventionism（第 17 课）

投资 investment（第 4 课、第 10 课）

发行债券 issuing debt（第 14 课）

发行股票、发行权益 issuing stock / issuing equity（第 14 课）

凯恩斯主义经济学派 keynesian economics（第 2 课）

劳动力 labor（第 4 课）

土地、自然资源 land / natural resources（第 4 课）

需求定律 law of demand（第 11 课）

供给定律 law of supply（第 11 课）

休闲 leisure（第 14 课）

高利贷 loan sharking（第 20 课）

可贷资金市场 loanable funds market（第 12 课）

逻辑演绎 logical deduction（第 2 课）

宏观经济学 macroeconomics（第 23 课）

边际生产率 marginal productivity（第 9 课）

边际效用 marginal utility（第 4 课）

市场经济 market economy（第 5 课）

到期日 maturity（第 12 课）

交换媒介 medium of exchange（第 7 课）

重商主义 mercantilism（第 19 课）

最低工资 minimum wage（第 17 课）

混合经济 mixed economy（第 5 课）

货币通胀 monetary inflation（第 21 课）

货币利润 monetary profit（第 9 课）

货币亏损 monetary loss（第 9 课）

货币 money（第 6 课、第 7 课）

按揭 mortgage（第 12 课）

国债、公债 national debt / public debt（第 22 课）

净利润、经济利润 net profit / economic profit（第 13 课）

（机会）成本（ opportunity）cost（第 4 课）

所有者 owner（第 5 课）

家长作风 paternalism（第 18 课）

偏好 preferences（第 3 课）

价格 pricep（第 6 课）

最高限价 price ceiling（第 17 课）

价格管制 price controls（第 17 课）

最低限价 price floor（第 17 课）

价格膨胀 price inflation（第 21 课）

价格支持 price supports（第 17 课）

私有财产权 private property（第 5 课）

私营部门 private sector（第 5 课）

生产品、生产要素、生产资料 producer goods / factors of production / means of production（第 4 课）

生产性债务 productive debt（第 12 课）

生产率 productivity（第 4 课）

劳动生产率 productivity of labor（第 8 课）

累进所得税制 rogressive income taxation（第 3 课）

贸易保护主义 protectionism（第 19 课）

公共部门（ Public sector）：经济体系中，由政府控制的成分。例如，地方警察局隶属于公共部门。（第 5 课）

有目的的行动（ Purposeful action）：在意识理性的指引下进行的活动，具有目的的行为。（第 2 课）

筹集资本（ Raise capital）：成长型企业通过出售部分所有权，来募集投资者资金的过程。（第 14 课）

需求减少、需求曲线左移 reduction in demand / leftward shift in the demand curve（第 11 课）

供给减少、供给曲线左移 reduction in supply / leftward shift in the supply curve（第 11 课）

（按揭贷款）再融资 refinancing（ a mortgage）（第 14 课）

租金管制 rent control（第 17 课）

剩余索取者 residual claimants（第 14 课）

总收入 revenues（第 9 课）

债务转期 rolling over debt（第 14 课）

销售税 sales tax（第 18 课）

储蓄 saving（第 4 课）

储蓄 savings（第 10 课）

稀缺 scarcity（第 1 课）

服务 service（第 3 课）

抵押贷款 secured loan（第 12 课）

消极怠工 shirking（第 15 课）

卖空 short sale（第 14 课）

短缺 shortage（第 11 课）

罪恶税 sin taxes（第 20 课）

奴隶制 slavery（第 5 课）

贫民窟恶房东 slumlord（第 17 课）

独资 sole proprietorship（第 14 课）

投机者 speculator（第 14 课）

自发秩序 spontaneous order（第 7 课）

存贷利差 spread（第 12 课）

证券公司 stock brokerages（第 14 课）

证券交易所 stock exchanges（第 14 课）

货币存量 stock of money（第 21 课）

股票市场 stock market（第 14 课）

存量 stock variable（第 22 课）

主观的 subjective（第 3 课）

替代品 substitutes（第 11 课）

供给 supply（第 11 课）

供给曲线 supply curve（第 11 课）

供给表 supply schedule（第 11 课）

过剩、供大于求 surplus / glut（第 11 课）

关税 tariff（ duty）（第 19 课）

税前抵扣 tax deduction（第 18 课）

应税所得 taxable income（第 18 课）

征税 taxation（第 18 课）

时间偏好 time preference（第 12 课）

贸易逆差 trade deficit（第 19 课）

贸易顺差 trade surplus（第 19 课）

取舍 tradeoffs（第 1 课）

失业 unemployment（第 17 课）

无抵押贷款 unsecured loan（第 12 课）

高利贷法 usury laws（第 20 课）

效用 utility（第 3 课）

零和游戏 zero-sum game（第 19 课）